BRT 车站甩出段实景

BRT 桥下分离式处实景 　　　　　　自行车道起点处实景

自行车道上跨仙岳路实景

自行车道自动识别系统处实景　　　　自行车桥上骑行实景

BRT 高架桥下

超薄超长空中钢构自行车桥建设技术

叶代成　林四新　施有志　等著

中国建筑工业出版社

图书在版编目（CIP）数据

BRT高架桥下超薄超长空中钢构自行车桥建设技术 / 叶代成，林四新，施有志等著 . —北京：中国建筑工业出版社，2019.7

ISBN 978-7-112-23758-6

Ⅰ . ① B··· Ⅱ . ①叶··· ②林··· ③施··· Ⅲ . ①城市桥—高架桥—箱梁桥—研究 Ⅳ . ① U448.21

中国版本图书馆 CIP 数据核字（2019）第 095064 号

　　绿色交通是一种优先采用绿色交通工具、提高交通效率、有利于生态和环境保护的多元化城市交通系统。从绿色交通方式来看，自行车交通是短距离出行中最优的交通方式。厦门市率先利用既有BRT高架桥下的空间，建设总长7.6km的国内第一条空中自行车桥，其长度也位居世界之最。在建设过程中，参建单位联合科研院校，在设计、施工及建设管理等方面进行创新，积累了丰富的科研成果和建设经验，撰写本书的目的即为后续其他城市规划建设自行车桥提供借鉴。全书共分5篇，分别为决策篇、设计篇、施工篇、科研篇和建设管理篇。

　　本书适合道路桥梁、市政工程建设人员及城市管理人员阅读参考。

责任编辑：李天虹
责任校对：芦欣甜

BRT高架桥下超薄超长空中钢构自行车桥建设技术
叶代成　林四新　施有志　等著
＊
中国建筑工业出版社出版、发行（北京海淀三里河路9号）
各地新华书店、建筑书店经销
北京点击世代文化传媒有限公司制版
天津图文方嘉印刷有限公司印刷
＊
开本：787×1092毫米　1/16　印张：15¼　字数：331千字
2019年6月第一版　2019年6月第一次印刷
定价：122.00 元
ISBN 978-7-112-23758-6
（34074）

随着城市化的快速发展，城市的交通拥堵、噪声污染、尾气污染等交通产生的问题困扰着人们。自 1992 年联合国环境与发展会议提出"可持续发展"战略以来，人们逐渐关注如何使交通系统的发展适应未来环境保护中对"健康、安全和效率"的需求。基于这种背景，"绿色交通"（Green Transportation）应运而生。绿色交通是一种优先采用绿色交通工具、提高交通效率、有利于生态和环境保护的多元化城市交通系统。发达国家于 20 世纪 60 年代初就开始发展绿色交通，至今在缓解交通压力、节约能源和保护环境等方面已取得了一定的成就，而在 20 世纪 90 年代后期，绿色交通这一理念才由国外引入我国。由于起步较晚，我国的绿色交通仍处在探索阶段。

从绿色交通方式来看，自行车交通不造成任何空气污染，较机动车而言，具有更高的道路使用效率，是短距离出行中最优的交通方式。因此，越来越多的城市开始鼓励使用自行车，自行车出行比例也逐年提高。由于行人和机动车对自行车出行的干扰较大，出行安全和速度都受到了很大影响，各城市探索建设拥有独立"路权"的自行车专用道，为骑行者提供一个"快速、安全、舒适"的骑行环境。但是对于许多城市而言，土地资源紧张，在规划建设自行车专用道时，若以桥梁的形式代替道路，则可以节约交通用地。厦门市率先利用既有 BRT 高架桥下的空间，建设总长 7.6km 的国内第一条空中自行车桥，其长度也位居世界之最。该自行车桥不但有效利用了既有 BRT（快速公交系统，Bus Rapid Transit）桥下的空间，也提供了一种与 BRT、地面公交相并行的有效通勤方式。受桥梁净空的限制，为减少桥梁高度，采用了超薄的钢结构形式；为缩短建设工期、提高工程质量、节约工程造价，项目采用了 EPC 总承包方式。

在建设厦门空中自行车桥过程中，参建单位联合科研院校，在设计、施工及建设管理等方面进行创新，积累了丰富的科研成果和建设经验。国内城市普遍存在车流量大、交通拥堵、自行车路权尴尬等难题，发展享有独立行驶路权的空中自行车桥必将成为未来趋势。撰写本书的目的即为后续其他城市规划建设自行车桥提供借鉴。全书共分 5 篇，分别为决策篇、设计篇、施工篇、科研篇和建设管理篇。

决策篇综述了国内外城市绿色交通和自行车交通的发展现状及趋势，以出行需求和自行车系统分布为依据，分析厦门市建设自行车快速道项目的必要性，基于城市发展现状和存在问题研究该项目的建设形式和路网关系，评价该项目的建设意义。

设计篇主要从自行车桥的线路设计、桥梁结构设计、地基基础设计、桥梁附属工程等展开分析。

施工篇主要分析既有 BRT 桥下施工钢结构桥的技术方案，深入研究墩柱、钢盖梁和钢箱梁等钢构件的制造方案、运输细节和安装技术。

科研篇主要采用数值模拟和理论分析等方法研究轻型薄壁桥梁，在风荷载、地震荷载、行车移动荷载、冲击荷载等作用下弯箱梁自行车桥的受力性能，并分析评价自行车桥的骑行舒适度。

建设管理篇探讨了以施工企业为核心的 EPC 总承包模式，分别从项目管理模式、质量管理、进度管理、成本管理、风险管理、合同管理、信息化管理等方面介绍了本项目的建设。

全书由厦门市市政建设开发总公司叶代成高级工程师、中交三航（厦门）工程有限公司林四新、厦门理工学院施有志教授为主要撰写人员。厦门市市政工程设计院有限公司的林辉源、汤达洲、傅重龙，厦门市市政建设开发总公司的饶健辉，中交三航（厦门）工程有限公司的宋俊杰、刘学森、林国斌、曾芳芳，中建钢构有限公司的冯长胜、郑伟盛、袁晓民参与撰写。具体分工如下：

决策篇由叶代成、施有志撰写；

设计篇由林辉源、汤达洲、傅重龙撰写；

施工篇由林四新、冯长胜、郑伟盛、袁晓民、宋俊杰、刘学森、林国斌、曾芳芳撰写；

科研篇由施有志、林四新、叶代成撰写；

建设管理篇由叶代成、林四新、饶健辉、施有志撰写。

合诚工程咨询集团股份有限公司的林晓杰、黄叹生完成桥梁静动载试验，并提供相关资料供参考。全书由施有志统稿、审校。此外，厦门市建设局林联泉处长为本项目的顺利实施给予了很多帮助，为科研及技术方案的制定进行指导，在此表示衷心的感谢！

由于作者的时间和水平有限，书中难免有疏漏之处，恳请读者批评指正！

著者

2019 年 4 月

目 录

第三篇　施工篇

▌第四篇　科研篇▕

第五篇　建设管理篇

第一篇

决策篇

第1章 绿色交通系统建设概况

1.1 绿色交通概念的提出

城市化是全球社会经济发展的必然趋势，城市交通系统对促进城市发展起到重要的作用，是城市社会、经济和物质结构的基本组成部分。随着城市规模的不断扩大，个人出行次数增多，出行距离延长，城市交通的发展使民众的出行方式呈多样化趋势。城市化的发展对土地资源的需求越来越大，使可用于交通建设的土地越来越少，城市交通问题越来越突出，不仅引起交通拥挤、交通事故频发等社会环境影响，还加重了汽车尾气污染、噪声污染等自然环境问题，甚至产生了生态恶化、大气环境污染加剧等更多难以解决的棘手问题[1][2]。自1992年联合国环境与发展会议提出"可持续发展"战略以来，人们逐渐关注如何使交通系统的发展适应未来环境保护中对"健康、安全和效率"的需求。基于这种背景，"绿色交通"（Green Transportation）应运而生。

绿色交通这一概念是由加拿大人Chris Bradshaw于1994年首次提出的[3]，他认为交通的发展应该以人为本，而非一味地实现机动车辆的可达性。我国学者对绿色交通的概念目前尚未达成一致意见，存在多种学派。如以沈添财[4]为代表的"系统说"认为："绿色交通是基于永续运输的内涵，发展一套多元化的都市交通工具，以减低交通拥挤、降低污染、促进社会公平、节省费用的交通运输系统"，并对绿色交通作了具体化的阐述："减少个人机动车辆的使用；提倡步行，提倡使用自行车与公共交通；减少高污染车辆的使用；提倡使用清洁干净的燃料与汽车"。以台湾大学张学孔[5]为代表的"永续说"认为："绿色交通本着永续发展的理念，将促进城乡发展、民众生活、交通运输及资源应用等全面的调整改变，兼顾人类的环境需求，以创造美好的交通设施及生活环境"，特别强调"绿色交通是可持续发展的交通，要优先发展公共交通"。以同济大学杨晓光教授[6]为代表的"协和说"认为："绿色交通是协和的交通，是交通与环境、交通与未来、交通与社会、交通与资源多方面协和的交通系统"。何玉宏教授在他的《城市绿色交通论》[7]著作中，综合了"协和说""系统说"和"永续说"的观点，将绿色交通定义为"一种优先采用绿色交通工具、节约资源、不对城市生态环境产生危害，安全、文明、公平、符合大众化出行要求并与环境、未来、社会、资源和谐的可持续城市交通系统"。2003年我国建设部、公安部发布的《绿色交通示范城市考核标准说明》中全面阐述绿色交通的概念："适应人居环境发展趋势的城市交通系统，以建设方便、安全、高效率、低公害、景观优美、有利于生态和环境保护的、以公共交通为主导的多元化城市交通系统为目标，以推动城市交通与城市建设协调发展、提高交通效率、保护城市历史文脉及传统风貌、净化城市环境为目的，运用科学的方法、技术、措施，营造与城市社会经济发展相适应的城市交通环境"。

综上可以看出，绿色交通的核心在于：倡导步行、自行车等慢行交通，优先发展公共交通。从交通方式来看，绿色交通体系包括步行交通、自行车交通、常规公共交通和轨道交通[8]。1994年，ChrisBradshaw 据不可再生能源消耗确定优先级，将绿色交通工具依次分为:步行、自行车、公共运输工具及共乘车，如图 1-1 所示，这种绿色交通体系已被加拿大政府采纳[9][10]。目前

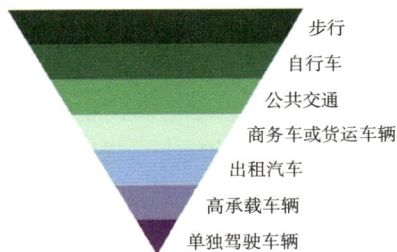

图 1-1　绿色交通出行方式的等级排序

全球各国仍在探索将绿色交通理念转化为可操作性理论，以指导绿色交通的建设和管理[11][12]。

1.2　国内外城市绿色交通发展现状

1.2.1　国外城市绿色交通发展现状

西方国家经济发展较早,在 20 世纪 60 年代就基本完成了相关的交通基础设施建设。伴随着快速的经济发展，资源减少、环境恶化等问题不断显现出来。为解决上述问题，西方发达国家关于绿色交通的理念应运而生并得到了发展。

20 世纪 60 年代初法国提出"公交优先"的理念[13]。由于公交车具有节能、污染少等优点，随后欧美国家在交通结构、路权分配、财政政策、交通管理等方面均体现"公交优先"战略，并通过一些政策支持来促进公共交通发展。这也是绿色交通的最初理念。

20 世纪 70 年代，巴西政府制定了以甘蔗为主要原料的酒精燃料发展计划，改进与酒精燃料相关的汽车生产技术，使城镇汽车排污大大减少[14]。巴西的库里蒂巴市是世界第一个发展使用快速公交系统（Bus Rapid Transit，BRT）的城市。BRT 系统结合了独有公交专用道、先进车辆、升级公交车站、快速收费系统、先进智能交通系统（ITS）技术以及灵活的运营与管理。库里蒂巴市的快速公交系统已成为全世界效仿的楷模[15]。目前，库里蒂巴市已是巴西燃油量最低的城市，仅为同等规模城市的 25%，城市大气污染远低于同等规模的其他城市，使整个城市环境优美。

1975 年，新加坡第一个实施拥堵收费方案（Congestion Charging Scheme，CCS），并于 2003 年 2 月被引入伦敦实施[16]。实施拥堵收费方案对缓解城市交通拥堵有一定的效果。

自 20 世纪 80 年代起，美国开始致力于实施全社会节能降耗措施，并大力发展绿色能源，同时开始交通政策的大变革，陆续出台了《联运地面交通效率法案》《21 世纪交通公平法案》《安全、负责任的、灵活的、有效率的交通平等法案》等一系列指导绿色交通发展的政策，并首次提出了"联运（Intermodal）"的概念，认为只有把航空、铁路、海运、公路和公交这些相对独立的运输方式有效衔接成一个安全、高效、公平、节约和

环保的综合运输系统才能有效缓解不断增长的交通运输需求与环境、能源、资源之间的矛盾[17]。

20世纪90年代，美国学者Peter C和日本学者肥田野登对机动化交通所带来的社会问题进行充分分析，提出了城市规划的新理念和城市道路建设的新思路，建议在城市空间布局上，应缩减人口居住地与工作地点的距离，以此来减少居民每日大量的跨片区长距离出行，通过降低居民出行需求、减少出行距离，最终实现减轻交通压力[18]。

2006年，日本在"生物质能综合战略"的基础上，调整和完善低碳社会建设战略，从"加快交通运输系统生物燃料的利用率、减少对石油的依赖、多元化能源消耗"等方面进行相应的调整。2008年日本政府又发布了"低碳社会行动计划"，提出到2020年要大幅提高电动汽车的普及程度，并通过一系列政策措施推动电动汽车的使用率。例如实施电动车政府补贴政策、建立半小时快速充电设施等，进一步减少汽车碳排放。

2008年，欧盟理事会通过"关于制定乘用车CO_2排放标准规则"的立法提案，从法律角度对机动车尾气排放标准作出强制性规定：欧盟境内销售的新车平均CO_2排放量降至120g/km。

2009年英国运输部出台交通行业转型计划——"低碳交通：一个更加绿色的未来"，描绘了未来10年低碳交通体系的发展方向和总体战略规划，致力于为社会、经济、生活提供一个健康、和谐、可持续的未来。美国在奥巴马政府时期推行"绿色新政"，计划在未来10年内注入1500亿美元以支持替代能源的研究，实现减少温室气体排放、改善大气环境质量的目标，并针对新能源汽车的产销及其相关配套设施均制定了税收减免政策。

近几年西方国家对"绿色交通"的研究逐步走向成熟，通过在城市交通出行中积极发展公共交通系统，提倡步行、自行车、公交等低碳出行方式，有效减轻了现有城市交通系统的压力。绿色交通在能源节约、环境保护和出行成本等方面均体现出其优势，可以说发达国家在发展绿色交通方面取得了一定的成就。

1.2.2　国内城市绿色交通发展现状

20世纪90年代后期，"绿色交通"开始由国外引入中国。可持续交通及绿色交通的研究成果引起政府、学术界以及企业界相关人员的广泛关注。与西方发达国家相比，我国绿色交通起步较晚，相应的理论体系也尚未完善。

2003年，建设部和公安部在《绿色交通示范城市考核标准说明》中从组织管理、规划建设、公共交通、基础设施、交通环境等方面对我国发展绿色交通提出了明确要求[19]。2004年，建设部出台了《关于优先发展城市公共交通的意见》，进一步明确我国公交优先发展政策，随后颁布了《关于优先发展城市公共交通若干经济政策的意见》和《城市轨道交通运营管理办法》[20]等具体实施办法。2005年，为缓解社会经济快速发展对城市生活环境带来的冲击，北京在城市总体规划中首次提出建设"宜居城市"理念。2007年，建设部颁布的《宜居城市科学评价标准》[21]表明，宜居城市交通发展应体现对出行环境和社会公平的保障，认为交通应该为生活各方面提供高质量出行服务，并能被广大市民方便地采用。2010 年 6 月，在国家环境保护部、国家信息中心等政府部门的大力支持下，第三届中国绿色交通国际峰会在北京召开，获得较大的影响。

"十二五"期间，我国绿色交通基础设施体系不断完善，先后组织开展了江苏、浙江、山东、辽宁 4 个"绿色交通省"、27 个"绿色交通城市"、20 条"绿色公路"、11 个"绿色港口"试点建设项目及 23 个公路港口生态修复试点，形成了绿色交通成套技术和管理模式。同时不断加强绿色交通科技创新，加快节能、生态修复技术在基础设施建设运营中的探索与应用，重点研究了废旧路面材料、建筑垃圾等资源循环利用技术，路面材料循环利用率达到 40%。智能化信息技术也得到较快的发展，高速公路电子不停车收费系统（Electronic Toll Collection，ETC）全国联网，大数据、云计算、移动互联网等先进技术提升了交通运输运行效率和节能减排效能。在绿色交通能力体系建设方面，初步建立了制度与政策体系，发布了《建设低碳交通运输体系指导意见》《加快推进绿色循环低碳交通运输发展指导意见》等文件，出台 20 余项绿色交通标准和规范，建立交通运输节能环保统计制度和考核评价体系，推进交通运输能耗在线监测系统的建设[22]。

北京市是国家绿色交通区域性试点城市，2015 年实现年度节能超过 4.5 万吨标准煤（折算），每年减排 CO_2 超过 10 万吨，优化调整公交线路 200 余条，推动天然气车辆和电动车辆更新（共计更新新型环保公交车 1674 辆），淘汰落后老旧机动车辆，推进"绿色车队"组建工作，实施机动车新车"国 V"排放标准。未来，北京还将在绿色出行、绿色运输、绿色施工、绿色建设等方面实现政策创新、技术创新、管理创新，加强制度设计，完善体制机制，将节能减排工作融入交通发展各个方面。

广东省也是绿色交通发展较快的地区之一，目前已建设深圳、广州等国家公交都市建设示范城市，以及惠州、中山等省级公共交通示范城市，全省城市公共交通运营线路达 6.5 万 km，公交专用道里程 852.5km，车辆规模达 6.3 万标台，规模居全国第一；城市轨道线路 15 条，广州、深圳城市地铁客运量占公共交通客运总量比例分别达 40% 和 30%。广东省还全面开通 21 个地市"公交一卡通"，发卡量超过 4700 万张，实现与港澳地区互联互通。

1.3 国内外自行车道现状及发展

在全球气候变化、能源危机、倡导低碳可持续发展的背景下，自行车交通作为仅次于步行的绿色交通方式（见图 1-1），因其不造成任何空气污染和温室效应、较机动车更高的道路使用效率、有益于锻炼公众体质等优点，被认为是短距离出行中效率最高且最具环境可持续性的交通方式[23][24]。越来越多的城市开始鼓励使用自行车，甚至视自行车为城市未来交通发展的关键所在。

为鼓励自行车的使用，西方各国先后制定许多"规划""指南""设计标准"等，帮助各城市发展自行车交通[25]。荷兰[26]、丹麦[27] 和德国[28] 均有正式的国家自行车总体规划，提出了一系列策略，如优化设计自行车道、路、交叉口，多层自行车停放架，推广宣传自行车安全等，对提升自行车日出行量、保障自行车出行安全具有重要的作用。荷兰为把私人小汽车交通转化为公共交通和自行车交通，增强自行车在交通结构中的比重，在"第二次交通结构规划"中，明确指出今后城市交通发展方向是限制小汽车，发展公交，鼓励自行车交通，要求公众把自行车作为终端工具[29]，并要求"5km 以下的出行尽可能放弃使用机动车而改用自行车"[30]。

在国家战略与规划的指导下，各国加大对自行车交通的投资与建设，并积极推动自行车交通设施的改善。在欧洲，几乎所有倡导"绿色城市"的城市，都在大力投资修建自行车道及相关基础设施，发展自行车交通。

1.3.1 国外自行车道现状及发展

1.3.1.1 荷兰

在荷兰，自行车已被视为一种安全、方便且具有吸引力的日常出行方式[31]。荷兰大约 27% 的居民出行率是通过自行车完成的（在美国和英国其比例仅为 1%），人均自行车出行距离为 2.5km（美国和英国分别为 0.1km 和 0.2km）。荷兰真正做到了自行车出行全民普及，就各年龄段、男女、不同收入水平的人群和不同出行目的而言，自行车出行都占有很高的比例[32]。

荷兰首都阿姆斯特丹市政厅在 20 世纪 70 年代就制定了自行车系统建设政策，该城市拥有约 84 万人口，81 万辆自行车，人均自行车占有量近 1 辆。阿姆斯特丹自行车路网发达，拥有超过 800km 的自行车专用道（见图 1-2），日均总骑行里程 200 万 km。

2014 年 11 月，在阿姆斯特丹北部郊区克罗曼尼，面向民众开放了世界首条"太阳能自行车道"（见图 1-3），路长约 70m，未来可延长到 100m，每天可为 2000 个骑行者服务。"太阳路"工程从 2009 年启动，灵感来自凡·高的画作《繁星闪耀的夜晚》。这条自行车道由一排排晶体硅太阳能电池板组成，这些太阳能电池板被埋在混凝土中，上面覆盖着半透明的钢化玻璃，可将太阳能转化成电，并输送给电网。阿姆斯特丹政府将于 2020 年再投资 12 亿欧元，用于新增停车设施、繁忙路段自行车道改造和新建自行车道连接线。

图 1-2 阿姆斯特丹主要自行车路网

图 1-3 太阳能自行车道

1.3.1.2 丹麦

丹麦是世界公认的自行车王国，首都哥本哈根市被称为"欧洲环境之都"和"全球环境领导者城市"[33]。在哥本哈根，骑行自行车者遍布大街小巷，不仅是普通平民，还包括丹麦首相、其他政府高官。

哥本哈根自行车出行比例约占 45%，政府通过各种政策和基础建设来提高自行车出行比例。哥本哈根拥有约 59 万人口，68 万辆自行车，人均拥有量超过 1 辆，日均总骑行里程 134 万 km。哥本哈根 2013 年建立了第一条自行车街（见图 1-4（a）），将机动车单行线优化为自行车与私人小汽车共享街道，即运用私人小汽车单向行驶和限制速度等措施，抑制私人小汽车进入。2014 年 6 月开通"自行车蛇形桥"（见图 1-4（b）），高架桥状如蛇一样弯曲穿越海港，连接 Vesterbro 区和 Brygge 群岛，连接购物中心，自行车日交通量超过 1.15 万辆 / 天[34]。《哥本哈根自行车骑车者统计年报 2014》[34] 数据显示，自 2005 年起，政府已投入 10 亿丹麦克朗，用于自行车基础设施建设。

（a）自行车街　　　　　　　　　　　（b）自行车蛇形桥

图 1-4　哥本哈根自行车道

《哥本哈根市 2011—2025 自行车发展战略》[35] 也提出将通过大力推行自行车出行这种绿色交通方式，于 2025 年达到 CO_2 中和的目标。为了实现中长距离的自行车通勤，哥本哈根中心城区与周边 22 个城区共同致力于规划建设自行车高速路，目前已规划 28 条自行车高速路总长共 467km，截至 2018 年共已建成 11 条自行车高速路。

1.3.1.3 德国

德国作为欧洲乃至全球最发达的国家之一，其自行车多达 7000 多万辆，德国人口为 8000 多万，政府估计每 1000 名居民中有 814 辆自行车，总数约为德国轿车的 1.6 倍以上，自行车交通出行率稳定在 9% ~ 10%[36]。目前德国已规划建设自行车高速路长 100km，连接德国西部北莱茵至威斯特伐利亚州的 10 座城市，包括杜伊斯堡、波鸿等，服务 200 多万人口。其路线沿着废弃的铁轨，大部分都在鲁尔工业区废弃铁路上修建，既避免了重新征地，也可以尽可能避开普通道路。全新的专用自行车高速路时速可达 50km/h，没有交叉路口和红绿灯，夜间也有照明标识。明斯特城区主要交通干道旁均设有宽度不小于 5m 的自行车快速道，并且在与其他主要道交叉处设置自行车专用过街天桥或自行车地道。德国自行车专用道及高速路见图 1-5。

德国弗莱堡市被誉为世界"最绿色的城市"之一。在弗莱堡市，骑自行车、乘坐有轨电车是市区人们出行的首选，2.2万市区居民中大约有1/3的居民会选择骑车出行。目前弗莱堡市的自行车通行道路已经呈网络状覆盖弗莱堡市区，总长度410km，其中包括自行车专用道46km，机动车道沿线自行车通道114km，郊区自行车通道120km，其他可以通行自行车的通道130km。为增加自行车通道的通行能力，弗莱堡市不仅对机动车交通和非机动车交通加以分隔，甚至对步行通道和自行车通道加以明显分隔，从而减少自行车避让行人造成的减速[37]。

图1-5　德国自行车专用道及高速路

德国另一个城市法兰克福市，是德国的金融和交通中心，也是欧洲最大的金融中心。通过改善自行车道和规划新的自行车线路，法兰克福形成了一个较为完整的自行车道路网。在城市中心不仅形成穿越性自行车道路网络，还有许多进入城市的长途自行车路线也被纳入城镇综合交通网络体系；同时设有"自行车专用道"，自行车拥有优先权。另外，在不影响骑自行车者通行的前提下，允许机动车低速通行（最高时速30km/h）。

图1-6　伦敦的自行车高速路

1.3.1.4　英国

英国伦敦的目标是"让所有的伦敦市民走起来、骑起来"，到2041年每个伦敦市民每天至少有20min的健康出行。伦敦还为自行车专门建设了高速路（见图1-6），早在2008年，伦敦市长就宣布规划建设12条自行车高速公路，目的是在2012年年底前从伦敦外部进入伦敦市中心，形成连续的自行车路线。截至2016年5月，伦敦共建成了7条自行车高速公路。

1.3.1.5　美国

20世纪50年代，美国式的"城市蔓延"影响到世界。西雅图为解决"城市蔓延"带来的恶果，通过政府政策导向多管齐下，发展绿色交通，构建可持续的绿色街道系统的交通规划策略，在城市交通建设上独辟蹊径，找到绿色的可持续发展之路。在自行车交通方面，西雅图政府采取自行车专用道、自行车停车场、租赁点、自行车专用道标识的一体化建设。西雅图在绿色交通上的举措，得到了广泛的认可，被誉为全美著名的"翡翠之城"，多次被联合国评为世界最佳居住城市，并于2011年被评为全美步行友好社区项目铂金奖。截至2013年，在西雅图自行车网络系统超过300英里。其中规划建设路侧自行车缓冲区和合流缓冲区，用来分隔相邻机动车，并为骑自行车提供活动空间，增大了机动车和自行车之间的距离，进而提高了出行安全系数。

1.3.2　国内自行车道现状及发展

中国在20世纪80年代曾被称为"自行车王国"，许多大城市几乎每人拥有1辆自行车，自行车交通是我国许多城市客运交通的重要组成部分，是近距离交通的有效方式[38]。但是随着改革开放以来，我国经济增长，摩托车逐渐成了20世纪90年代人们的代步工具，到21世纪初，汽车又慢慢进入了人们的生活。机动车保有量的增加，城市交通拥堵、空气污染问题日趋严重，促使社会和各级政府对绿色健康的出行方式给予更多关注。2013年出台的《国务院关于加强城市基础设施建设的意见》[39]提出，城市交通要树立行人优先的理念，倡导绿色出行，城市应建设步行、自行车"绿道"，切实转变过度依赖小汽车出行的交通发展模式。2016年发布《关于进一步加强城市规划建设管理工作的若干意见》[40]也明确提出加强自行车道和步行道系统建设的要求，倡导绿色出行。其中"自行车交通"对于城市中短距离出行具有难以替代的优势。目前国内很多城市都在积极建设和改善慢行系统，修建自行车专用道，建立公共自行车系统，以解决中短距离出行和与公共交通的接驳换乘等问题。

1.3.2.1　天津

天津滨海新区为提供郊区居民的自行车入城通道，服务中长距离（15km之内）的骑行入城，提出修建自行车高速路的思路[41]，规划9条自行车入城高速路，总长90km，规划布局见图1-7。

1.3.2.2　杭州

杭州于2008年5月1日投入运行世界上规模最大的公共自行车系统[42]。2011年9月，杭州成为中国唯一被英国广播公司（BBC）旅游频道评为"全球8个提供最棒自行车服务的城市之一"的城市。2016年7月份，滨江闻涛路"最美跑道"11km贯通（见图1-8（a）），骑行段6.4km，沿线修建大草坪和绿地公园；桐庐绿道3号线自宝心路始，于富春江镇芦茨村白云居止，全长18km左右，既能欣赏日新月异的桐

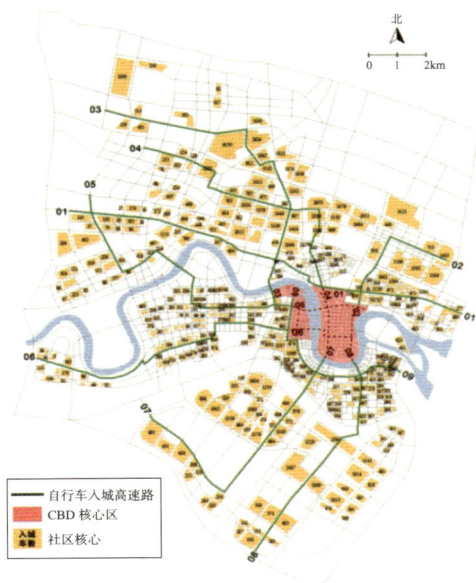

图1-7　天津市滨海新区核心区自行车入城高速路规划布局

庐城区，又能漫步芦茨湾风情小镇，享受慢生活，如图1-8（b）所示。

（a）闻涛路最美跑道　　　　　　　　　　（b）桐庐绿道 3 号线

图 1-8　杭州自行车系统道路

1.3.2.3　深圳

深圳市 2014 年底颁布《福田中心区及周边片区慢行系统规划》，以福田中心区为试点，展开慢行系统规划。福田中心区未来自行车主要出行通道包括对外出行通道及内部出行通道 2 个部分，计划从梅林至福田中心区修建 2 条自行车高架专用车道。其中，对外自行车通道主要包括梅丽路—新洲路（见图 1-9）、中康路—莲花路—彩田路、莲花路和红荔路等 4 条通道，总长度约 18km；内部自行车通道主要包括福中路、福华路、民田路、益田路和金田路等 5 条道路，总长度约 7.5km[43]，目前尚未进入实施阶段。

（a）效果图 1　　　　　　　　　　　　　　（b）效果图 2

图 1-9　新洲路自行车道（跨北环段）效果图

1.3.2.4　上海

2005 年，上海市杨浦区政府斥资 500 万元，在同济大学至复旦大学间建起了 1 条全长近 2km 的绿色非机动车道。这是上海市第 1 条采用环氧树脂技术铺装的车道，车道材料面薄、防滑，可有效降低交通事故的发生频率[44]。

2016 年上海长宁区西部规划建设一个全国领先的"平赛合一"自行车绿道示范区，突破原有自行车绿道概念，集平时休闲运动功能和自行车赛事场地功能为一体。市政道路段建设开放式自行车绿道，道路宽度 2.5 ~ 3.5m，长度 16.9km，赛时需进行机动车管制，择优进行赛时路线选择；外环绿带段道路通畅无机动车，是赛事主选线，道路宽度 6m，总长 5km；滨江段建设独立式自行车绿道，道路宽度 3 ~ 6m，长度 2.1km[45]，目前尚未建成。《上海市中心城非机动车交通规划》中提出将在 2020 年打通、加宽、完善 13 纵 12 横自行车廊道[46]。

1.3.2.5　北京

截至 2016 年，北京已建成 700km 的自行车专用道，计划到 2020 年，五环内建成 3200km 连续成网的彩色自行车专用道路[47]，北京自行车彩道如图 1-10 所示。

图 1-10　北京自行车彩道

此外，北京市首条自行车专用路（回龙观~上地软件园）已于 2018 年 9 月份开工建设，计划于 2019 年 6 月底贯通。该条专用路全长约 6.5km，设计速度 20km/h，路面净宽 6m，未来将继续延伸二期、三期建设，串起回龙观、上地、中关村等区域，方案如图 1-11 所示。

欧美发达国家经数十年努力，自行车道系统的建设日趋完善，自行车出行比例也逐年提高。而我国各城市由于行人和机动车对自行车出行的干扰较大，出行安全和速度都受到了很大影响。因此发展拥有独立"路权"的自行车专用道，最大限度地避免机动车和行人的干扰，为人民提供一个"快速、安全、舒适"的骑行环境十分必要。

图 1-11　回龙观自行车专用道选线方案

第 2 章 厦门市绿色交通规划及现状

厦门，别称"鹭岛"，福建省副省级城市、经济特区，位于福建省东南端，与大小金门隔海相望，与漳州、泉州并称厦漳泉闽南金三角经济区，是东南沿海重要的中心城市、港口及风景旅游城市。厦门陆地面积 1699.39km²，海域面积大约 390km²。截至 2018 年，厦门市区城市建成区面积 348.23km²，常住人口 401 万人[48]。

2.1 厦门市绿色交通建设规划

2013 年发布的"厦门市绿道与慢行系统总体规划"[49] 如图 2-1 所示，根据厦门城市规划区自然本底特点、城镇发展结构特征和未来发展态势、景观资源的分布情况，以绿道线性联系为基础，服务尽量多的人口，形成"一环、两带、四放射"的规划结构。其中"一环"为厦门市本岛环岛路滨海绿道；"两带"为沿厦门湾的滨海绿道和沿城市外围的山体绿道；"四放射"主要是利用岛外各区溪流（过芸溪、后溪、东西溪和东坑湾－九溪）作为城市放射绿道。

图 2-1 厦门市绿道与慢行系统总体规划

2014 年《美丽厦门战略规划》[50]要求以绿色发展的理念促进经济发展和环境优化，完善城市功能布局；要以美好环境建设为载体，加快健全均衡发展、覆盖城乡的基本公共服务体系；要以完整社区为理念，建设温馨包容的幸福城市，让城市处处散发国际花园城市的美丽气息，为此要打造"公交 + 慢行"主导的绿色交通体系，具体举措如下：

（1）坚持公交优先战略，打造"公交都市"

构建以"地铁 + 旅游轻轨 +BRT（快速公交系统）"为骨架、以常规公交为网络、以出租车和水上公交为补充的大公交体系，组织一体化换乘衔接系统，推行"走廊 + 枢纽型"的运输组织方式，依托公交枢纽进行综合开发，形成公交优先发展模式（Transit-Oriented Development，TOD），打造"公交都市"。

（2）实施交通需求管理，实现交通平衡

借鉴新加坡、伦敦、上海、北京等国内外大城市发展经验，实施交通需求管理，利用价格杠杆，提高小汽车的拥有和使用成本，限制厦门岛内区域和跨岛通道的小汽车出行，实现交通的供需平衡和可持续发展。

（3）发展多元交通模式，提升服务品质

建设高品质慢行专用道，增加片区间慢行通道连接，完善过街设施，形成舒适、安全、连续的慢行交通环境。结合轨道交通、公共交通站点建设公共自行车系统，解决"最后 1 公里"出行问题。积极发展水上交通，发挥轮渡对跨海交通出行的补充作用。发展集约型旅游交通方式，建设环岛旅游轻轨、旅游集散中心、停车换乘系统、水上观光线，减少旅游交通对城市交通的冲击。转变"以车为本"的道路建设方式，加强街道功能空间布局，美化街道景观环境，营造"人性化"街道空间。

厦门作为第二批推行"城市步行和自行车交通系统示范项目"的城市，厦门市委、市政府开展全市自行车系统规划建设，进一步引导市民采用健康、环保、绿色的出行方式，适度缓解交通拥堵。

2.2 厦门市自行车系统建设现状

2.2.1 厦门市自行车出行需求分析

2.2.1.1 出行总量

随着社会经济的发展，城市化水平以及人们生活水平的提高，居民的弹性出行总量以及其占整体出行总量的比重都保持着持续增长的水平，从而导致居民人均出行次数的增加。与此同时，城市人口规模和用地规模的扩张对居民的出行次数也起着一定的制约作用，进而促使出行者出行比例的下降。根据《2015 年厦门市居民出行调查》，厦门市岛内居民全日出行次数为 2.6 次 /（人·日），则厦门岛全天出行总量约为 520 万次 / 日。

2.2.1.2 出行比例

厦门岛交通出行方式比例划分表见表 2-1。

厦门岛交通出行方式比例划分表（2015 年调查数据）　　表 2-1

步行	自行车	公交车	出租车	私人小汽车	单位客车	轮渡	摩托车	其他	合计
34.6%	9.5%	33.8%	1.3%	17.5%	1.8%	0.1%	1.0%	0.4%	100%

由表 2-1 可知，厦门市岛内自行车出行比例仅为 9.5%，比例较低。但随着岛内地铁的陆续建成，公共自行车系统的不断完善，自行车的出行比例将会提高。

2.2.1.3　出行分布

厦门岛自行车出行以居住与就业分布为基础，结合城市 POI 密度，厦门岛主要出行产生与吸引点分布图见图 2-2。

从图 2-2 可以看出，居住与就业人口密度高片区位于鹭江 – 中华片区和厦禾片区（红色区域）。居住人口密度相对较高片区为筼筜湖片区、莲前东路片区、五缘湾片区和市政行政服务中心片区（黄色区域）；就业人口密度高片区位于 SM 广场片区、湖里工业区、湖里高新区、软二片区和软一 – 厦大片区（蓝色区域）。

2.2.1.4　出行模拟

以厦门岛现状路网为基础，结合自行车出行分布，对自行车出行进行道路流量分配模拟，计算厦门岛自行车高峰小时出行量。模拟前做如下假设：①地面公共自行车系统已趋于完善；②自行车专用路建设完成投入使用；③基于自行车的道路交通管理基本到位；④岛内电动自行车禁行。模拟出厦门岛自行车高峰小时出行分配见图 2-3。

图 2-2　厦门岛主要出行产生
与吸引点分布图

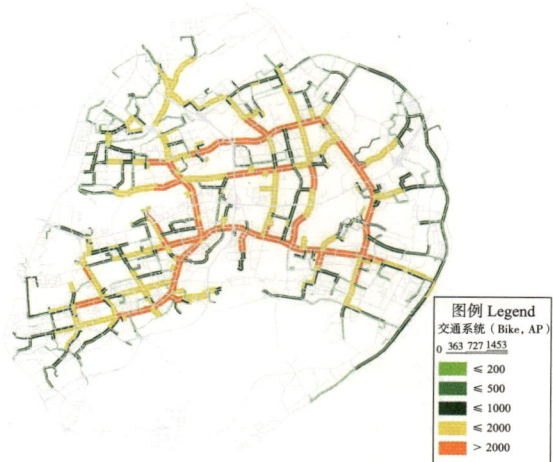

图 2-3　厦门岛自行车高峰小时出行分配图

2.2.2　厦门市自行车系统现状

目前厦门市岛内基本建成的地面自行车道路总长 136.2km，共投用 7000 多辆公共自行车，配套的站点 355 个，已初具规模。自行车系统工程涵盖环筼筜湖片区、莲前东路—莲前西路片区、前埔 BRT—软件园—五缘湾片区、湖里大道片区、金尚路—云顶北路片区，如图 2-4 所示。

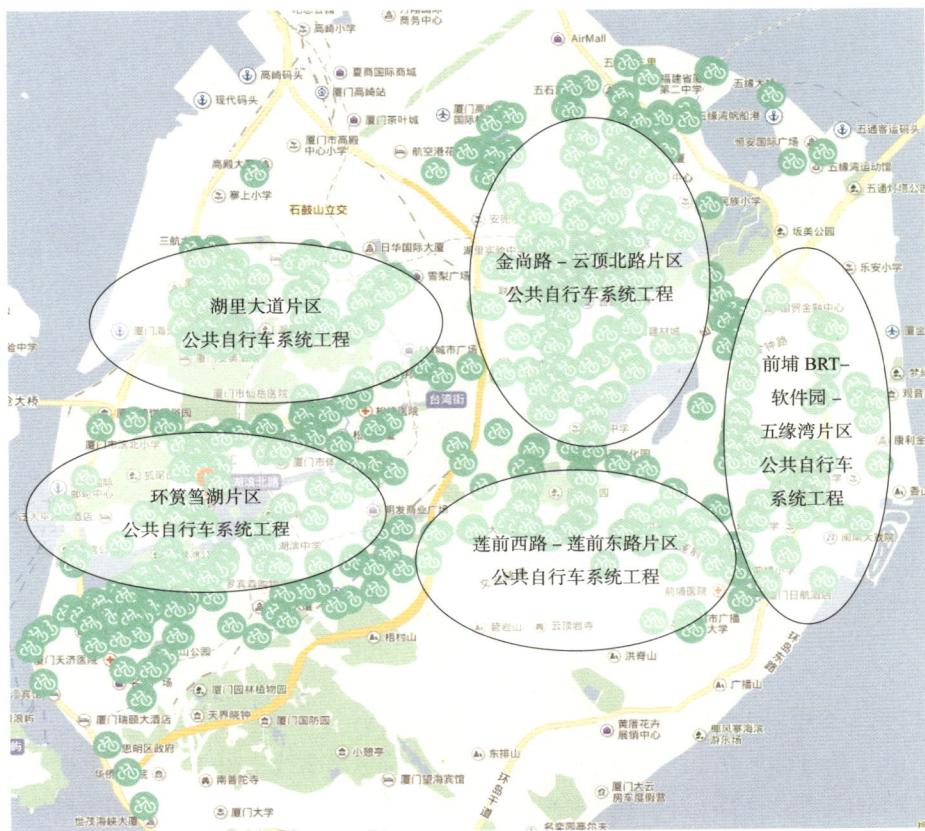

图 2-4　厦门岛内自行车系统工程分布图

　　由于建设时期主要侧重以机动车道出行的交通网络，忽略了道路交通系统中自行车道出行的便捷性、舒适性、连续性，因此厦门市慢行交通主要以道路两侧的路侧带空间为主。现行自行车道系统虽已初具规模，但是路段之间不连续的情况仍然不在少数，并且与行人交织混行、非机动车违规停放等问题也显著存在。因此需建设自行车快速路，提升自行车道在城市道路中的地位，完善城市功能。

2.3　厦门市自行车交通建设规划

　　《厦门市自行车道路系统初步规划》将自行车道分成 3 种，分别为自行车高(快)速路、自行车主干道和一般自行车道（表 2-2）。基于厦门市绿色交通的建设规划、自行车出行需求分析和自行车系统现状，最终形成的厦门市公共自行车规划见图 2-5。

自行车道分类表　　　　　　　　　　　　　　表 2-2

序号	等级划分	功能定位	路权形式	交叉形式	设计车速（km/h）
1	自行车高（快）速路	骨干线，承担骨架功能	路权专有	自行车与人、机动车完全分离	25～35
2	自行车主干道	自行车次干线及绿道、旅游道	路权专有	自行车可与机动车平面交叉	15～30
3	一般自行车道	网络主体	路权开放	与道路结合平面交叉	10～20

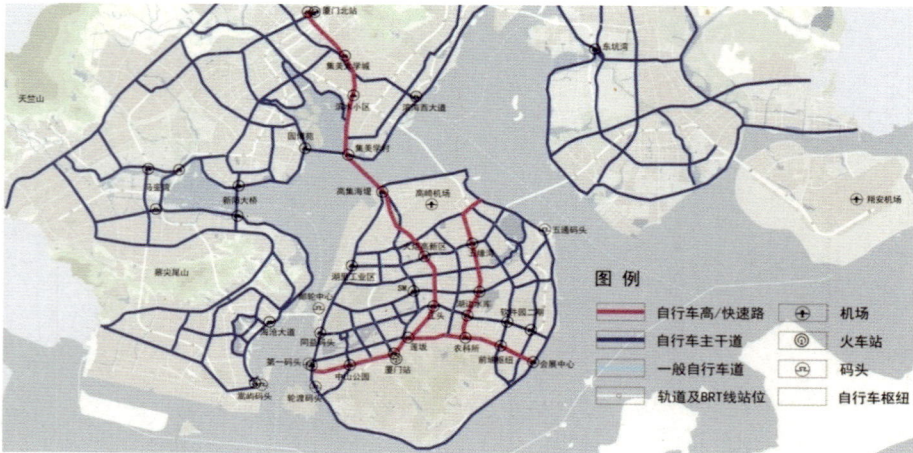

图 2-5　厦门市公共自行车初步规划图

由图 2-5 可以看出，厦门市自行车道路网主要为：

（1）3 条自行车高（快）速路：由沿铁路及海堤进出岛线、BRT 沿线通道构成。

（2）自行车主干路：环岛线及部分主要绿道、岛内主要干道及部分次干道沿线。

（3）其余布局为一般自行车道。

其中自行车高（快）速路的核心是具有独立的路权，最大限度避免机动车和行人的干扰，可以提供快速、安全、舒适的骑行环境，是实现中长距离（5km）通勤功能的自行车专用道。

第3章 厦门市云顶路自行车快速道示范段工程

3.1 厦门市自行车快速道的建设形式

针对厦门自行车骑行受干扰情况严重、交叉口等候信号灯时间较长和行车不安全等问题，厦门市决定规划建设拥有独立路权且能够快速骑行的自行车骨架道路，与一般自行车道相衔接而形成网络，降低自行车出行总耗时，减少安全隐患。基于厦门市空间资源非常有限，厦门市最终决定采用全线高架桥的形式建设自行车快速道。

3.2 厦门市自行车快速道的选址

通过对各相关规划以及岛内公共自行车出行热力分布图（图3-1）的解读，发现岛内公共自行车的出行主要集中在"筼筜湖片区"及"湖边水库片区"。由于厦门地铁施工，"筼筜湖片区"交通情况较为复杂，实施条件较差，且该片区为较成熟的生态公园，实施建设对生态环境影响较大，而"湖边水库片区"路幅较宽，两侧用地充裕，可利用既有BRT高架桥的桥下空间设置独立的自行车高架桥，因此选择后者作为自行车快速道的桥址，路网关系如图3-2所示。

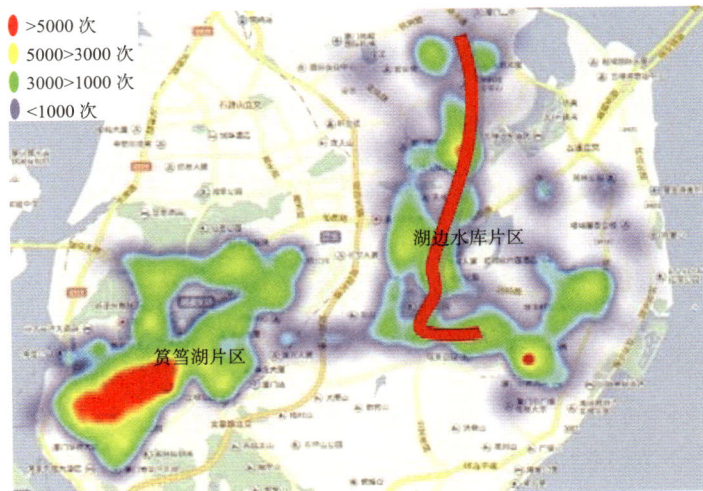

图3-1 厦门岛公共自行车出行热力分布图（红色线路为云顶路自行车快速道）

云顶路自行车快速道起于BRT洪文站，经"莲前东路"后进入"云顶中路""云顶北路"，终于BRT县后站。BRT高架桥为双向2车道，宽10m，桥梁离地面高10m左右。在BRT桥下空间建设自行车桥，能够节约土地资源，提供一种与BRT、地面公交相并行的通勤方式，缓解BRT车辆及地面公交车运力不足的现象，也引导一种新的绿色出行理念。对于地面自行车而言，它是一种新的观念突破，对后续厦门市自行车高（快）速路骨干网的成型具有指导作用。

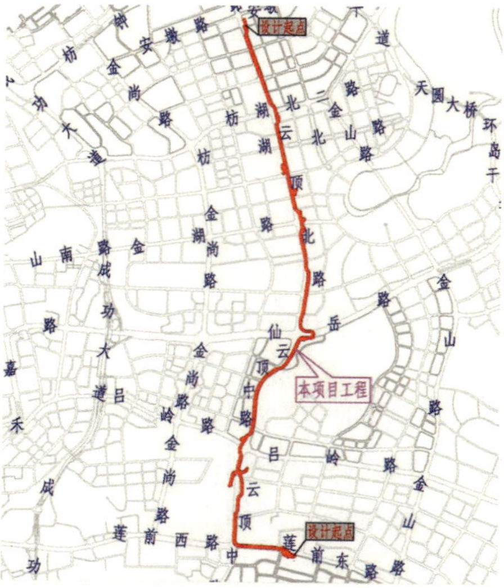

图3-2 自行车快速道示范段路网关系图

3.3 厦门市自行车快速道规划建设的重要意义

厦门市自行车快速道规划建设的重要意义主要包括以下几方面：

（1）构建生态、绿色低碳城市

建设自行车快速路，有助于转变居民出行观念和习惯，吸引中长距离出行，提高自行车出行比例，适度缓解轨道建设期间所带来的交通压力，完善自行车交通系统，打造骑行文化、发展绿色健康出行，符合"美丽厦门"战略规划的发展目标和国家"绿色交通"的发展理念。

（2）提高社会经济效益

项目的实施有利于取得较大的社会经济效益，促进地方经济的繁荣。通过提高区域内道路的通行能力和通达深度，缓解这一地区道路交通对国民经济发展的"瓶颈"制约，推动各类资源尽早开发，将资源优势转化为经济优势，从而带动区域内经济的腾飞。

（3）促进社会综合事业发展

项目的建设有利于扩大内需，增加就业，促进社会综合事业发展，带动诸多产业的逐渐兴起和发展，为社会就业提供更多的机会，发挥更大的经济和社会效益，为区域农民脱贫致富创造条件。沿线对基础设施的需求将不断上升，为满足社会需求，也将促进社会综合事业、通信、文教、卫生等事业迅速发展。

（4）提升城市品牌影响力的需要

城市形象作为城市的无形资产，在城市建设中的作用日益凸显，是一个城市综合竞争力不可或缺的要素。厦门城市形象系统的设计与构建，对于促进厦门城市品牌的快速形成、城市竞争力的急速提升、城市投资发展环境的优化组合等均具有十分重要的意义，而慢行环境作为城市形象的主要展示和关注点，对城市品牌的提升意义十分重大。

第二篇
设计篇

第4章 总体设计

4.1 总体设计原则及思路

4.1.1 设计原则

厦门市自行车快速道的设计内容应根据厦门市的总体规划、区域功能定位，针对项目线位、工程规模、技术标准进行合理论证后，提出可行性方案。主要包括：对道路现状横断面进行分析，合理利用 BRT 桥下空间，以求减少工程造价；路线方案原则上应按照规划执行，通过对规划交通组织进行详细分析、论证，在区域交通分析的基础上考虑近远期结合，对局部路段和节点进行合理详细的处理；另外桥梁设计应结合施工工艺且尽量经济合理。

4.1.2 设计思路

在进行自行车快速道工程设计的过程中，首先应确定道路线位能满足总体规划中提到的标准、规模要求，以工程设计规范为依据，按照相关规划文件精神进行道路总体布置，并按招标文件的投资（估算）额控制工程建设投资，优化工程设计；其次根据规划，结合现状道路沿线情况，论证确定道路横断面的布置宽度，在道路线位确定的基础上完成道路纵断面、桥梁设计等工作，并在此过程中对道路纵断面高程进行核查，根据本工程的特点，对道路纵向标高进行合理设计，并综合考虑骑行的舒适性；接着调查了解沿线市政管线埋设情况，合理提出改造方案，对局部关键节点进行技术论证，提出处理措施，合理布置附属设施（休息平台、停车平台等），结合平面布置进行现状开口的整治等；最后进行工程造价初步测算，评价本项目设计是否经济合理，并在此基础上进一步深化、优化。总而言之就是应用先进的理念，尽量节能、节地，并采用新技术、新材料和新工艺，确保在项目经济合理的前提下，同时具有较高的技术含量。

另外，设计过程中还应注重环境保护和景观设计，使道路及沿线设施等与自然景观相协调，追求优美的结构形式和高质量的环境景观，使建成后能够成为该地区的一道"功能齐全、安全顺畅、景观优美"的风景线。各专业设计应协调配合，力求设计方案的合理、可行。

4.2 桥梁结构的确定

4.2.1 桥梁结构选型

一般桥梁结构类型根据材料的不同，可分为钢结构、混凝土结构以及钢 – 混凝土叠合结构。相比于混凝土，钢材具有强度－密度比大，跨越能力强，结构高度低，交通影响小等特点，因此作为桥梁结构时具有较高的适应性，但造价相对昂贵，且运营期内需多次涂装防护，总体费用较高。

本项目线位基本沿着瑞景—县后站的 BRT 桥布置，即沿目前的莲前东路及云顶中路中央分隔带处布置。由于该段道路交通车流量大，为尽量施工减少对现状交通流的影响，桥梁应容易安装，下部的墩柱和桩基应尽量少；考虑 BRT 桥下净空有限，新建桥梁梁高应尽量小。受上述条件的限制，鉴于钢结构可在工厂预制后现场焊接，现场作业时间短，且具有自重较轻、跨越能力强等优点，因此自行车桥选定钢结构方案。由于桥上自行车道净空要求 2.5m，桥下机动车道净空要求 5.0m，后建桥梁纵梁梁高应限制在 1.0m 左右，故选定梁桥方案。

4.2.2　跨径选择

确定桥梁跨径主要考虑下列因素：①尽量缩短施工工期；②尽量节约工程造价；③立面布跨比例均衡；④避开难以改造的地下构造物或管线；⑤避开 BRT 桥墩；⑥考虑地面交通的需要，避免过小的行车视距影响行车安全。基于上述原则，桥梁标准跨径控制在 30m 左右。

4.2.3　桥梁设计方案

自行车快速道高架桥线路布设在既有云顶路 BRT 桥梁下，为节约土地，尽量减少新增用地，其桥梁梁型及高度都必须满足桥下空间要求。自行车桥的设计方案要点大致包括以下 3 点：

（1）重新设立桥墩。由于既有桥梁未考虑后建桥梁的荷载，且原下部结构的承载力无法满足承担新建桥梁的荷载要求，因此新建桥梁需重新设立桥墩，桥墩与既有桥梁墩柱需错开布置。

（2）设计先横梁后纵梁的结构体系。由于受到既有桥墩和桥下车行道的影响，自行车道需分 2 幅桥布置，桥墩柱设置在中分带内，同时设置横梁结构作为纵梁支撑，以构成先横梁后纵梁的结构体系。

（3）设计弧形断面纵梁。因后建桥梁采用先横梁后纵梁体系，为减少横梁受力，要求纵梁中心尽量偏向横梁中间，为与既有桥梁横断面（斜腹板单箱加悬臂薄翼缘）相协调，还需优化横梁受力，以使其外形更加美观，同时也减少对桥下车行道空间的压迫。因此纵梁应采用外侧轻盈、内侧厚重的弧形断面。另外，为减小翼缘厚度，使外侧梁型显得更加轻盈，翼缘应采用斜板与箱梁底板相连的方式。

第5章　自行车快速道线路设计

5.1　自行车快速道路线

厦门自行车快速道路线走向如图5-1所示，从BRT洪文站到BRT县后站，路线全长7.6km。全线共设11处出入口，与BRT站点、轨道站点、主要商业和行政办公楼衔接，并预留机场、五缘湾、软件园二期、会展中心（前埔）4处连接线。本工程设计内容主要包括道路工程、桥涵工程、平台工程、雨水工程、照明工程、监控工程及配套工程。

5.2　主要技术标准及指标

对于自行车快速道，目前国内尚无针对性的规范标准，且无自行车桥工程的先例。通过收集整理大量国外相关文献，并与欧洲自行车组织机构、事务所及咨询公司进行咨询与交流，同时参考国外和台湾地区的类似规范标准[51]～[54]，确定了如下技术标准：

图5-1　厦门自行车快速道线路走向

（1）道路宽度

根据《中华人民共和国道路交通安全法实施条例》规定，1条自行车道的宽度为自行车车身宽度0.6m和行驶时左右各0.2m的摆幅宽度之和，靠边行驶的自行车还需要考虑两侧各0.25m的路缘带，即自行车单车道宽度为1.5m，每增加1条车道就要增加1.0m的车道宽度。因此，本项目将单向2车道的净宽设计为2.5m，双向4车道的净宽设计为4.5m。

（2）线路平面半径

根据对国内外资料的参考以及对实际骑行的研究，自行车道的曲线半径需要满足的要求相对较少，如仅需要考虑骑行的舒适度，此时半径15m基本就能达到要求。对于钢构自行车桥而言，还需要另外考虑结构受力要求，最后确定最小平曲线半径：一般值取30m，极限值取25m。

（3）线路纵坡

线路纵坡需满足《城市道路工程设计规范》[55]对非机动车的纵坡要求，纵坡过大，则骑行太累，如坡长较长，则加大骑行难度。在线路设计中，纵坡的控制是比较有争议的一项标准。从骑行者舒适性考虑，纵坡越缓越舒适，但道路的设计实际情况变化较大，经过对各国标准进行分析，同时结合《福建省绿道规划建设标准》[57]，最大纵坡宜控制在 5% 以内。慢行系统的坡度设计应与现有自然条件下的横坡、纵坡相匹配，坡度设计范围宜满足表 5-1 的规定。最后制定桥梁主线最大纵坡为 3%，出入口坡道宜采用推行，纵坡规定一般不大于 7%。

慢行系统的坡度设计范围[57]　　　　　　　　　　　　　　　　表 5-1

慢行道类型	纵坡坡度参照标准	横坡坡度参照标准
自行车道	2.5% 为宜，不宜超过 5%	2% 为宜，不宜超过 4%
步行道	2.5% 为宜，不宜超过 12% （当纵坡坡度大于 8% 时，应辅以梯步解决竖向交通）	不应超过 4%

（4）栏杆高度

各国规范规定要求的自行车桥栏杆高度各不相同。其中，丹麦规范规定为 1.2m；荷兰根据骑车人重心高度 1.2m（荷兰人平均身高全球第 1）而规定栏杆高度为 1.2 ~ 1.3m；美国规范规定不可低于 42 英寸（1.07m）；英国规范的推荐值为 1.4m。研究者为确定桥梁高度，在天桥上进行实地测试。骑行模特身高 1.76m，重心位置约 1.05m，并让骑行模特分别体验了 1.5m 和 1.3m 两种栏杆高度的骑行感觉，最后选定高度为 1.3m。该栏杆高度既能满足骑行者的安全要求，又不会对骑行者产生太大的压迫感。

（5）桥梁振动舒适性

为避免产生共振，目前国内规范仅规定了人行天桥的竖向自振频率必须大于 3Hz。其他国家的规范则主要通过避开敏感频率法和限制动力响应值法 2 种方法确定桥梁的振动舒适性。例如，荷兰设计手册[54]中将人行桥与自行车桥归入一类，要求其竖向自振频率大于 3Hz；英国规范 BSI[56]则规定当人行桥竖弯基本固有频率小于 5Hz 时，其竖向最大加速度值（即舒适度指标）需小于 $1/2\sqrt{结构竖向基频}$。经分析和论证，规定自行车快速道桥梁的竖向自振频率必须大于等于 3Hz。

国外和台湾地区的类似规范标准见表 5-2；本工程线路设计的技术标准总结见表 5-3，设计中所采用的技术指标见表 5-4。

国内外自行车道技术标准　　　　　　　　　　　　　　　　　表 5-2

地点	美国（一级自行车路）	英国（自行车专用道）	丹麦（自行车高速路）	荷兰（自行车专用道）	台湾地区（自行车专用道）	中国
设计速度	32.2km/h	32.2km/h	20km/h	20km/h	10 ~ 30km/h	
车道宽度	单向最小值 1.5m，双向最小值 2.4m（交通量大时，可增至 3.6m 或更大）	双向推荐值 3.5m，双向一般值 2.5m，双向最小值 2m（短距离）	单向最小值 2.2m，最大值 3.5m，双向推荐值 4m，最小值 2.5m	单向最小值 1.5m，双向推荐值 2.5m	单向宜大于 1.5m，最小 1.2m，双向宜大于 3.0m，最小 2.0m	单向最小值 3.5m，双向最小值 4.5m

续表

地点	美国（一级自行车路）	英国（自行车专用道）	丹麦（自行车高速路）	荷兰（自行车专用道）	台湾地区（自行车专用道）	中国
纵坡	推荐值 <5%，需采用更大坡度时，坡长 <50m	推荐值 <3%，当坡度取值 3%~5%，坡长≤100m；极限值 7%，坡长 <30m	5%，坡长 <50m；4.5%，坡长 <100m；4%，坡长 <200m；3.5%，坡长 <300m；3%，坡长 <500m	坡长 <7%，坡长控制	推荐值 <5%，最大值 8%；3%，坡长 <500m；4%，坡长 <200m；5%，坡长 <100m；6%，坡长 <65m；7%，坡长 <40m	宜小于 2.5%；3.5%，坡长 <150m；3.0%，坡长 <200m；2.5%，坡长 <300m
横坡	1%~2%	2.5%	2.5%	1.5%~2.5%	推荐 2%，最小 0.5%	
线形要求	设计速度 32.2km/h，平曲线最小半径为 27.4m	各自行车车型对应限定转弯半径，提供良好转弯视角	平曲线半径要求能以 30km/h 的速度安全舒适通行，转弯视要好，平曲线与竖曲线应综合考虑	线形要求能安全舒适通行，提供良好转弯视角	30km/h，最小半径 30m；20km/h，最小半径 15m；10km/h，最小半径 3m	
	与竖曲线应综合考虑					

厦门自行车快速道主要技术标准　　　　　　　　表 5-3

道路宽度	最小平曲线半径	线路纵坡	栏杆高度	自振频率
单向 2 车道净宽 2.5m，双向 4 车道净宽 4.5m	一般值取 30m，极限值取 25m	主线最大纵坡为 3%，出入口坡道一般≤7%	1.3m	≥3Hz

本工程线路主要技术指标　　　　　　　　表 5-4

序号	指标名称	主要技术指标
1	道路等级	城市自行车快速道
2	设计速度	30km/h
3	道路横断宽度	单向双车道净宽 2.5m，总宽 2.8m；双向 4 车道净宽 4.5m，总宽 4.8m
4	横坡	1.0%
5	纵坡	主线宜小于 2.5%，最大纵坡为 3%，其最大限制坡长 200m（当坡度为 2.5% 时，最大坡长限制小于 300m）；出入口纵坡一般不大于 7%
6	最小平曲线半径	30m
7	竖曲线	60m，极限最小长度 30m
8	凸形、凹形竖曲线最小半径	400m
9	设计活载	5.0 kN/m²
10	竖向荷载	1.2 kN/m
11	栏杆推力	2.5 kN/m
12	基准风压	0.95 kN/m²（100 年一遇）
13	桥下净空高度	机动车道净空≥5.0m
14	桥上净空高度	≥2.5m
15	自振频率	上部结构竖向自振频率≥3Hz
16	设计使用年限	100 年
17	设计安全等级	一级
18	环境类别	Ⅱ类，滨海环境
19	设计基准期	100 年
20	抗震设计	抗震基本烈度为 7 度，地震动峰值加速度为 0.15g，设计地震分组为第三组，设计特征周期为 0.45s，桥梁设防措施等级为 7 度，桥梁抗震设防类别丁类

5.3　线路平面设计

本工程线路平面设计尽量保持与 BRT 桥梁主线线位一致，具体指标见表 5-5。

本工程线路平面具体指标　　　　表 5-5

序号	类型	指标	序号	类型		指标
1	路线长度	7488.438m	9	最大直线长度		814.279m
2	路线增长系数	1.200	10	最小直线长度	反向圆曲线之间	25.961m
3	平曲线	55 个			同向圆曲线之间	26.977m
4	平均每公里交点	7.345 个	11	最大回旋参数		177.482
5	曲线总长	3481.612m	12	最小回旋参数		51.942
6	曲线比例	46.493%	13	最大缓和长度		71m
7	最大圆弧半径	4000m	14	最小缓和长度		50m
8	最小圆弧半径	38m				

5.4　线路纵断面设计

5.4.1　竖向设计原则

线路竖向设计在满足规范要求的前提下，除了应保证行车安全、舒适，并尽可能符合规划要求外，还应综合考虑地形地势现状、最小净空、现有平交人行天桥高程、地下各种管线最小埋设深度、最小排水纵坡以及骑行者较长时间骑行的舒适性等需求。

5.4.2　线路纵断面指标

基于上述原则，并综合考虑现有 BRT 桥梁主线、地面道路标高及人行天桥标高等设计变坡点，最终确定自行车快速道线路的道路纵断面指标和各主要控制点的竖向高程，具体见表 5-6、表 5-7，桩号 K5+171.261 ~ K5+183.261 区间段的变坡点如图 5-2 所示。

线路纵断面指标表　　　　表 5-6

序号	类型	指标	序号	类型	指标
1	竖曲线总长度	1128.2m	10	最小凹曲线半径	2000m
2	竖曲线占路线总长	15.15%	11	最大切线长	33.1m
3	变坡点总个数	19 个	12	最小切线长	16.4m
4	每公里变坡次数	2.551 个	13	最大直坡长	797.3
5	凸竖曲线总长度	449.8m	14	最小直坡长	63.586m
6	凹竖曲线总长度	678.3m	15	最大坡长	861.6m
7	最大凸曲线半径	99900m	16	最小坡长	128.8m
8	最大凹曲线半径	30000m	17	最大坡度	2.5%
9	最小凸曲线半径	1450m	18	最小坡度	0.3%

自行车快速道主线标高控制点汇总表　　　　表 5-7

序号	桩号	标高	备注	序号	桩号	标高	备注
1	K0+000	32.215	起点	22	K2+944.762	24.415	变坡点
2	K0+300	33.896	变坡点	23	K3+450.295	26	变坡点
3	K0+365	34.94	变坡点	24	K3+643.599	29.966	变坡点
4	K0+430.332	35.855	变坡点	25	K3+813.599	25.026	变坡点
5	K0+433.929	35.873	变坡点	26	K3+878.762	23.812	变坡点
6	K0+476	36.228	变坡点	27	K3+894.762	23.779	变坡点
7	K0+743	37.9	变坡点	28	K4+065.261	23.1	变坡点
8	K1+003	36.82	变坡点	29	K4+505.261	14.56	变坡点
9	K1+231	39.78	变坡点	30	K4+954.261	17.678	变坡点
10	K1+271	39.9	变坡点	31	K5+171.261	16.96	变坡点
11	K1+480	35.413	变坡点	32	K5+183.261	16.96	变坡点
12	K1+535.275	34.372	变坡点	33	K5+266.762	17.324	变坡点
13	K1+733.059	28.462	变坡点	34	K5+830.261	19.78	变坡点
14	K1+866.762	25.121	变坡点	35	K6+266.762	29.706	变坡点
15	K1+946.762	23.8	变坡点	36	K6+377.955	32.15	变坡点
16	K2+028.721	24.16	变坡点	37	K6+450	31.74	变坡点
17	K2+214.721	24.781	变坡点	38	K6+672.391	30.526	变坡点
18	K2+642.721	23.07	变坡点	39	K7+278.999	17.952	变坡点
19	K2+860.762	23.936	变坡点	40	K7+575.779	17.062	变坡点
20	K2+930.886	24.147	变坡点	41	K7+575.779	17.062	终点
21	K2+934.553	24.147	变坡点				

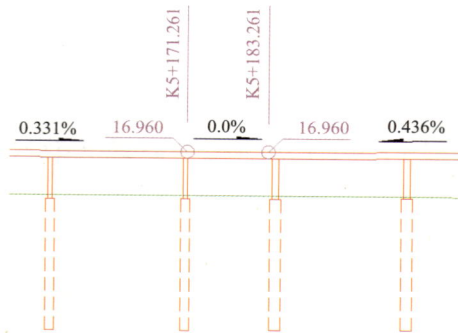

图 5-2　K5+171.261～K5+183.261 区间变坡点示意图

5.5　线路横断面设计

莲前东路段和云顶路段 BRT 桥下标准横断面如图 5-3、图 5-4 所示，横断面主要沿 BRT 桥梁两侧布置，单侧单向 2 车道；布置于 BRT 桥外的合并段标准横断面如图 5-5 所示。

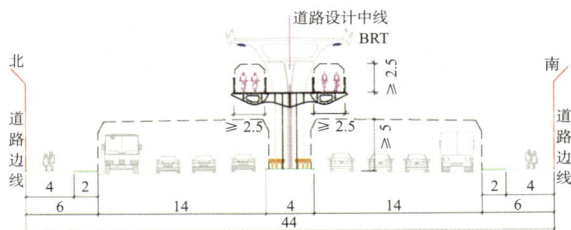

图 5-3　自行车快速道主线标准横断面图 – 莲前东路段（单位：m）

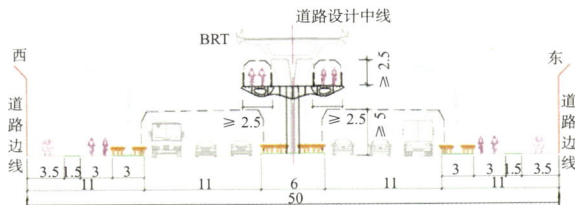

图 5-4　自行车快速道主线标准横断面图 – 云顶路段（单位：m）

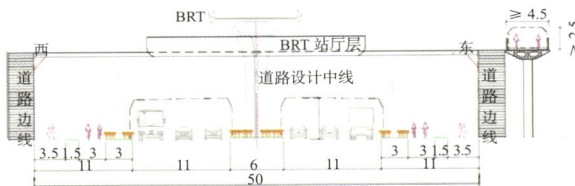

图 5-5　自行车快速道主线标准横断面图 – 合并段（单位：m）

5.6　出入口设计方案

本项目位于城市中心，服务节点较多，因此需要处理好与周边道路、重要交通、商业、办公节点的衔接关系。为了充分发挥拟建道路的功能，全线出入口共设置 11 处，且全线与公交实现衔接换乘，平接 BRT 站点天桥 5 处，与人行过街天桥衔接 3 处，与商业、办公建筑衔接 4 处。出入口设计方案一览表见表 5-8，示意图如图 5-6 所示。

出入口设计方案一览表　　　　　　　　　　　　　　　　　　　表 5-8

序号	出入口名称	出入口形式	相交设施	备注
1	瑞景 – 加州广场	十字交叉	坡道	新建，平接 BRT 洪文站天桥
		T 字交叉	坡道	新建，分别与加州、瑞景广场衔接
2	瑞景中学	十字交叉	人行天桥	现状
3	忠仑公园	十字交叉	人行天桥	新建，与本工程一体实施
4	吕岭路	十字交叉	坡道	新建，平接 BRT 蔡塘站天桥
5	市政大厦	T 字交叉	坡道	新建
		T 字交叉	坡道	新建，衔接管理房

续表

序号	出入口名称	出入口形式	相交设施	备注
6	后坑	十字交叉	人行天桥	现状
7	仙岳路	T字交叉	坡道	新建
		T字交叉	坡道	新建
8	金湖路	T字交叉	坡道	新建，衔接天虹商场（在建）二楼
		T字交叉	坡道	新建
		十字交叉	人行天桥	现状，平接BRT市政服务中心站天桥
9	政务中心－双十中学	T字交叉	坡道	新建，衔接政务中心二楼
		T字交叉	坡道	新建
10	枋湖北二路	T字交叉	坡道	新建，平接BRT双十中学站天桥
11	县后	T字交叉	坡道	新建，平接BRT县后站天桥

图 5-6　出入口设置示意图

5.7　节点方案

5.7.1　瑞景－加州广场方案

　　路线起点处与BRT洪文站天桥南侧末端平接，预留衔接会展中心方向。设置停车平台3处，1处与洪文站对接并增设梯道，以服务瑞景新村居民出行；1处位于现有瑞景停车场上方，与前述停车平台通过坡道连接并接入瑞景二楼；1处接加州城市广场。该方案衔接了瑞景－加州商业综合体，方便了骑行者进出，又充分利用商业体内建筑空间，增加了停车位数量。瑞景－加州商业广场自行车桥线路见图5-7。

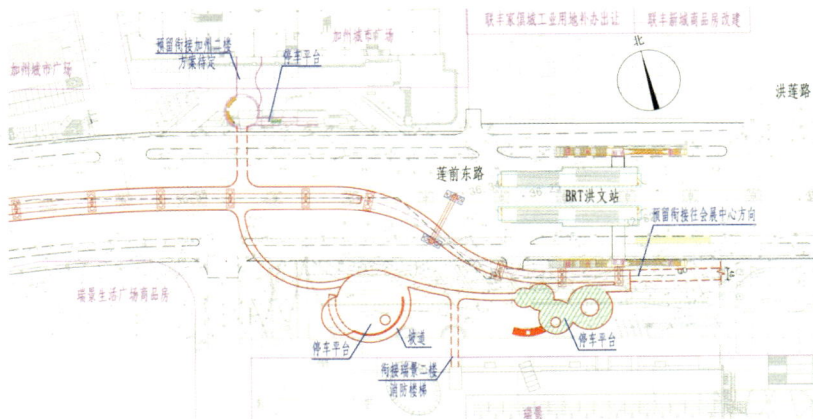

图 5-7　瑞景 – 加州商业广场自行车桥线路设计

5.7.2　吕岭路方案对比

吕岭路节点处共设计了 3 个方案，方案一如图 5-8 所示，线路沿云顶路东侧平接现有 BRT 蔡塘站天桥东侧末端。利用绿地空间，设置环形骑行坡道 1 处，主线绕行蔡塘 BRT，并预留延伸支线至蔡塘广场。方案设置了有利于衔接蔡塘广场的坡道，但在 BRT 处设置坡道对现有蔡塘花卉广场有不利的影响，并且考虑到该地块远期可能改为居住用地，若沿线布置则对地块开发的影响较大。

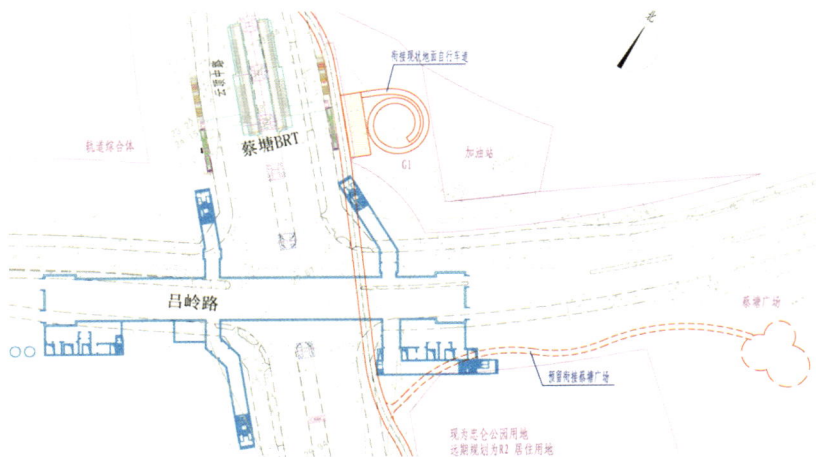

图 5-8　吕岭路节点处对比方案一

方案二如图 5-9 所示，沿云顶路分左右两幅绕既有 BRT 蔡塘站，两幅均设有坡道，减少自行车车流与 BRT 人行天桥的人流交织。该方案造型新颖，但是构造相对复杂。

方案三如图 5-10 所示，为避开 BRT 车站，线路沿云顶路西侧平接既有 BRT 蔡塘站天桥西侧末端。云顶路西侧设环形骑行坡道 1 处，东侧预留衔接蔡塘广场。方案线位利用公共绿地和轨道综合体用地，并且避开了地铁施工期的交通围挡，对周围交通、建筑物均无影响。因此，最终设计采用方案三。

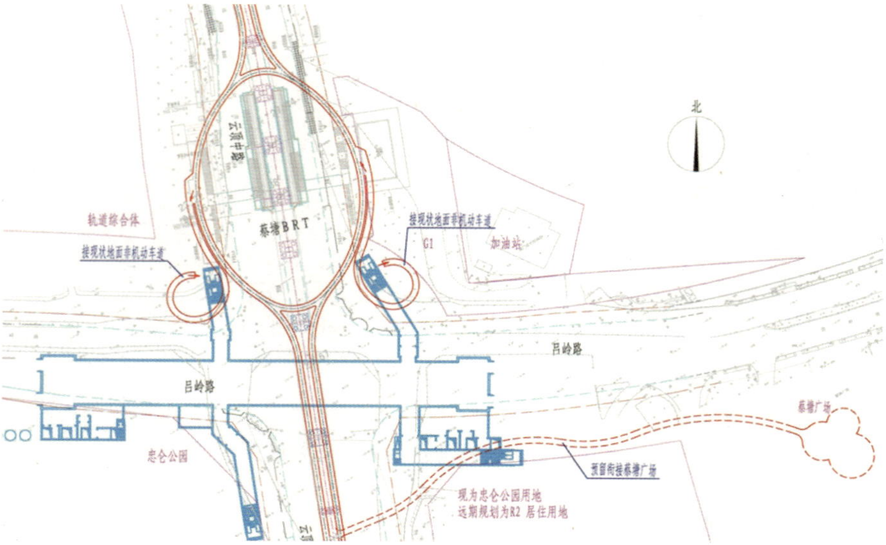

图 5-9　吕岭路节点处对比方案二

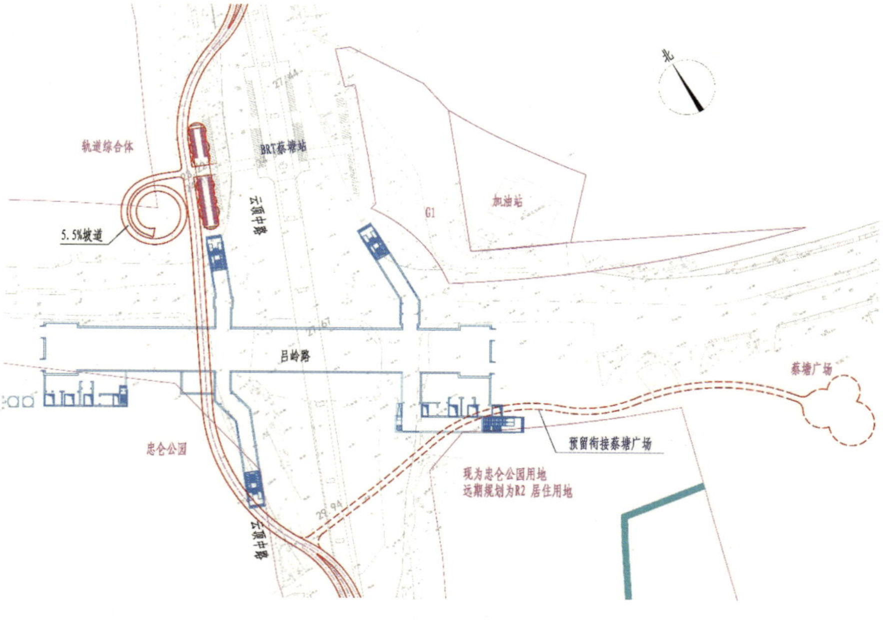

图 5-10　吕岭路节点处最终方案

5.7.3　后坑天桥方案对比

后坑天桥节点处共设计了 2 个方案，方案一如图 5-11 所示，与人行天桥平交，线路向西侧绕行，利用中分带放置墩柱，但在门式墩位置，主梁需设计为偏心结构。

方案二如图 5-12 所示，与既有后坑人行天桥平交，利用现有坡道作为出入口上下，并在交叉处设置缓冲区。因 BRT 门式墩净空不足，线路向东侧绕行后再接入 BRT 桥下。方案不需设置门式墩，仅需占用少部分湖边公园用地。因此，最终设计采用方案二。

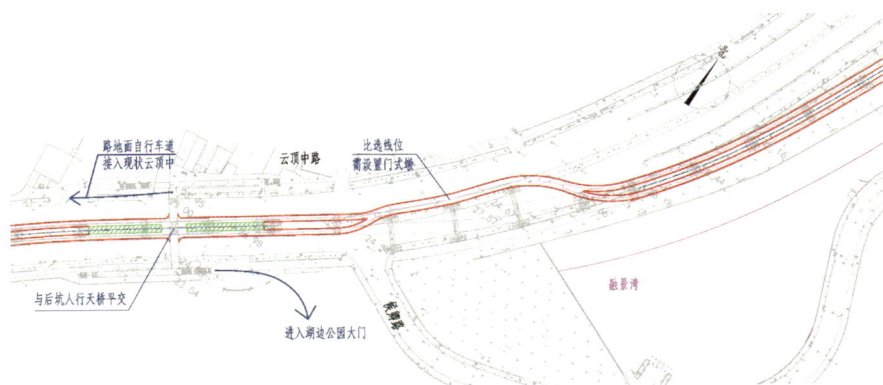

图 5-11　后坑天桥节点处比较方案

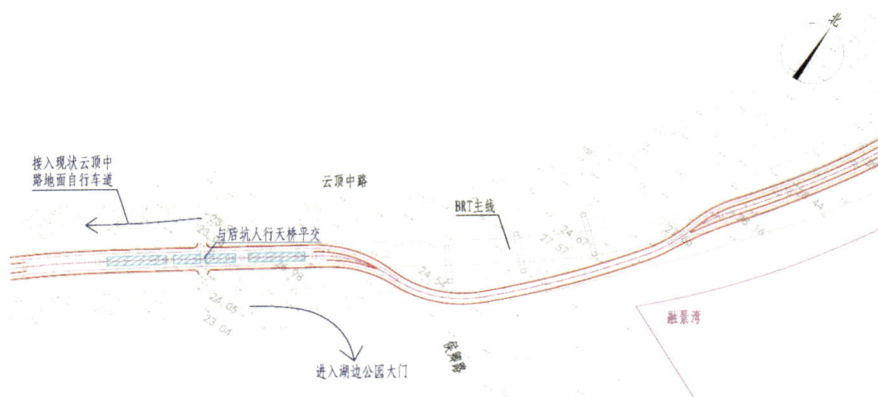

图 5-12　后坑天桥节点处最终方案

5.7.4　仙岳路方案对比

仙岳路节点处共设计了 2 个方案。方案一如图 5-13 所示，因仙岳路上跨桥不满足净空要求，主线需绕行。主线以 1.1% 的纵坡往东绕行穿越仙岳路后，再以 2.5% 下降上跨既有金山 BRT 天桥。设置 3 处骑行坡道，1 处接仙岳路南侧现状地面自行车道（往万达广场、软件园二期方向），1 处接仙岳路北侧现状地面自行车道（往五缘湾方向），1 处接既有 BRT 人行天桥，以方便金山小区、金山城等居民的出行。另外，利用 BRT 金山站设停车平台一处。方案与既有 BRT 人行天桥平接，利用人行天桥作为出入口，且可利用 BRT 现有的自行车停车平台。但该 BRT 天桥人行流量大，与主线自行车冲突较大。

方案二如图 5-14 所示，因仙岳路上跨桥不满足净空要求，主线需绕行。主线以 2.435% 的纵坡往东绕行穿越仙岳路后，再以 1.038% 下降，上跨既有金山 BRT 天桥。设置 1 处骑行坡道，接仙岳路南侧既有地面自行车道（往万达广场、软件园二期方向）。在跨过 BRT 天桥后适当位置设置 1 处停车平台。该方案上跨 BRT 人行天桥，避免该处 BRT 行人与自行车混行，人流量过大。因此最终设计采用方案二。

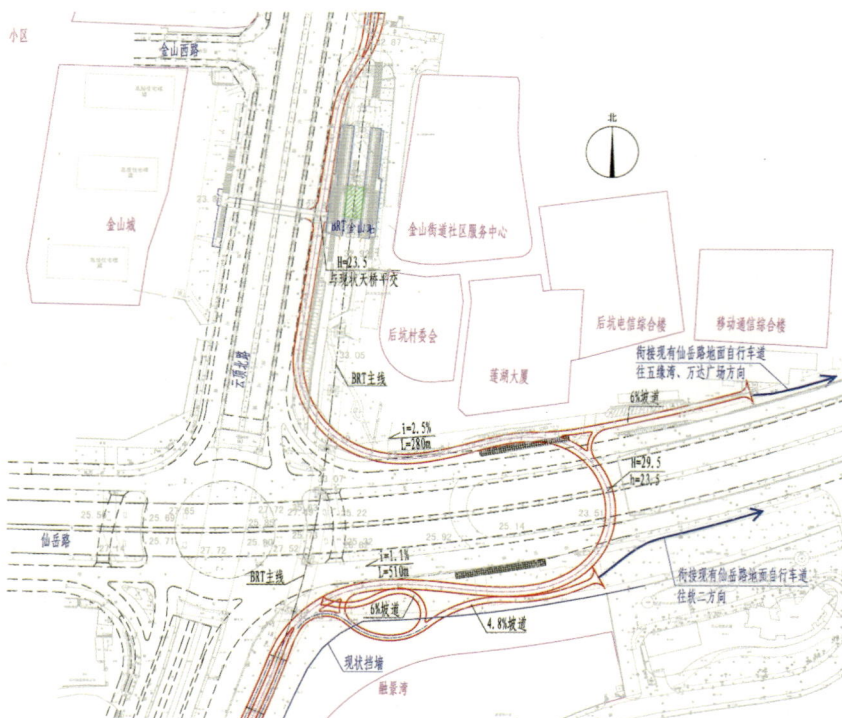

图 5-13　仙岳路节点处比较方案

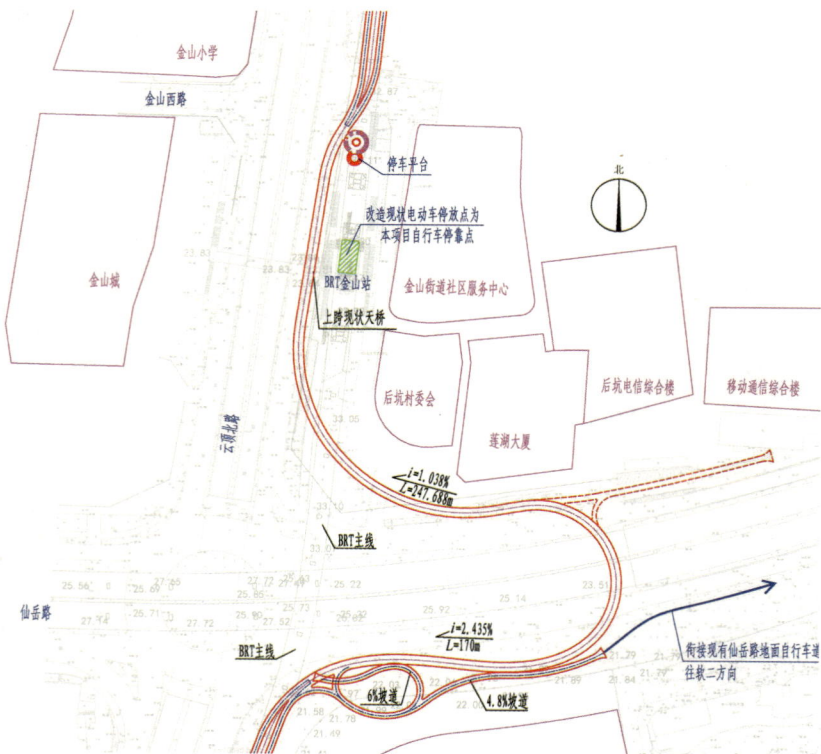

图 5-14　仙岳路节点处最终方案

5.7.5　金湖路方案对比

金湖路节点处共设计了 2 个方案。方案一如图 5-15 所示，绕开天虹 – 乐购规划天桥侧，主线沿云顶北路西侧布置。设置 1 处衔接天虹商场的通道，1 处骑行坡道。方案实现了行人与自行车的分离，但对现状或规划天桥利用程度欠佳，并且往乐都汇、复旦附属医院方向也需要通过地面红绿灯。

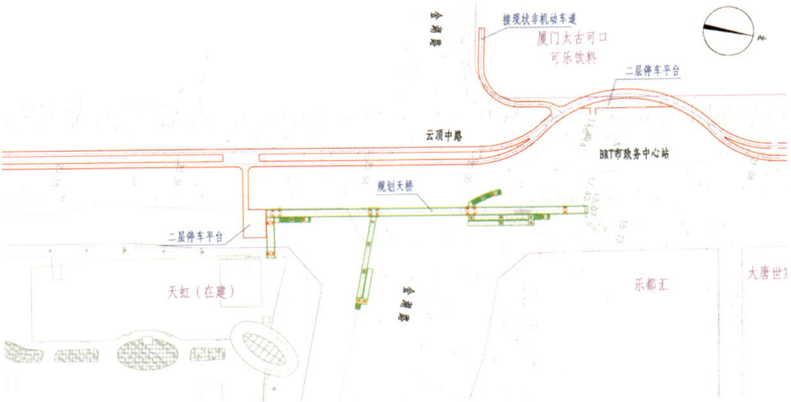

图 5-15　金湖路节点处比较方案

方案二如图 5-16 所示，主线沿云顶路东侧绕行穿越金湖路后与既有市政务服务中心 BRT 天桥平接。设置 1 处骑行坡道，衔接金湖路既有地面自行车道（往五缘湾、复旦附属医院方向）。设置 2 处衔接商场的通道，一处利用现有乐都汇通道，一处新建与天虹商场人行天桥一并建设。方案与规划的人行天桥一体设计，利用天桥作为出入口，能有效节省投资，可通过设置人非隔离设施来减少行人对自行车的干扰。因此，最终设计采用方案二。

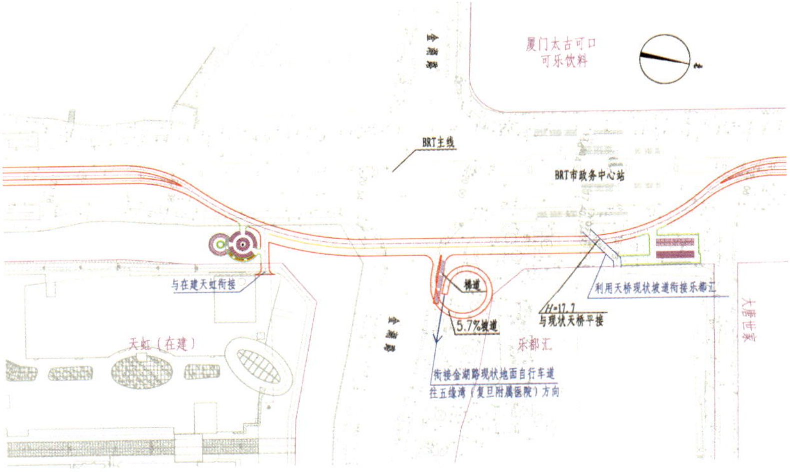

图 5-16　金湖路节点处最终方案

5.7.6 枋湖北二路方案对比

枋湖北二路节点处共设计了 3 个方案。方案一如图 5-17 所示,自行车道主线靠云顶路东侧绕行与既有双十中学 BRT 天桥东侧末端平接。设置 1 处骑行坡道,接枋湖北二路现状地面自行车道以服务湖里高新技术园区,同时设置停车平台一处。另外,通过改造地面导流岛,为桥墩提供空间,可减小桥梁跨径。

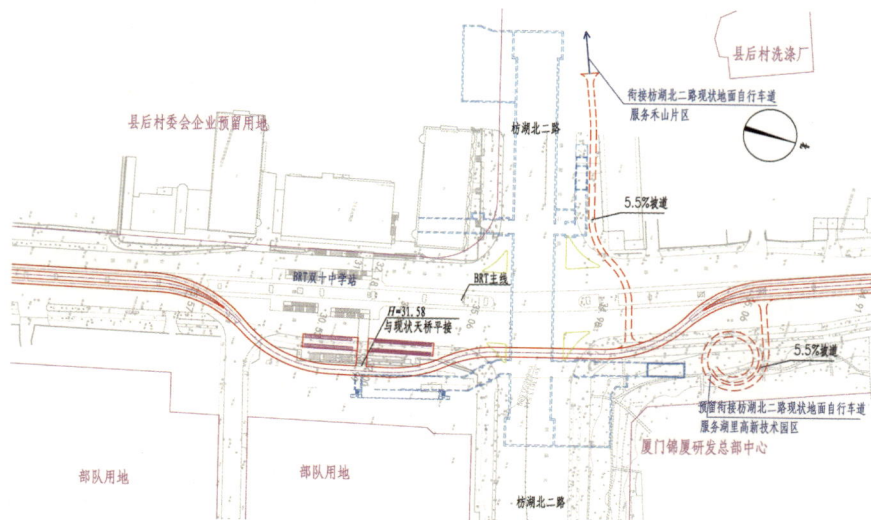

图 5-17　枋湖北二路对比方案一

方案二如图 5-18 所示,为减小路径,桥墩合理避开地铁,出入口设置充分结合地铁站出入口,以吸引地铁出口人流。该方案不需重新渠化交叉口,但线形较差。

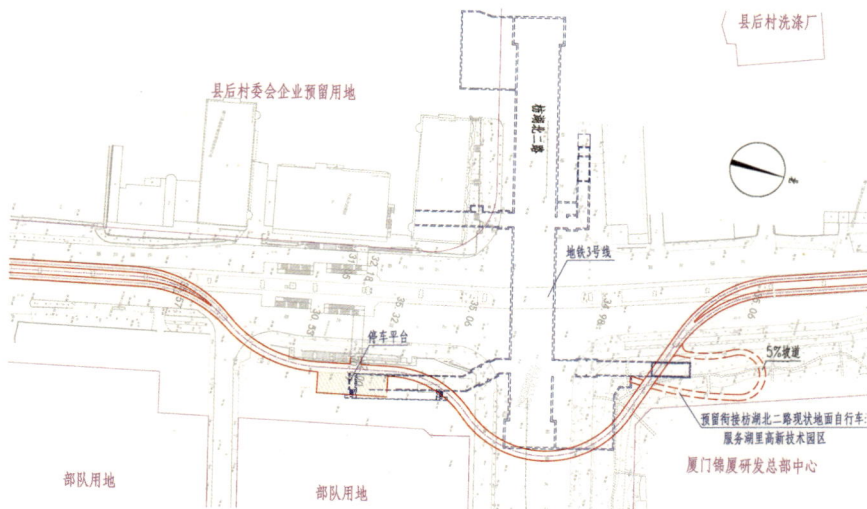

图 5-18　枋湖北二路对比方案二

　　方案三节点平面布置见图 5-19。枋湖北二路节点经过 BRT 双十中学站，因此自行车道沿云顶路东侧绕行，而地铁三号线在该路口也设置一个站台，站台出入口二层与 BRT 车站天桥直接衔接，在设计中将自行车道出入口及停车平台与地铁出入口站台二层衔接后，再接入 BRT 车站天桥。由于目前地铁未施工，故采用临时天桥与 BRT 车站天桥连接，远期再结合地铁出入口进行停车平台设计。另外在节点北侧设置一处骑行坡道，接既有地面自行车道。综合上述分析，最终设计采用方案三。

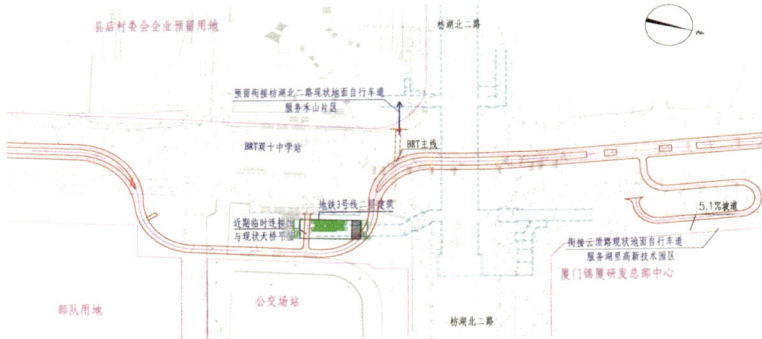

图 5-19　枋湖北二路最终方案

5.7.7　BRT 县后站方案

　　BRT 县后站为本项目终点，自行车道主线靠云顶路东侧绕行与现有 BRT 县后站天桥平接。设置 1 处骑行坡道，接云顶北路现有地面自行车道，服务湖里高新技术园区、T4 航站楼，设置停车平台一处。BRT 县后站自行车桥线路见图 5-20。

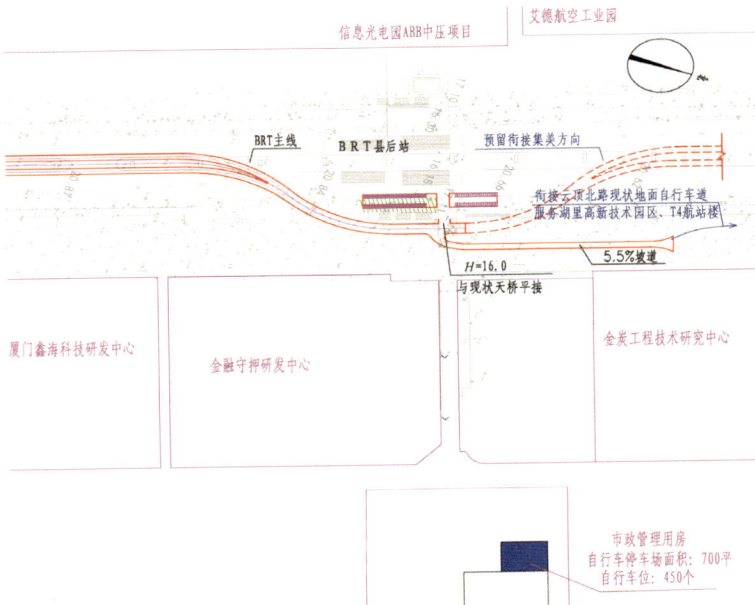

图 5-20　县后站方案

第6章　地基基础设计

6.1　地质情况

据钻探揭露，拟建场地地层结构较复杂，自上而下各岩土体的分布及其特征描述如下：

（1）填土（Q^ml）①：该层根据填料不同，可划分为杂填土①a、素填土①b两种类型。

（2）中砂（Q_4^{al}–pl）②：沿线少数钻孔有揭露，厚度为1.40～9.30m，该层校正后标贯击数为9.50～15.50击，平均为12.59击，力学强度一般。

（3）粉质黏土（Q_3^{al}–pl）③a：该层主要揭露于原冲洪积阶地，厚度为1.00～6.30m，校正后标贯击数8.90～16.60击，平均为13.11击，属中等压缩性土，力学强度一般。

（4）粗砂（Q_3^{al}–pl）③b：该层主要揭露于原冲洪积Ⅱ级阶地，厚度为0.70～5.40m，校正后标贯击数11.8～19.1击，平均击数15.33击，力学强度一般。

（5）粉质黏土（Q^dl）④：主要分布于沿线坡残积台地及残丘，厚度为0.60～13.20m，校正后标贯击数8.80～17.00击，平均为13.01击，属中等压缩性土，力学强度一般。

（6）残积砂质黏性土（Q^el）⑤：沿线所有钻孔均有揭露，厚度为1.70～31.00m，该层一般有深度递增风化程度逐渐减弱、强度逐渐提高的变化趋势。校正后标贯击数8.20～29.70击，平均为17.52击，属中等压缩性土，天然状态下力学强度一般~较高。另该层因风化不均，局部残留有微风化岩孤石。

（7）全风化岩⑥：该层根据母岩成分不同，划分为全风化花岗岩和全风化辉绿岩两种类型。其中大部分钻孔揭露全风化花岗岩（$\gamma_5^{3(1)b}$）⑥a，厚度为0.80～21.20m，为散体状结构，属极软岩，岩体基本质量等级属Ⅴ级。该层校正后标贯击数在30～50击间，力学强度较高，但与上述残积土呈渐变过渡关系，亦具有泡水易软化、崩解的不良特性。另该层风化不均，局部残留有微风化岩孤石。

（8）散体状强风化岩⑦：该层层位总体较稳定，根据母岩成分不同，划分为砂砾状强风化花岗岩和土状强风化辉绿岩两种类型。其中大部分钻孔揭露砂砾状强风化花岗岩（$\gamma_5^{3(1)b}$）⑦a，其厚度为0.60～8.50m，岩芯呈砂砾状，为散体状结构，风化裂隙发育，岩体极破碎，属极软岩，岩体基本质量等级为Ⅴ级。该层修正后标贯击数大于50击，压缩性低，力学强度较高，但与上部残积土或全风化岩呈渐变过渡关系，亦具有浸水易软化、强度降低的特性。另该层风化不均，局部残留有微风化岩孤石。

（9）碎块状强风化花岗岩（$\gamma_5^{3(1)b}$）⑧：少数钻孔有揭露，厚度为0.60～6.30m（部分未揭穿），岩体破碎，RQD=0，为碎裂状结构，岩石点荷载抗压强度为11.3～15.1MPa，平均为13.13MPa，属软岩~较软岩，岩体基本质量等级为Ⅴ级。该层压缩性很低，力学强度高。

（10）中风化岩⑨：该层层位不稳定，埋深及厚度变化较大。根据母岩不同，划分为中风化花岗岩和中风化辉绿岩两种类型。其中大部分钻孔揭露中风化花岗岩（$\gamma_5^{3(1)b}$）⑨a，其厚度为 1.20～6.60m（部分未揭穿），岩体程度表现为一般～较破碎，属镶嵌碎裂状或裂隙块状结构，RQD 指标约 30%～70%，岩石饱和抗压强度为 39.7～52.4MPa，平均为 46.24MPa，属较硬岩，岩体基本质量等级属Ⅲ～Ⅳ级。该层基本不可压缩，力学强度高。

（11）花岗岩（$\gamma_5^{3(1)b}$）⑩a：部分钻孔有揭露，厚度为 2.10～7.00m（未揭穿），岩芯呈柱状，岩体较完整，RQD 一般为 75%～85%，为块状结构，岩石单轴饱和抗压强度为 69.8～89.2MPa，平均为 82.79MPa，属坚硬岩，岩体基本质量等级属Ⅱ级。该层不可压缩，力学强度很高。

另外，根据地勘揭露，沿线的特殊性岩土主要为人工填土①、残积砂质黏性土⑤和全～散体状强风化岩（⑥、⑦）。拟建工程沿线分布有杂填土①a、素填土①b，大多未经专门处理，具不均匀性或较大湿陷性的特性，需视设计要求采取换填、密实等加固处理。另该层稳定性较差，开挖时需采取相应的防护措施。残积土和全～散体状强风化岩属一般特殊性岩土，具有泡水易软化、崩解使强度降低的特性，工程施工时需考虑采取相应的防、排水等防治措施，以确保工程质量。

6.2　基础设计

经对地质情况进行分析，地表几米范围内为未经专门处理的人工填土层，桥梁基础如采用扩大基础，则工后存在较大沉降量，因此除持力层较浅的位置外，全线桥梁基本采用桩基础，并设计为摩擦桩。桩基础采用 C30 水下混凝土。自行车道桥梁大部分位于既有 BRT 桥下，空间狭窄，地面管线密布，BRT 桥梁运营对安全性要求高。自行车桥的基础设计如下：

（1）位于 BRT 桥下的桩基以人工挖孔桩为主。桩长控制在 20m 以内，大部分桥墩采用独柱独桩。桩端持力层为残积砂质黏性土、全风化花岗岩或砂砾状强风化花岗岩。普通段桥梁基础设计见图 6-1，如遇管线或其他建筑物等特殊情况，则采用双桩基础（图 6-2）。

（2）位于 BRT 桥以外的桩基以冲孔灌注桩为主，局部基岩较浅采用扩大基础。

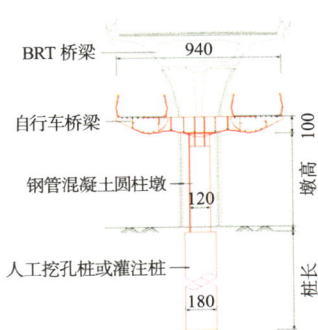

图 6-1　普通段桥梁基础设计图（单位：cm）

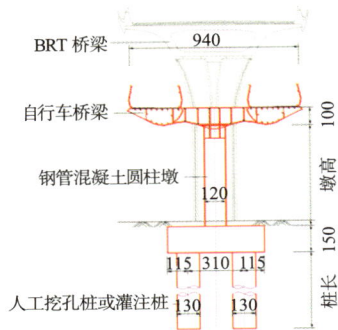

图 6-2　特殊段桥梁基础设计图（单位：cm）

第7章 结构设计

桥梁选址主要考虑利用既有 BRT 桥下空间，结合线路设计，同时也考虑地下管线及周边建筑位置的影响、桥梁布置的便利性，并尽可能地减少征地拆迁及对环境现状的破坏。根据所处位置，在 BRT 桥下设置分幅式断面，在 BRT 外采用整幅式断面，主桥共 80 联。上部主梁采用流线形钢箱梁作为主体受力结构，标准跨径 30m，分为整幅式、分幅式和异形式 3 种，边跨梁端搭设在过渡墩横梁牛腿上。由于 BRT 桥梁下局部区域净高仅有 8.5m 左右，为同时满足桥上 2.5m、桥下 5m 的净高要求，将桥梁梁高设计为 1m。下部结构采用钢管混凝土立柱，壁厚 2cm。桥梁结构钢材材质为 Q345B。

7.1 分幅式钢箱梁

分幅式桥梁由 2 个独立的钢箱梁通过横梁连接组成，整联端部通过橡胶支座与钢盖梁铰接，中间跨与钢盖梁刚接，每联 2 ~ 4 跨，跨度为 18 ~ 40m，分幅式钢箱梁布置模型见图 7-1（a）。分幅式钢箱梁桥宽为 9.4m，见图 7-1（b），桥宽由 0.15m 栏杆 +2.5m 自行车道 +0.15m 栏杆 +3.8m 分隔带 +0.15m 栏杆 +2.5m 自行车道 +0.15m 栏杆组成。钢箱梁钢板分解见图 7-1（c），在箱内顶、底板及腹板上布置扁钢加劲肋，主箱梁顶板厚 18mm，底板厚 20mm，腹板厚 16mm，加劲肋板厚 10mm；箱梁横隔板间距 2.0m，靠近横向联系处加密，横隔板厚 10mm。整幅式钢箱梁设计详图见图 7-1（d）。

7.2 整幅式钢箱梁

整幅式桥梁由 1 个钢箱梁构成，整联端部通过橡胶支座与钢盖梁铰接，中间跨与钢盖梁刚接。每联 2 ~ 4 跨，跨度为 18 ~ 40m，钢箱梁布置模型见图 7-2（a）。整幅式钢箱梁桥宽为 4.8m，如图 7-2（b）所示，桥宽由 0.15m 栏杆 +4.5m 自行车道 +0.15m 栏杆组成；钢箱梁钢板分解见图 7-2（c），在箱内顶、底板及腹板上布置扁钢加劲肋；主箱梁顶板厚 18mm，底板厚 20mm，腹板厚 16mm，加劲肋板厚 10mm。箱梁横隔板间距 2.0m，靠近横向联系处加密，横隔板厚 10mm。整幅式钢箱梁设计详图见图 7-2（d）。

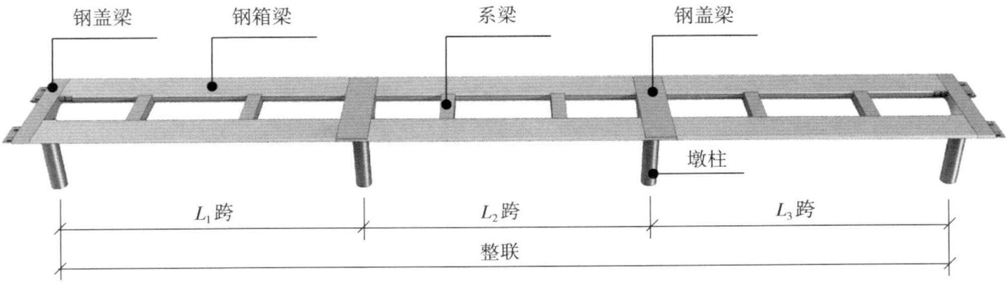

（a）分幅式桥梁布置形式

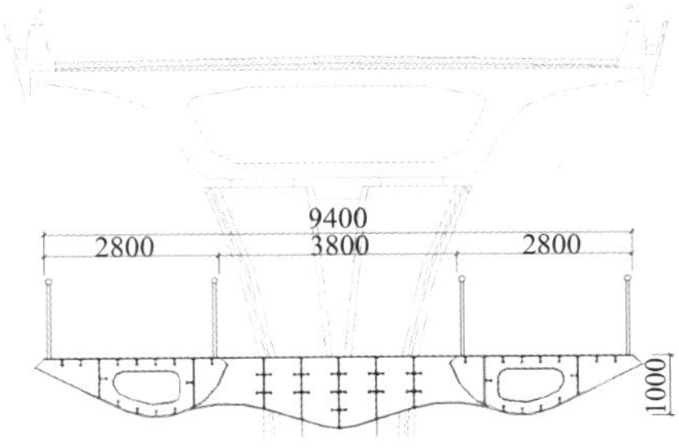

（b）分幅式断面二维示意图（单位：mm）

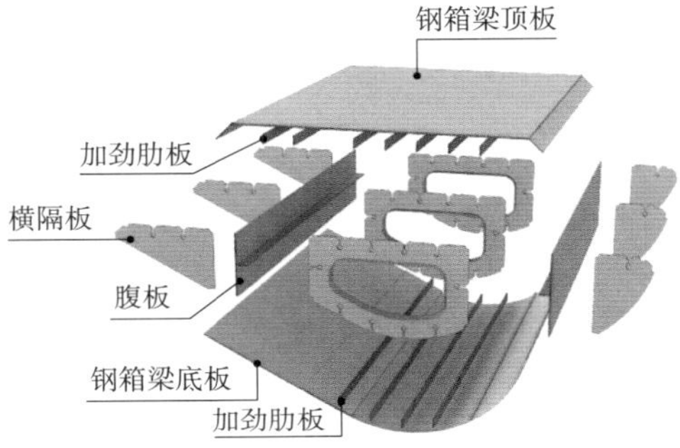

（c）分幅式钢箱梁钢板分解

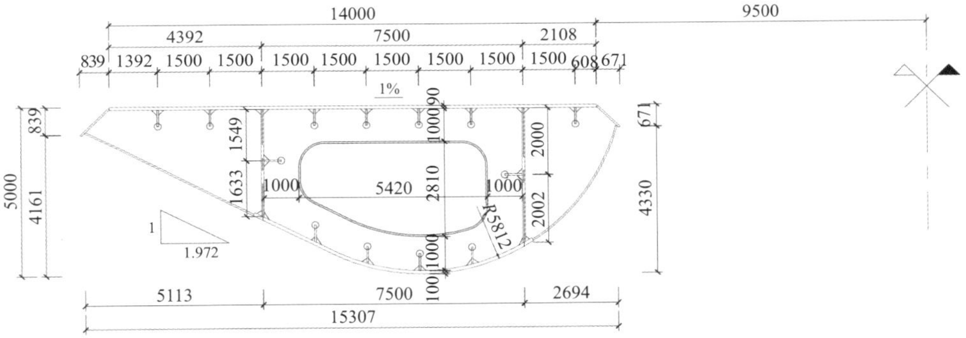

（d）分幅式钢箱梁单侧设计详图（单位：mm）

图 7-1 分幅式钢箱梁

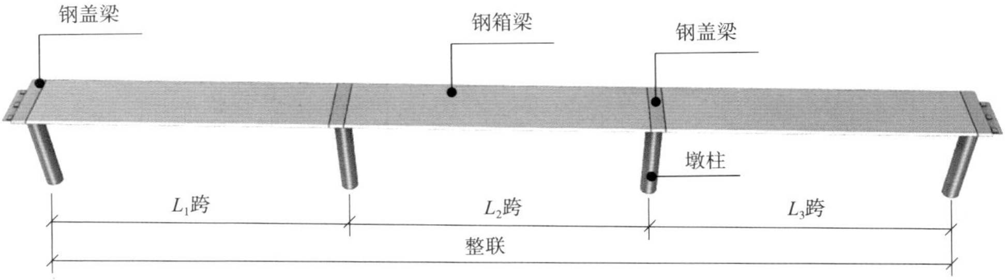

（a）整幅式桥梁布置形式

图 7-2 整幅式钢箱梁（一）

（b）整幅式断面示意图（单位：mm）

（c）整幅式钢箱梁钢板分解

（d）整幅式钢箱梁设计详图（单位：mm）

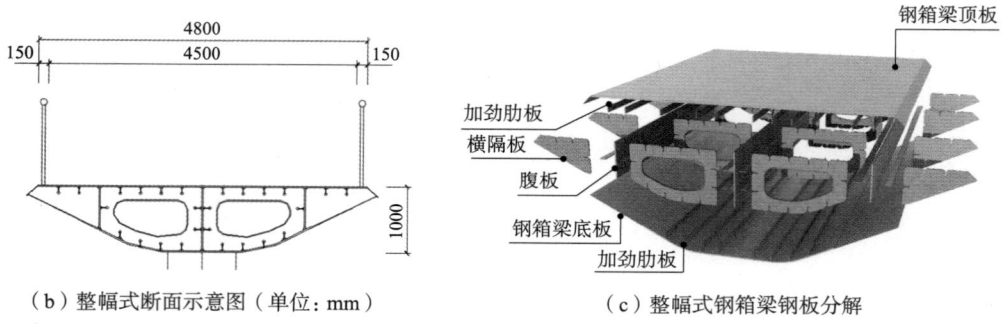

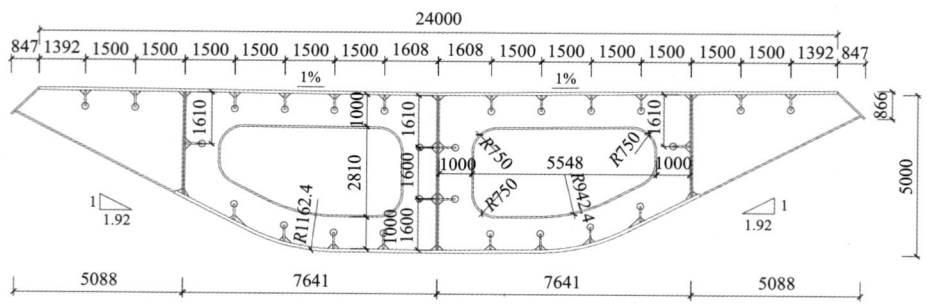

图 7-2 整幅式钢箱梁（二）

7.3 异形式钢箱梁

异形式桥梁即分幅桥梁与整体式桥梁过渡区域，钢箱梁布置模型见图 7-3。

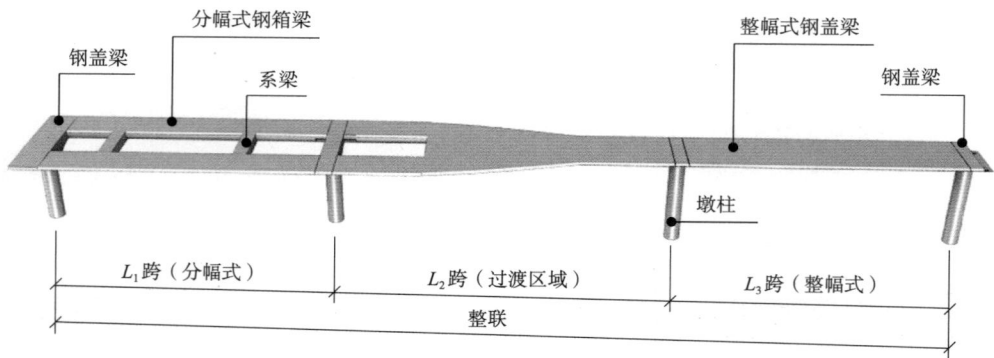

图 7-3 异形式钢箱梁

7.4 墩柱

分幅式桥梁下部结构采用 $D1200mm$ 钢管混凝土墩柱，整幅式桥梁采用 $D1000mm$

钢管混凝土墩柱，柱内填充 C30 微膨胀混凝土。墩柱模型如图 7-4 所示。

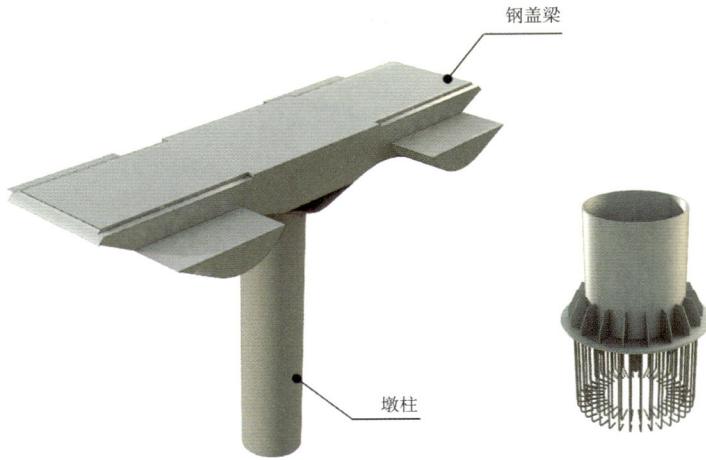

图 7-4　墩柱模型示意图

第8章 桥梁附属工程设计

8.1 桥面铺装

8.1.1 铺装方案选择

在选择桥面铺装材料时，应充分考虑桥梁净空、结构厚度、荷载要求、景观效果、道路骑行的舒适度、施工条件等的要求。自行车桥梁设计为1m，为减轻二期恒载，铺装厚度不宜过厚。当采用防滑地砖或沥青混凝土，其铺装厚度均在8cm左右，且由于防滑地砖较硬，骑行舒适度较差，而沥青材料吊装运输、机械摊铺等施工条件也往往受限，因此均不考虑。经过对若干种防水耐磨薄层铺装系统新材料在体验段进行试铺和体验，以及对材料性能进行检测，最后选择8mm厚防水耐磨晶钢树脂聚合物铺装系统。

8.1.2 地面铺装材料及性能

树脂聚合物耐磨铺装系统主要材料为晶钢树脂自流平砂浆，该材料是一种水性树脂浆，是由高分子共聚和乳胶与无机质硬化粉剂、高硬度骨材，以及多种添加助剂调配而成的一种高硬度砂浆耐磨材料，能渗入地面，将各种成分固化成一个坚硬的实体，从而增加硬度和密实度，并将耐磨度提高35%以上，以解决传统地面不抗压、不抗折、不抗冲击与高交通负荷的困扰；同时晶钢树脂地面耐腐蚀性能高，大大延长了地面的使用年限；提高了整体地面性能，高抗压抗折、不剥落分层、不易划伤，抗油及抗渗性能卓越，表面油污容易清洗。厦门市近20年来极端最高气温37.1℃、极端最低气温1.5℃，在该气候条件下，晶钢树脂自流平砂浆使用年限可达20年。按常规钢结构使用年限40年计，使用晶钢树脂自流平砂浆铺装材料，仅需铺装两次，可有效节约成本，且晶钢树脂地面无有机溶剂、不黄变，无色、无臭、无毒，持久耐用，符合环保健康安全规定。桥面铺装系统剖面图见图8-1。

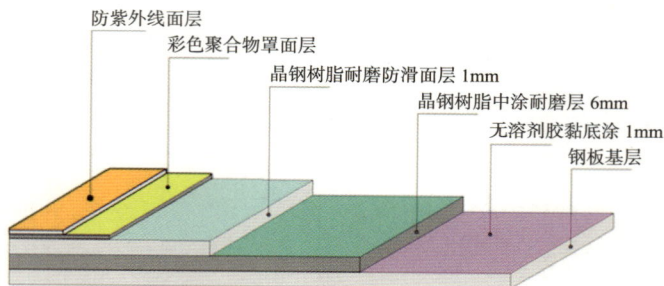

防紫外线面层
彩色聚合物罩面层
晶钢树脂耐磨防滑面层 1mm
晶钢树脂中涂耐磨层 6mm
无溶剂胶黏底涂 1mm
钢板基层

图 8-1 桥面铺装系统剖面图

8.2　伸缩缝

　　自行车快速道为自行车专用桥梁，荷载较小，钢箱梁一联长度为 90～120m，每联端头需在墩顶横梁的两侧设两道伸缩缝，以减少变形量。伸缩缝采用 80mm 型弹性树脂与型钢结合伸缩缝，其弹性树脂固化时间短，且安装埋深较浅，不需在梁体上提前设置预埋件，可缩短施工工期。为保证栏杆之间缝隙不漏水，橡胶条在端头处设置垂直翘头。伸缩缝设计如图 8-2 所示。

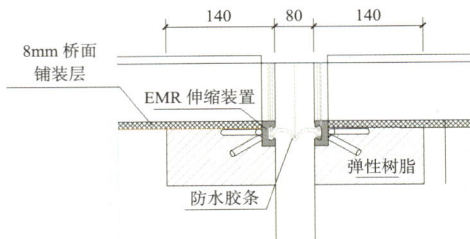

图 8-2　伸缩缝设计大样图（单位：mm）

8.3　桥梁栏杆

　　采用竖条形钢栏杆，高度 1.3m，于伸缩缝处断开，并在扶手处安装 LED 照明灯，为防止自行车脚踏板碰撞栏杆，在栏杆离桥面约 20cm 处设置向外弯弧。栏杆效果图见图 8-3。

　　根据自行车快速道桥梁的功能及景观要求，栏杆设计要点概括如下：

图 8-3　栏杆效果图

　　（1）栏杆高度及受力设计。根据骑行者的身高及普通自行车高度，人车重心保持在 1.1m 左右，因此栏杆总高度设计为 1.3m。根据栏杆所受的水平推力 2.5kN/m，栏杆立杆采用 ϕ28mmHPB300 圆钢筋，间距 16.3cm，净距 13.5cm。栏杆顶部设 80×130×4 椭圆钢管横梁，在高度 88cm 位置设中横梁。

　　（2）为了达到美观及增大空间感，栏杆立杆中间设置向外凸出的弧形面，外凸最大矢距 15cm，同时达到防止自行车踏板碰到栏杆立杆。

　　（3）为了防止桥上雨水直接流出桥面，设置 15cm 高拦水板，并设置与立杆连接用的栏杆底板，栏杆底板与拦水板斜接，上面设一个 ϕ28mm 的圆钢过渡，可为骑行者提供临时垫脚休息及等候通行的作用。

　　（4）栏杆立杆不与自行车桥梁直接焊接，而是穿过栏杆底斜板后在表面采用围焊连接，达到高度可适当调整，又可靠连接。斜板厚度 10mm，满足受力要求，同时斜板上的焊缝不容易受积水腐蚀。

　　（5）立杆与扶手顶横梁焊接在横梁宽度的 1/3 处，在另一边底面开宽 3cm 灯槽，用于镶嵌灯具，以满足照明需求。

栏杆设计大样图见图 8-4。

8.4　桥面排水

当桥段为分幅式时，应先在每联靠近 BRT 桥墩位置处设置雨水收集管，再通过 PVC 管排入 BRT 桥墩的雨水管中。因分幅式桥段位于 BRT 桥投影面内，不增加迎水面积，此方案既满足规范要求，又能充分利用既有 BRT 排水管，节省工程造价，且自行车桥墩无需额外布置排水管，整体景观效果较好。分幅式标准断面排水设计图见图 8-5。当桥段为整幅式时，应先在每个桥墩设置雨水收集管，再通过 PVC 管接入市政排水系统。

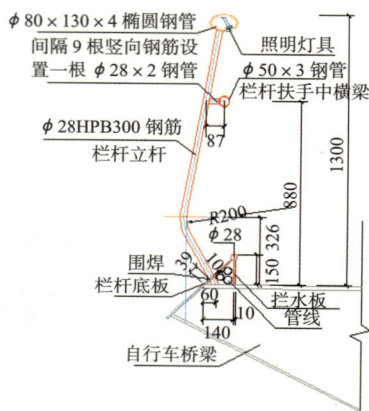

图 8-4　栏杆设计大样图（单位：mm）

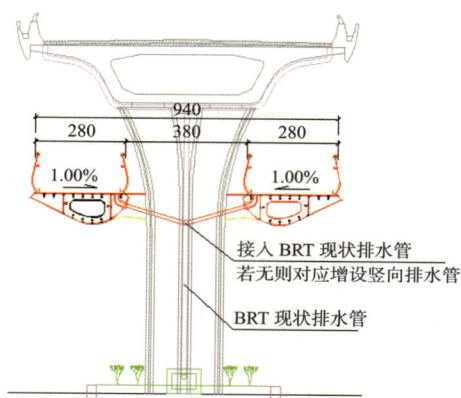

图 8-5　分幅式标准断面排水设计图（单位：cm）

8.5　桥梁照明

采用城市支路的照明标准，车行道平均照度不小于 10lx，采用 LED 灯照明光源，照度均匀度 $E_{min}/E_{av} \geq 0.3$，平均亮度 $L_{av} \geq 0.75 cd/m^2$，亮度总均匀度 $U_o \geq 0.4$，眩光限制阈值增量 $TI \leq 15\%$，用电负荷等级为三级。

8.5.1　护栏灯布置、选型

在照明布局上，既要保证自行车道照明功能，又要使其成为一个夜景点，与周围环境、景观协调一致。根据自行车道的标准横断布置特点，采用双侧对称布置的照明方式，护栏灯设置在自行车道两侧的扶手内，灯具安装角度 ≤ 60°，灯具安装间距为 1m。自行车车道合并段光源选用 5W LED（灯具有效光通量 ≥ 500lm），分幅段、停车平台及新建人行天桥等部位光源选用 3W LED（灯具有效光通量 ≥ 300lm），平均照度为 12lx，平均亮度 $L_{av}=0.75 cd/m^2$，亮度总均匀度 $U_o=0.41$，眩光限制阈值增量 $TI \leq 15\%$。

8.5.2 电源设置

共设置 17000 盏 5W LED 灯, 7000 盏 3W LED 灯, 总安装功率约为 120kW。护栏灯采用安全电压供电。自行车道每隔 60m 增设开关电源, 供其配电范围内护栏灯配电。

根据片区路网规划, 在自行车道桩号 K0+612、K2+052、K3+891、K5+183、K6+392、K7+544 各设置 1 台照明控制柜。在自行车道桩号 K0+060、K0+595、K3+785 附近各设置 1 台 100 kVA 变压器, 在 K6+394、K7+547 附近设置 1 台 200 kVA 变压器, 在 K2+071、K5+207 附近各设置 1 台 250 kVA 变压器。

8.5.3 节能措施

护栏灯控制分手动和自动 2 种模式, 手动控制模式在路灯检修和安装调试时采用, 自动控制采用时控与微机控制相结合的控制模式, 控制护栏灯的开、关。照明控制柜内预留护栏灯微机控制箱位置, 微机控制器由自行车道管理部门配置。

8.5.4 缆线配置

照明控制柜进线电缆选用 YJV-0.6/1.0kV-5×25 电缆, 穿 SC50 镀锌钢管暗埋, 埋深 0.7m。各回路照明主干电缆选用 YJV-0.6/1.0kV-5×16 电缆, 穿 SC50 沿桥面敷设。电缆横穿道路及交叉口套 SC50 镀锌钢管, 并同沟敷设一根 SC50 镀锌钢管作备用管。随钢管通长敷设一条 -25×4 热镀锌扁钢作为接地干线。

8.5.5 防雷与接地

为保证道路照明系统的安全运行, 采用 TN-S 的接地系统。N 线与相线截面相同, PE 接地线为三芯电缆 YJV-0.6/1.0kV-5×25 中的一芯 (截面积为 $25mm^2$)。PE 接地线与配电箱的连接在配电箱接地螺栓处进行, 开关电源安装处附近设接地螺栓, PE 接地线与开关电源采用 BYJ-1×25 与其接地螺栓连接。配电箱金属外壳、开关电源的金属外壳及其他金属件也都应和接地螺栓作可靠连接。在配电箱处 PE 线重复接地, 每根镀锌钢管和电缆金属外皮均作接地保护。PE 线配电箱等金属设备连接成网, 在任一地点的接地电阻不大于 4Ω。每条线路的首、末端处重复接地并形成联网, 重复接地装置接地电阻 $R \leqslant 10\Omega$, 接地系统接地电阻 $R \leqslant 4\Omega$。采用单根接地极不能达到接地电阻要求时, 应设置人工接地网。接地网由 -40×4 热镀锌扁钢作接地母线, 埋深 -1.1m, 接地极用热镀锌圆钢 $\phi 25mm \times 2500mm$, 接地极间距 5m, 直至满足接地电阻要求。

另外, 自行车道照明电气设备均应接地保护的金属部分包括:①箱式变压器、路灯控制柜等的金属底座、外壳和金属门;②箱式变压器、路灯控制柜的金属构架、金属围网及靠近带电部位的金属遮拦、金属围网;③电力电缆的金属铠装接线盒和保护管;④钢灯杆、金属灯座、I 类照明灯具的金属外壳;⑤其他因绝缘破坏可能带电的导体。

8.6　桥梁监控

桥梁监控包括出入口控制系统、视频监控系统、广播系统、锁车桩及应急中心。

8.6.1　出入口控制系统

8.6.1.1　系统概述

在自行车快速路匝道及与天桥平交的出入口位置安装分隔栏杆，设置卡口闸机，通过智能识别技术实现对进入的车辆进行识别和分类。如果为自行车，实现放行，同时对通过的自行车类型、通过时间、通过数量进行统计；如果为非自行车（包括电动自行车、滑板车、摩托车和行人等），禁止通行并对其进行劝导和疏散分离。

8.6.1.2　系统组成

出入口控制系统以摄像机、红外感知、RFID 射频识别、电磁感应等设备进行前端信息的感知，通过互联网实现数据信息传输，在监控中心应用系统调用信息实现集探测、预警、应急、处理为一体的自行车道路管控。

8.6.1.3　系统主要功能

实现对自行车和其他车辆的自动识别，允许自行车通行，禁止非自行车进入车道，针对公共自行车和社会车辆采用不同的识别技术进行智能识别。同时，对自行车细分，区别公共自行车和社会车辆，分别进行统计和汇总。

（1）入口规划

闸机设置智能车辆检测设备对缓冲区域的各种车辆进行验证，如果是符合规定的公共自行车和社会自行车，则闸机自动打开，放行第 1 辆车辆进入快速车道，然后间隔合适的时间闸机回位，对第 2 辆车辆进行拦截和验证。如果不是符合规定的公共自行车和社会自行车，则打开侧边的"非自行车临时隔离出口"，实现非自行车的快速分离和诱导离开平台。

（2）出口规划

在出口位置设置闸机，平时关闭状态，自动检测是否有自行车经过。如果有车辆靠近闸机时，智能车辆检测设备探测到车辆靠近时，自动打开闸机，对自行车进行放行，然后间隔合适的时间闸机回位，防止其他车辆从此闸机逆行进入。同时记录经过车辆的类型、通过时间和通过的数量。

（3）流量监控

视频识别系统兼具流量监控功能，将全线分为若干个区域，通过识别系统对各个区域的交通流量实行动态监测。

8.6.2　视频监控系统

本项目在出入口等重要位置设置高清球机，在停车平台建筑顶部安装半球，在路段上间隔 200m 左右设置前后枪型摄像机，实现对整个自行车路沿途及重要节点的视频监视，并通过光纤网络将监控画面传回管理中心，为运营管理提供必要支持。视频监控系统主要有以下 4 项功能：

（1）监视功能

监视功能是电视监控系统最主要的功能之一，要求看全、看清楚现场的景物。主要通过清晰度、画面实时程度和显示决定监视效果。本系统能够全天候 24 小时监视各个重要路段、交通监视点的视频图像情况。工作人员可在中心机房的监视器、大屏幕上或网络上任一台经授权的计算机上观看所有重要路口的视频图像。视频监控客户端上，可以实现多画面的显示，多个画面之间的操作相互独立。比如，显示多路实况，显示多路回放，也可以部分画面显示实况、部分画面显示回放。视频监控客户端根据所配置的计算机性能的不同，可以支持 4 画面、6 画面、9 画面等显示方式，最多支持 16 分屏。

（2）录像及回放功能

系统支持手动录像、一次性计划录像和长期性（每周、每日）计划录像，可设定计划的起止日期，对于录像计划周期内临时性的取消录像，可通过设置计划的有效与否予以控制。系统可设定录像文件存放路径及存放时间，可对计划进行修改、删除等操作，录像计划在过期后自动从录像计划界面中消失，但可在查询界面中找到。录像文件按日期、编码器自动生成文件夹及文件名。系统具有方便的本地及远程录像查询和回放功能，支持基于时段、对象的选择回放，支持从 1/4 至 8 速的有级调整回放速率，支持暂停、重播。系统支持多个用户同时观看同一个录像文件的不同时段的录像。此外，录像日志和回放日志中可以查看用户登录和使用情况。

（3）视频控制功能

键盘控制：控制功能主要指由网络控制键盘经虚拟矩阵对前端摄像机全方位云台、镜头进行灵活、可靠的控制。操作、控制各个监视点的视频设备，如云台上下左右移动，镜头焦距（远近推拉）、聚焦（清晰度）控制、现场辅助控制等。

计算机多媒体网络控制：本系统中，工作人员可在中心机房或网络上任 1 台经授权的计算机上观看实时监控图像，并对前端摄像机进行云台、镜头焦距等的控制。

（4）用户与权限管理

支持多级用户管理，每个用户有用户名和密码，通过 MD5 加密的方式到服务器上进行验证，保证可靠性。整个系统有一个或多个系统管理员，对全网的用户有配置权限，对设备有操作权限。域管理员用户，可以对域内的编解码器、图像采集和显示设备进行增、删、改、查，为云台设置预置位，新增域和子域的新用户。普通用户对摄像头和显示器的权限包括查看配置信息、实时监控、回放、下载录像、配置轮切计划；管理员可以指定某用户对于某摄像头或显示器具有某种权限；为配置方便，也可以指定某用户对于某域内的所有摄像头或显示器具有某种权限（权限的批量配置）。

8.6.3　广播系统

自行车快速路沿途和停车平台设置广播喇叭，路段上的喇叭与视频监控摄像机共用杆件。通过与消防联动设备，系统可用于应急情况下的信息播报。

本项目选用 IP 广播，系统基于 TCP/IP 网络通信协议和数字音频技术，采用分布式设计，处理能力强大，利用网络传输的是数字音频信号。通过利用原有的网络系统，只需在前端加 IP 网络广播解码终端即可真正实现音频广播、视频监控、计算机网络的多网合一，无需再重新单独组网。IP 网络广播系统采用标准的 TCP/IP 协议，支持跨网关、跨路由、互联网传输，是一套纯数字的广播系统，同时音频音质达到 CD 级别；IP 广播基于网络远程传输语音，系统具有实时广播、定时广播、分区广播、自由点播、实时采播、电源控制、通话录音、日志查询等功能。

8.6.4　外场设备布设要求

出入口控制闸机设置的位置主要有 3 处，分别为自行车快速道与地面自行车系统衔接处、与 BRT 站点天桥或新建（现状）人行天桥平交处、与商场或自行车快速道衔接处。另外在每一个出入口控制闸机位置处布设球形摄像机，在自行车停车平台内布设半球形摄像机，停车平台与自行车快速道衔接处还应设置温湿度流量显示器。

对于视频监控枪机及广播喇叭等公用杆件，应在自行车快速道直线段上以 200m 的间距间隔布置，弯曲段可适当缩减间距；同时分离段单侧设置，合并段双侧对称布置。汇聚交换机和光缆交接箱设置原则一致，均设置在与所控制范围内设备所处距离居中位置。

8.6.5　缆线配置

监控配电电缆与照明电缆引上桥体及主桥体敷设 1 根 SC50 镀锌钢管。应急中心至交换机处的光纤采用 24 芯单模铠装光纤，汇聚交换机至现场设备箱处则采用 4 芯单模铠装光纤，沿主桥体敷设一根 SC32 钢管。

8.7　出入口

沿线 BRT 桥下有多座横跨道路的人行天桥，自行车桥通过直接平交的方式与其衔接，同时根据沿线出行需求，每隔 1km 左右设置 1 个出入口。自行车快速道属于非机动车道，但骑行者速度快，时速可达 25 ~ 35km/h，在与横向的人行天桥等设施交叉时，人车交织带来的危险性较大。为满足自行车快速道的通行顺畅及相交人行通道的行人安全，同时以行人优先为原则，要求道口必须设置多种交通设施，主要包括以下 5 点：

（1）路口在自行车道设置停车让行警示标志标线。

（2）在路口段前设置警示段。自行车桥桥面采用绿色铺装，在路口段前 30m 则采用橙色铺装，以达到警示作用，如图 8-6 所示。

（3）在栏杆边设踏板，为骑行者提供免下车搁脚等候通行的支撑，提高骑行者等候舒适性。

（4）在进口道设置闸口，仅对骑行者开启通行，如图 8-7 所示。

（5）在自行车快速道上方设置识别系统，辨别行人与骑行者，控制闸口，达到有序通行。

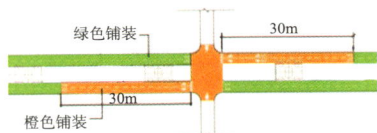

图 8-6 出入口与人行天桥平接段平面图

图 8-7 出入口识别系统示意图

8.8 停车平台

根据预测，自行车专用道单向高峰每小时约 1238 辆，双向为 2476 辆，高峰每小时出行比例为 20%，则全天可达 12380 辆。其中，利用自行车停车平台停用的自行车辆约占总自行车辆的 55%，停车泊位周转率按 5 次 / 日计算（现有厦门公共自行车停车周转率 3.7～5 次 / 日），预测需设置平台停车泊位合计 1367 个。将这些需求数量根据沿线自行车出行产生与吸引点分配到各站点，然后每个站点按所预测的停驻数量对平台规模进行设计。

全线根据需要共设置 8 个停车平台，停车平台一览表见表 8-1。停车平台采用全钢结构，主要设计成圆盘形，其直径大小通过停车泊位数量来确定。在停车平台设置电梯和楼梯（梯道），电梯可供自行车调运使用，梯道则供骑行者上下。停车平台布置如图 8-8 所示。停车平台采用独柱大悬挑结构，减少地面占用，视野通透，平台下空间可利用，且整体设计风格和主桥协调统一。效果图见图 8-9。

停车平台一览表   表 8-1

序号	平台名称	总建筑面积（m²）	高度（m）	公共停车数	社会停车数	总停车数（个）
01	瑞景停车平台	296.9	10.2	76	41	117
02	蔡塘停车平台	390.1	10.6	54	32	86
03	金山停车平台	—	—	52	52	104
04	天虹停车平台	461.0	12.3	55	40	95
05	乐购停车平台	483.5	10.0	80	42	122
06	行政中心停车平台	455.0	10.0	68	55	124
07	县后停车平台	273.8	10.3	23	17	40
08	平台岗亭	24.5	3.2	—	—	—

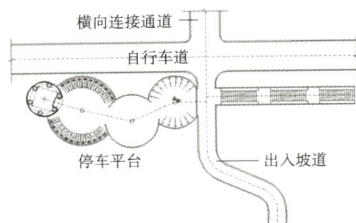

（a）蔡塘停车平台平面布置图

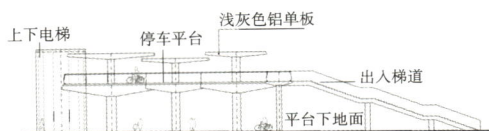

（b）瑞景停车平台立面布置图

图 8-8 停车平台布置示意图

图 8-9　停车平台效果图

8.9　桥梁涂装

　　从整体的景观效果角度出发，桥身及护栏的色彩涂装应满足 2 点要求：①不宜过多过杂，要有准确的定位；②应与 BRT 高架桥及周边整体环境的色彩涂装相协调。自行车桥沿线建筑立面多为灰白色，为协调和凸显自行车桥整体色彩涂装，桥身色彩涂装设计采用皓月白，效果图如图 8-10 所示。

（a）效果图 1

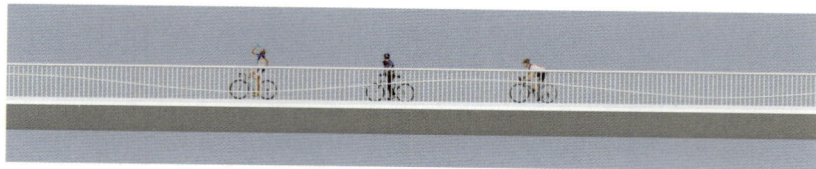

（b）效果图 2

图 8-10　桥身及护栏色彩涂装设计效果图

第三篇

施工篇

第9章 施工概况

厦门市钢结构自行车桥主要由墩柱、钢盖梁和钢箱梁组成，支撑墩柱及桥段等钢构件首先在预制工厂分节段加工制作，然后运输至施工现场，分区段安装成整体，并在分段点位置搭设支撑架。具体的施工过程可分为以下 5 个阶段：

（1）钢结构制造。根据 BRT 高架桥梁的位置尺寸确定自行车桥梁钢构件的位置尺寸，在工厂按 1∶1 预制加工墩柱、牛腿、钢盖梁支撑体系、钢箱梁及中间连接梁等钢构件，再运输至现场。基于厦门市钢结构自行车桥的设计特点，将该桥钢结构制造分为以下工艺阶段：钢板预处理、墩柱制造、牛腿制造、分幅式梁段制造、左右幅连接横联制造、分幅式梁段大拼组焊矫形、整体式梁段大拼组焊矫形、桥位安装焊接和桥位防腐涂装。

（2）钢结构运输。选用牵引车、挂车和载货车作为运输车辆。采用大马力牵引车和低平板式挂车或平板式挂车组合可运输大尺寸、较大重量的钢构件；载货车主要用来运输形状较规则、尺寸不超限的构件。

（3）钢结构安装。首先将墩柱与既有 BRT 的桥墩错开安装；再搭设临时支撑，分 6 个工区吊装钢构件，并焊接成整体；最后进行整体涂装，施工完成后拆除临时支撑。

（4）附属设施施工。待自行车桥主体结构施工完毕后，再进行扶手栏杆和桥面铺装等附属结构施工。

（5）静动载试验。为确保该桥运营安全，竣工后对自行车桥进行静动载试验，结果表明自行车桥的整体承载能力满足设计荷载及正常使用要求，结构处于良好的工作状态，可以正常投入运营。

第 10 章　钢结构制造

10.1　墩柱制造

10.1.1　墩柱概况

墩柱分为圆柱墩柱、非等截面椭圆墩柱 2 种形式，其中非等截面椭圆墩柱制造最具代表性。非等截面椭圆墩柱由下部等截面椭圆部分及上部非等截面变宽段组合而成，如图 10-1 所示。本节主要介绍非等截面椭圆墩柱制造流程及工艺。

10.1.2　非等截面椭圆墩柱制造流程

非等截面椭圆墩柱总体分为 2 段制作，现场对接。按先加工半圆管节，后焊接腹板的顺序加工，制造流程见图 10-2，顺序依次为 1-1（2-1）→ 1-2（2-2）。

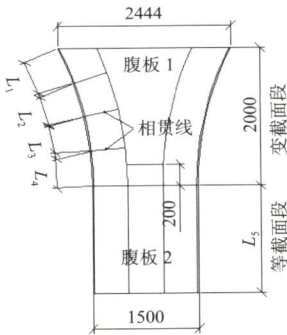

图 10-1　非等截面椭圆墩柱（单位：mm）

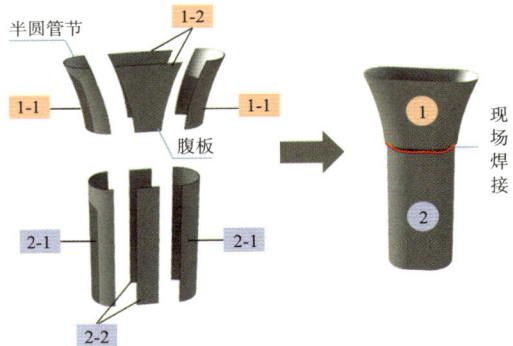

图 10-2　墩柱制造流程

10.1.3　非等截面椭圆墩柱制造工艺

10.1.3.1　非等截面椭圆墩柱工艺分段

变截面墩柱现场焊接部位设置在柱顶向下 2m 处，分段工艺具体如下：

（1）将变截面段两边圆弧部分分为 4 个长度大致相等的直线段，每直线段为半个圆管，中间为腹板，4 个半圆管为直线管节，即在单根半圆管长度内为直线段；

（2）要求将腹板对接焊缝于现场进行对接，即墩柱变截面段与等截面段为全断面对接；

（3）各半圆管节段对接部位给定相贯线坐标。

10.1.3.2　单元件制造

变截面段的管节、腹板、虾米弯管节段的制造工艺如下：

（1）变截面段管节制造

半圆管节可用成品直缝管切改，切割必须在直缝管位置，将直缝管对半切开成为2个半圆，切开后的管节会有弹开情况，即切开后的半圆直径变大或失圆，这是卷制过程中材料内应力造成的，必须进行火焰矫正处理；矫正后的管节进行相关线切割，并开单面双边坡口，打磨至出现金属光泽；另外，管节在下料时自由边留修切余量10mm。

（2）变截面段腹板制造

腹板由数控切割机直接下料至设计尺寸，墩柱高度方向墩顶部位留修切余量10mm，如图10-3所示。

（3）变截面段虾米弯管节段制造

虾米弯管节段制造前，应先在胎架上进行管节组拼，调整完线形后再定位焊接，如图10-4所示，焊接后必须通过线形复测，复测不合格则进行火焰矫正处理。

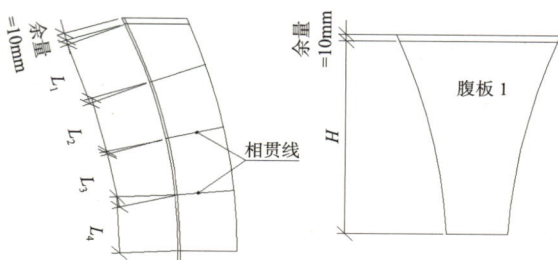

图 10-3　变截面段腹板制造图

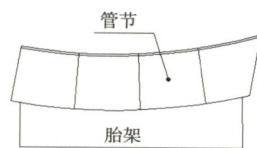

图 10-4　虾米弯管节组拼示意图

10.1.3.3　组拼

变截面段的组拼和等截面段与变截面段的大拼流程如下：

（1）变截面段组拼

①变截面段组拼在平台上进行，墩柱变截面段采用卧拼，如图10-5所示；

②组拼后的墩柱应检查各部尺寸，尤其是中间对角线差；

③各尺寸检查合格后进行定位焊接；

④采用 CO_2 气体保护焊焊接墩柱虾米弯与腹板间的焊缝，焊接过程中杆件可翻身，焊接后复查各部尺寸；

图 10-5　墩柱变截面段组拼示意图

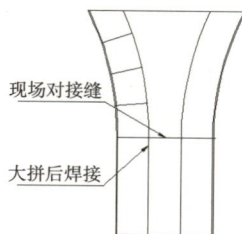

图 10-6　非等截面椭圆墩柱大拼

⑤对变形部位矫正后，无损检测应合格。

（2）非等截面椭圆墩柱大拼

等截面段与变截面段应在大拼胎架上大拼，消除墩柱现场对接部位错边后再进行焊接作业，如图 10-6 所示。

10.2　钢盖梁制造

10.2.1　钢盖梁概况

钢盖梁按制作工艺流程可分为底板单元、顶板单元、腹板及隔板单元等。其中牛腿顶板为折线形，中间为平直段，两边因桥梁放坡，横桥向箱内倾斜，坡度为 1%；牛腿底板为曲线形，由 9 块板料对接而成，如图 10-7 所示。

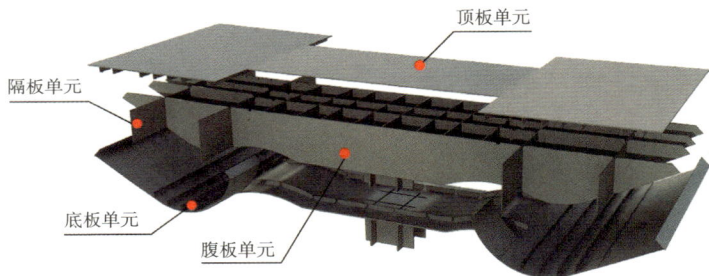

图 10-7　钢盖梁制造拆分图

10.2.2　钢盖梁安装流程

钢盖梁安装流程具体表达如下：

（1）拼装盖梁顶板和加劲肋，组成顶板单元，见图 10-8（a）；

（2）拼装中心腹板和对应的横隔板，见图 10-8（b）；

（3）拼装其余部位腹板、隔板和加劲板，见图 10-8（c）；

（4）底板和对应加劲板焊接成底板单元，再与腹板焊接成整体，拼装完成，见图 10-8（d）。

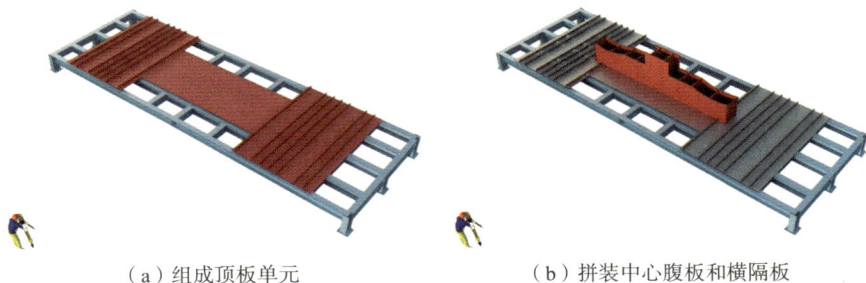

（a）组成顶板单元　　　　　　　　（b）拼装中心腹板和横隔板

图 10-8　钢盖梁安装流程图（一）

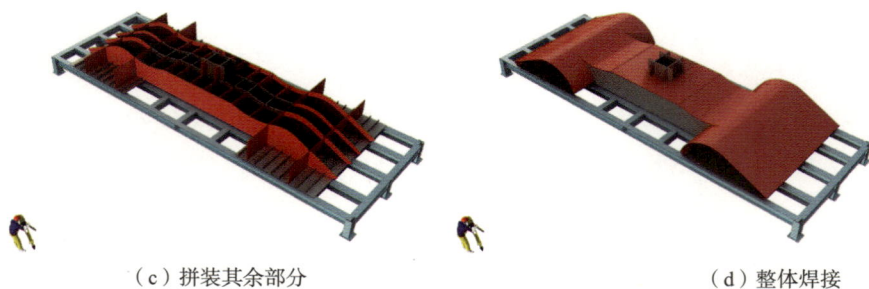

（c）拼装其余部分　　　　　　　　　　　（d）整体焊接

图 10-8　钢盖梁安装流程图（二）

10.2.3　钢盖梁制造工艺

10.2.3.1　单元件制造

钢盖梁的顶板、主腹板、底板和其余腹板、隔板、加劲肋等单元件的制造工艺如下：

（1）顶板单元

①顶板采用数控切割机下料，一次成形，尺寸允差不超过2.00mm，顶板切割尺寸见图10-9。

②下料后的顶板需进行火焰折弯作业，折弯弯度通过激光切割机切样板检查，折弯位置线见图10-10。

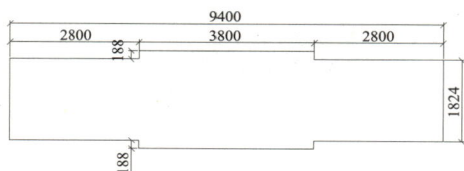

图 10-9　顶板切割尺寸（单位：mm）

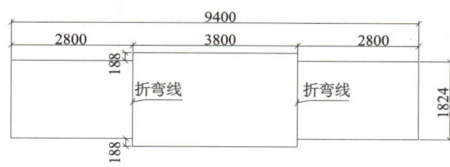

图 10-10　折弯线位置（单位：mm）

③折弯后将顶板划出主腹板、隔板等所有板件的位置线，如图10-11所示。

图 10-11　顶板上所有板件的位置线

④划出加劲肋位置线，进行组拼、定位焊及焊接工作，加劲肋位置如图10-12所示。

图 10-12　加劲肋位置示意图（单位：mm）

（2）主腹板

主腹板为异形板，由于直接下料材料消耗太大，因此必须进行对接。对接焊缝位于根部受压区与墩柱连接处，对接后焊缝必须磨平。主腹板平面图见图 10-13。

（3）其余腹板、隔板、加劲肋

其余腹板、隔板、加劲均用数控切割机一次下料至设计尺寸，其尺寸公差不应超过 2.00mm，各加劲肋与腹板、隔板应先行焊接。加劲肋与隔板焊接示意图见图 10-14。

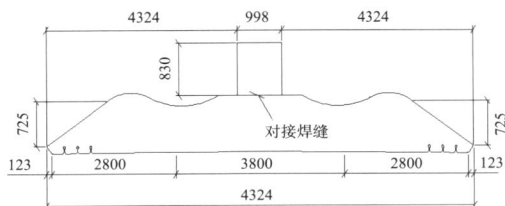

图 10-13　主腹板平面图（单位：mm）

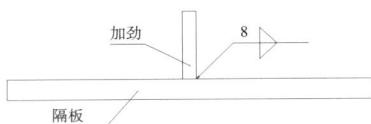

图 10-14　加劲肋与隔板焊接示意图
（单位：mm）

（4）底板单元

底板单元的展开图及断面图见图 10-15。

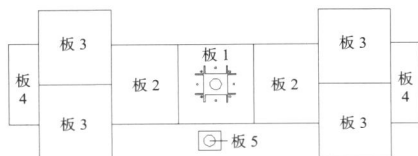

（a）牛腿底板展开图

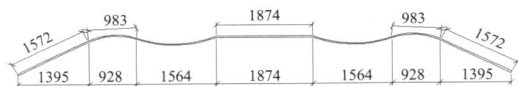

（b）牛腿底板断面图（单位：mm）

图 10-15　牛腿底板单元

①图 10-15 中板 1 为墩柱顶板，可由数控切割机直接下料。

②板 2 由数控切割机下料后直接由卷板机卷制至大致形状，通过火调至精确尺寸，内弧形用数控等离子切割机靠模检查，见图 10-16。

③板 3 制造可选 2 种方案卷制圆弧。第 1 种如图 10-15（a）所示，将板 3 分为 2 块，以满足卷板机卷制宽度，再进行火调，卷制矫正后对接成板 3；第 2 种是用自制门式油压机直接压制后火调，减少 1 条对接焊缝。

④板 4、板 5 直接由数控切割机下料至图纸尺寸。

⑤各板件制造后在胎架上进行焊接作业，焊接为底板单元件，见图 10-17。

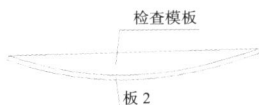

图 10-16　检查模板

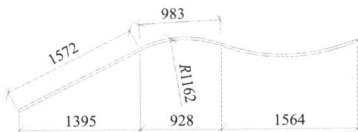

图 10-17　焊接作业（单位：mm）

⑥各板件、板单元按图纸要求开焊接坡口，坡口可用半自动切割机。

10.2.3.2 组拼

钢盖梁的中心腹板与隔板组、牛腿中心腹板单元件与底板、加盖牛腿底板、顶板之间的组拼过程如下：

（1）中心腹板与隔板组焊件组拼

中心腹板与横隔板先组拼为整体，组焊件采用卧拼的方式进行，如图10-18所示。

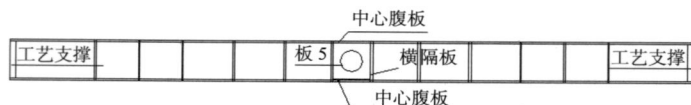

图 10-18 中心腹板与横隔板组拼

①组拼时必须严格控制：杆件的各部尺寸，包括横隔板、腹板与上下弦处的错边；杆件的各部对角线值；板5的组装精度及全长范围直线度。

②组拼过程中对逐块板件进行定位，完成后检查各部尺寸，合格后再进行焊接作业，焊接可在卧拼状态进行，也可翻身焊。

（2）牛腿中心腹板单元件与底板组拼

在专用胎架上铺顶板，将顶板作为基准面，进行其余外横隔板板件组拼，见图10-19。

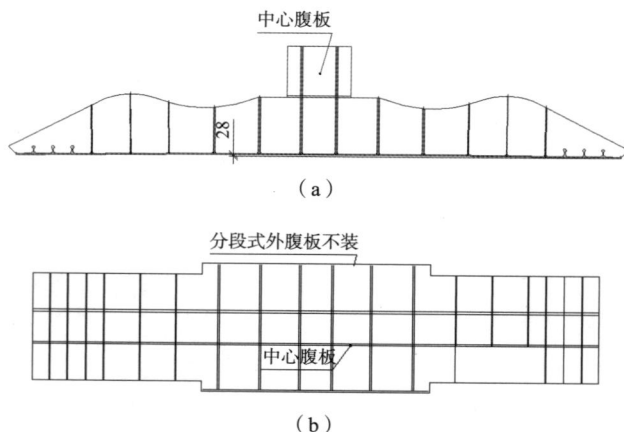

图 10-19 牛腿中心腹板单元件与底板组拼（单位：mm）

①中心腹板单元与顶板点焊连接，顶板必须严格控制线形以保证桥面坡度。

②完成组拼的外腹板，与中心腹板单元间用定位焊连接，检查各部尺寸后完成外腹板与中心腹板单元间的所有立焊位焊接。

（3）加盖牛腿底板单元

加盖牛腿底板单元的组拼顺序为：先组装底板，再进行外横隔板、中心腹板与底板的所有焊接，见图10-20。

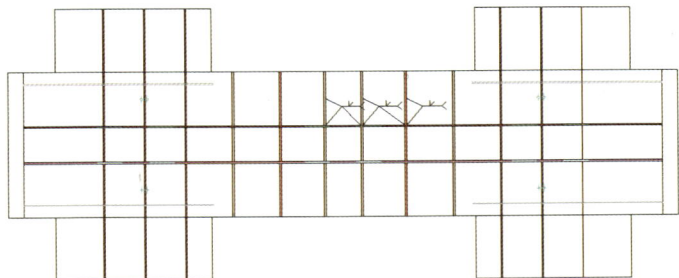

图 10-20   加盖牛腿底板组拼

①加盖底板后，测量各个尺寸达标后进行外腹板、中心腹板与底板的坡口焊接。

②将底板、中心腹板单元件、外横隔板焊接成整体的梁体与顶板分离，再将梁体侧翻进行箱内焊接，主要焊接中心隔板与底板间焊缝。

（4）顶板组拼焊接

将完成底板与中隔板间焊缝焊接后的梁体与牛腿顶板再次组拼，组拼完成检查尺寸达标后定位焊接，并焊接顶板与中心腹板的主焊缝。

10.3   分幅式钢箱梁制造

10.3.1   分幅式钢箱梁概况

分幅式钢箱梁是本工程钢箱梁的主要形式，分左右两幅，桥面各宽 2.8m，每联有 3 跨钢梁，基本跨度为 30m，每跨钢梁左右幅间有 3 道横梁连接系。两联之间通过牛腿连接，牛腿上部设置伸缩缝，下部为支座，跨中由钢混墩柱支撑钢盖梁，钢盖梁与左右两幅桥体焊接为整体，如图 10-21（a）（b）所示。分幅式钢箱梁可划分为顶板单元，横隔板单元、底板单元，纵向腹板单元 4 部分，如图 10-21（c）所示。

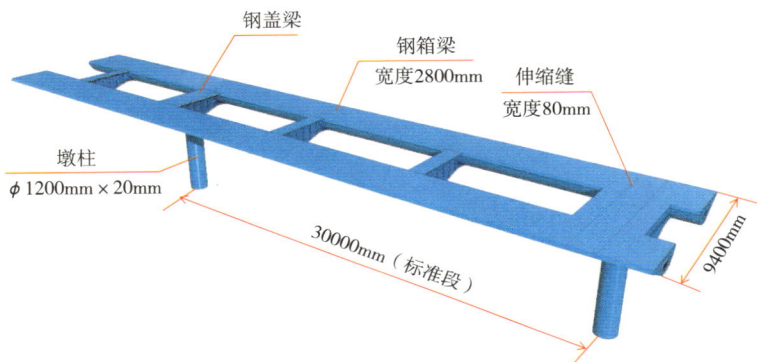

（a）分幅式桥梁结构形式

图 10-21   分幅式钢箱梁（一）

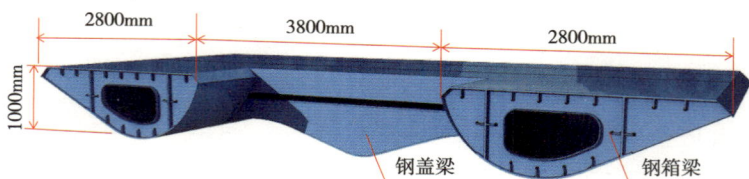

2800mm 3800mm 2800mm

1000mm

钢盖梁 钢箱梁

（b）分幅式钢箱梁断面示意

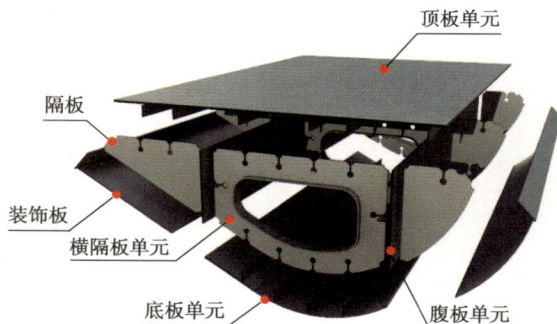

顶板单元

隔板

装饰板

横隔板单元

底板单元 腹板单元

（c）分幅式钢箱梁制造拆分图

图 10-21 分幅式钢箱梁（二）

10.3.2 分幅式钢箱梁安装流程

分幅式钢箱梁安装流程具体表达如下：

（1）拼装顶板及对应的加劲板，组成顶板单元，见图 10-22（a）；

（2）横隔板单元单独加工完成后与顶板单元进行拼装，见图 10-22（b）；

（3）腹板单元与顶板单元、横隔板拼装，见图 10-22（c）；

（4）拼装内隔板，见图 10-22（d）；

（5）底板与对应加劲肋焊接成底板单元后，与内隔板、腹板焊接，见图 10-22（e）；

（6）焊接箱梁 2 段装饰板，拼装完成，见图 10-22（f）。

（a）组成顶板单元

（b）拼装横隔板单元

（c）拼装腹板单元

（d）拼装内隔板

（e）拼装底板

（f）焊接装饰板

图 10-22 分幅式钢箱梁安装流程图

10.3.3 分幅式钢箱梁制造工艺

10.3.3.1 单元件制造

分幅式钢箱梁的顶板、隔板、腹板、底板和横向连接系等单元件的制造工艺如下：

（1）顶板单元

顶板单元件由顶板、板肋组焊而成，长度为16.24m，包括弯道和直线段2种，本节介绍直线段制造工艺。

①桥面板购料后不切边，只在板边及板上划出板肋位置线，见图10-23。

②根据划出板肋位置线组拼板肋，每隔1m检查板肋相对位置，重点检查横隔板位置的相对距离，检查合格后进行定位焊接。

③直线段顶板单元与弯道段顶板单元

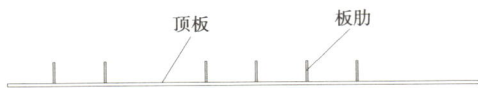

图 10-23　板肋位置线

图 10-24　弯道处顶板单元打断示意图

图 10-25　反变形胎架

在焊接上有差别。弯道处顶板单元无法直接使用反变形胎架，必须打断后再上反变形胎架，工期、成本、质量控制难度均更大，对场地要求也大于直线段梁段，见图10-24。反变形胎架18m长，2.9m宽，反变形梁计算为113mm，见图10-25，上部反变形部位为一圆弧状板肋、两边为压板用的螺栓。

（2）隔板单元

隔板单元有2种，如图10-22（b）（d）所示。

①图10-22（d）的隔板由数控切割机直接下料成形。

②图10-22（b）的隔板由隔板和人孔加劲组焊而成，加强圈由板条压制弧形板与直线状板条组焊成形，现场施工见图10-26。

（3）腹板单元

腹板单元由腹板与板肋组焊而成，见图10-27。

图 10-26　横隔板单元现场施工图

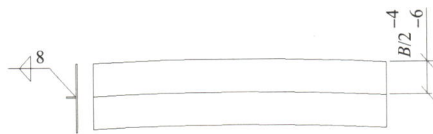

图 10-27　腹板单元示意图（单位：mm）

①由于起拱的需要，腹板在下料时必须考虑桥梁预拱度。

②腹板与顶板焊接分为全熔透接头和熔深角接接头，在熔透侧下料时偏差应控制

在 -4 ～ -6mm。

③腹板按照曲线位置由数控切割机下料成形，板肋定位线在平台上画线定位并进行定位焊接，检查合格后进行焊接。

④焊接完成需进行火焰矫正处理，以保证腹板平面度。

⑤纵向腹板与顶板间焊缝为角焊缝熔透，此处采用钢衬垫法，腹板在组拼前必须安装钢衬垫并进行线形检查。

（4）底板单元

根据分段长度，将板肋与板错开 200mm，见图 10-28。

①每个底板单元单独制造，底板轧制方向必须为顺桥向。

②底板由数控切割机下料后，用卷板机卷制成大致形状，并留有火焰矫正余量，后用激光或水下等离子切割模板进行靠模检查线形。

③对底板进行画线作业，画线时将底板垫平；画线后进行板肋组装及定位焊接，检查板肋间距及垂直度，后采用 CO_2 气体保护焊焊接。

（5）横向连接系制造

横向连接系为箱形（图 10-29），横联盖板由数控切割机直接下料，横联隔板下料四周应预留 5mm 的加工余量，嵌入式腹板应在横桥向各留 5mm 的加工余量。

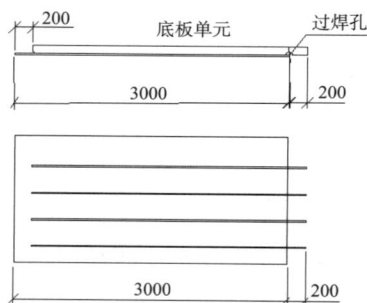

图 10-28 板肋与板错开示意图（单位：mm）

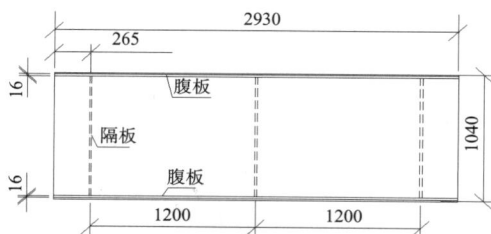

图 10-29 横向连接系示意图（单位：mm）

10.3.3.2 梁段组拼及大拼

分幅式钢箱梁的顶板、隔板及腹板、底板、装饰板和横向连系梁之间的组拼过程及梁段大拼工艺如下：

（1）顶板、隔板及腹板组拼焊接

梁段组拼采用反拼法，即底板在上的方法，既可以减少胎架复杂程度和焊接难度，也保证梁体线形。

①组拼胎架为专用胎架，需设置预拱度，具有足够空间进行组拼和焊接作业。

②梁段组拼先铺顶板单元，顶板单元制造时为平板，由于自重会按照胎架的线形，中间下垂，但组拼顶板后仍需对顶板进行火调及线形调整。

③在调整好线形的顶板上划线，画出横隔板、纵向腹板位置线。

④以线为基准立中间隔板单元，并进行定位焊接。

⑤组拼焊接有钢衬垫的腹板单元，检查腹板与底板、隔板单元间隙，合格后再进行定位焊接。

⑥定位焊接后对梁体进行工序检查，检查合格后，焊接隔板单元、腹板单元与顶板单元的焊缝，焊接顺序为：先焊接隔板单元周边角焊缝，最后焊接腹板与顶板熔透角焊缝，见图 10-30。

⑦以画好的外侧隔板线为基准进行外侧隔板组拼和焊接，见图 10-31。

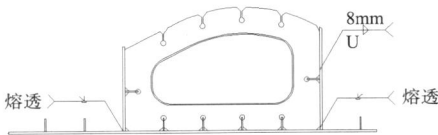

图 10-30　腹板与顶板熔透角焊缝

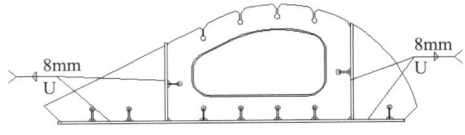

图 10-31　外侧隔板组拼和焊接

（2）底板组拼焊接

①底板由隔板、板肋定位，线形按折线处理，逐段组拼，见图 10-32。

②在大拼胎架上完成隔板与底板角焊缝焊接，完成板肋对接、底板单元间的对接焊接。

③梁段完成上述焊缝焊接后，翻身完成纵腹板与底板角焊缝焊接，见图 10-33。

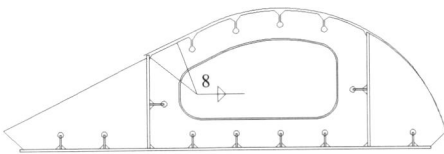

图 10-32　底板组拼焊接

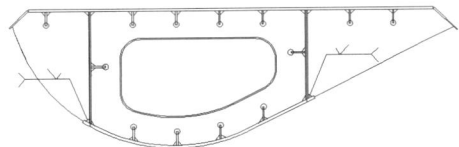

图 10-33　纵腹板与底板角焊缝焊接

（3）装饰板焊接

①完成底板与纵腹板焊接后梁体再次翻身成倒拼状态，准备装饰板组拼，见图 10-34。

②装饰板在无法焊接的部位可将梁体顶起成倾斜状态，以保证焊接施焊者能看清焊接部位。

③在焊接够不着的部位，可用木棍绑扎焊钳进行施焊。

④安装边板并进行焊接，见图 10-35。

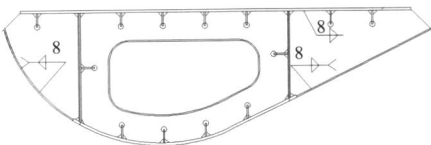

图 10-34　装饰板焊接（单位：mm）

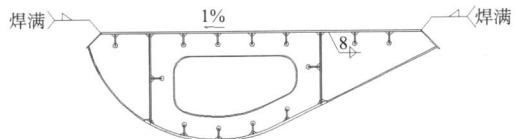

图 10-35　安装焊接边板（单位：mm）

⑤梁体翻身焊接余下所有焊缝。

（4）横向连接系组拼

①横向连接系在平台上组拼，底板铺设后在底板上画出腹板及隔板的位置线，然后立隔板定位焊接，见图 10-36。

②隔板定位焊接后立腹板，并进行隔板周边焊接。

③最后加盖盖板，焊接端隔板与盖板间、腹板与盖板间的焊缝。

（5）梁段大拼

①梁段大拼在大拼胎架上进行，胎架应按照桥梁的厂制预拱度设置顺桥向坐标值，并考虑梁体横坡。

②梁段大拼应将整联所有梁段、杆件进行组拼、调整预拱度值、调整左右幅梁体间距、修割现场焊接部位；

③梁体对接后，测量主要控制两联间距离、桥梁横坡、预拱度值、旁弯等；桥梁预拱度值，必须每间隔 1m 设置 1 个测量点；测量点统一布置在梁段离端口顺桥向 500mm，横桥向离边沿平直段 100mm 处，每段运输段必须至少有 4 个测量点，见图 10-37。

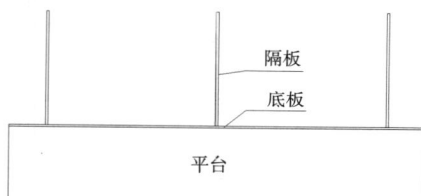

图 10-36　横向连接系组装平台

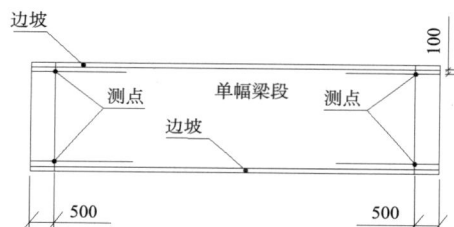

图 10-37　测量点布置示意图（单位：mm）

10.4　整幅式钢箱梁制造

10.4.1　整幅式钢箱梁概况

部分路段遇 BRT 站台或净高不足而甩至路侧时，设计整幅断面，由 1 个钢箱梁构成，梁面宽 4.8m，全宽 5.1m，每联 2 ~ 4 跨，跨度为 18 ~ 40m，如图 10-38（a）（b）所示。整幅式桥梁整联端部通过橡胶支座与钢盖梁铰接，中间跨与钢盖梁刚接。整幅式钢箱梁可划分为顶板单元、底板单元、中心腹板单元、外侧腹板单元、横隔板单元和装饰板 6 个部分，见图 10-38（c）。

10.4.2　整幅式钢箱梁安装流程

10.4.2.1　安装分段

由于整幅式钢箱梁梁段宽度为 4.8m，超过运输最大宽度，因此在横桥向必须进行分段，横桥向将桥梁风嘴部分与梁段外腹板处断开，共分为 3 个横向梁块，见图 10-39。

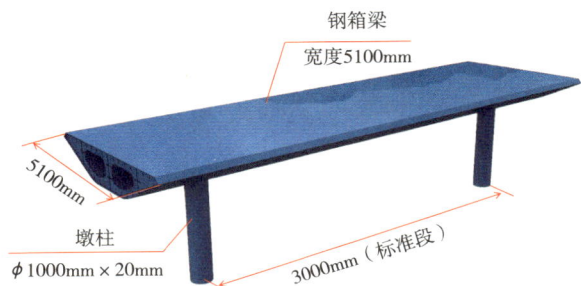

（a）整幅式桥梁结构形式

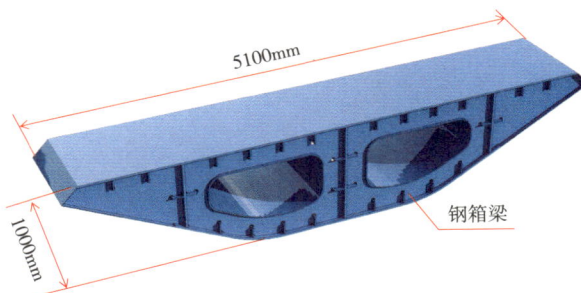

（b）整幅式钢箱梁断面示意

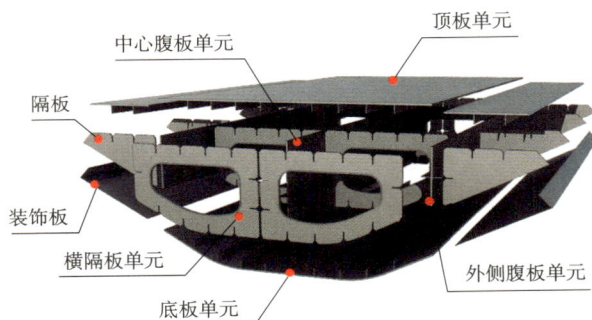

（c）整幅式钢箱梁制造拆分图

图 10-38 整幅式钢箱梁

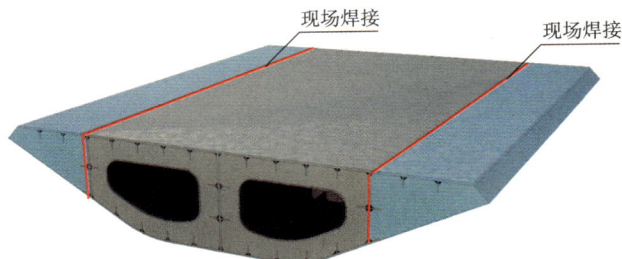

图 10-39 现场安装分段示意图

10.4.2.2 安装流程

整幅式钢箱梁安装流程具体表达如下：

（1）拼装顶板及对应的加劲肋，组成顶板单元，见图 10-40（a）；

（2）中心腹板与顶板单元进行拼装，见图 10-40（b）；

（3）横隔板与中心腹板、顶板进行拼装，见图 10-40（c）；

（4）外侧腹板单元与内隔板、顶板进行拼装，见图 10-40（d）；

（5）底板与对应加劲板组装成整体后与内隔板、腹板焊接，见图 10-40（e）；

（6）外侧顶板与对应加劲板焊接后，与原结构进行预拼装，不焊接，见图 10-40（f）；

（7）隔板与外侧顶板进行拼装，不与腹板单元焊接，留至现场焊接，见图 10-40（g）；

（8）拼装外侧装饰板，与底板单元进行预拼装，留至现场焊接，见图 10-40（h）。

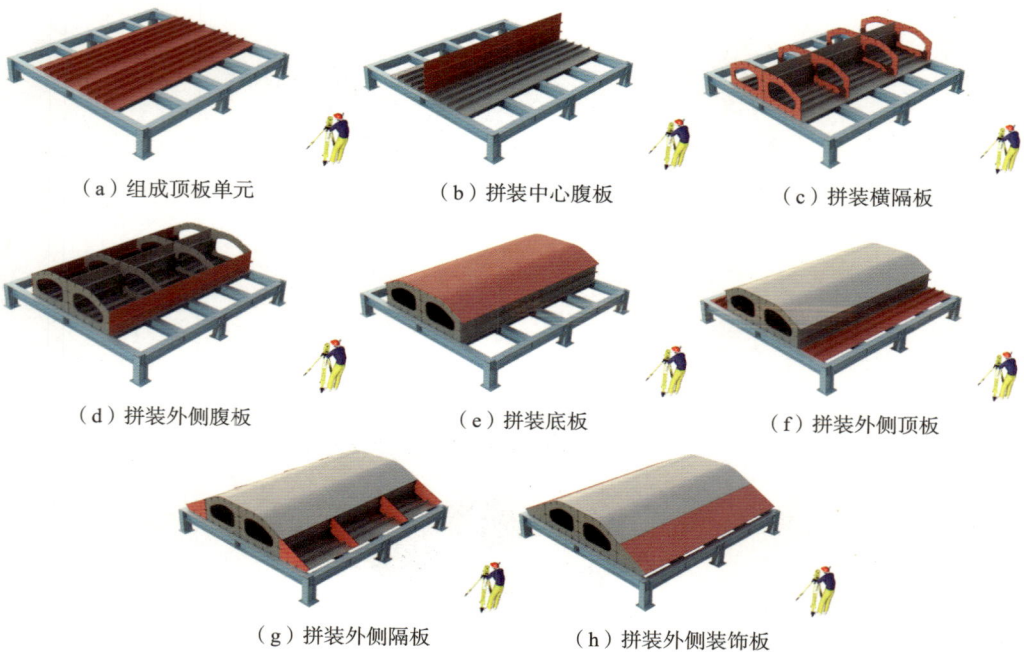

（a）组成顶板单元　　　　（b）拼装中心腹板　　　　（c）拼装横隔板

（d）拼装外侧腹板　　　　（e）拼装底板　　　　（f）拼装外侧顶板

（g）拼装外侧隔板　　　　（h）拼装外侧装饰板

图 10-40　整幅式钢箱梁安装流程

10.4.3　整幅式钢箱梁制造工艺

10.4.3.1　整幅式钢箱梁制造分段

（1）顶板单元

以 49 联安装段为例，将桥面板做折线处理，总长 9640mm 的弧形面板分为 3 个 3213mm 的直线段（见图 10-41）。

将桥面板作折线处理可以起到以下效果：

①降低料耗；

②大幅降低制造难度，尤其是板肋定位在铆工画线时，大幅减少了板肋定位误差造成隔板槽口修切；

③大幅减少面板火焰矫正工作量，折

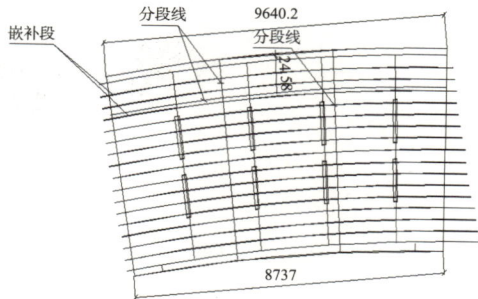

图 10-41　弧形面板分段示意图（单位：mm）

线处理的桥面板使用反变形胎架焊接，除少量扭曲板单元需少量火焰矫正外，绝大部分不用火调；

④焊接直线段可使用焊接小车，提高机械化程度和焊接质量。

（2）梁段横断面

由于运输宽度限制，需将横断面分段，考虑到桥梁为箱形结构，箱内空间狭小，分段时将两边封嘴部分补焊，见图 10-42。

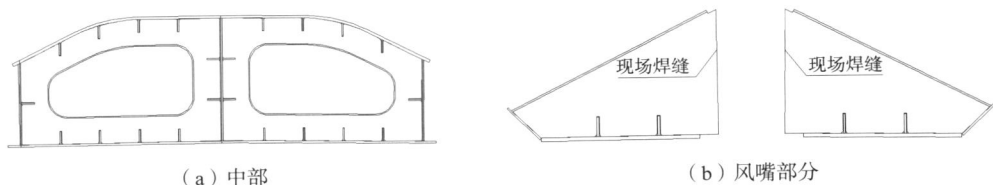

（a）中部　　　　　　　　（b）风嘴部分

图 10-42　梁段横断面分段

①梁段底部装饰板预留现场焊接人孔，见图 10-43。

②人孔预留在底板与外侧隔板交汇处，以便能完成箱内焊接作业；人孔尺寸 500mm×500mm；在制造时从装饰板上切割，点焊在装饰板上一起运输。

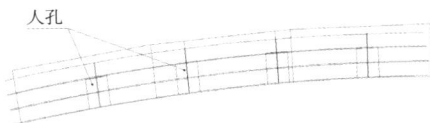

图 10-43　装饰板人孔预留示意图

（3）底板

底板板肋对接焊缝错开 200mm，通过折线处理，底板与隔板错开 200mm 以上，与腹板现场嵌补段垂直焊缝错开距离不小于 200mm，见图 10-44。

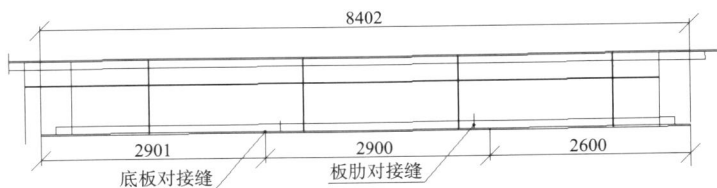

图 10-44　底板分段示意（单位：mm）

10.4.3.2　单元件制造

本节主要对分幅式钢箱梁的顶板、腹板及底板等单元件的制造工艺展开介绍。

（1）顶板单元

①顶板经折线处理后以每一直线段为制造单元，要求板肋与顶板对接焊缝错开 200mm，见图 10-45。

②顶板由铆工划出切割位置线，并在长度、宽度方向均留 2mm 余量，通过半自动或数控切割机直接下净料至设

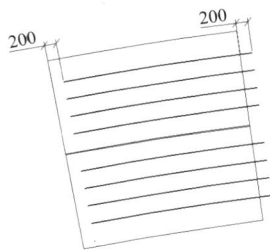

图 10-45　板肋与顶板对接焊缝错开（单位：mm）

计尺寸；板肋可用对头切割机下净料代用。

（2）腹板及底板

腹板及底板单元件制造参考第18.3.3节分幅式单元件制造，其中中心腹板两边与顶板、底板焊接均为熔透角焊缝，因此上下均应贴钢衬垫，并校对腹板线形，腹板下料公差 –12 ～ –10mm；边腹板与分幅式相同，与顶板为熔透角接，与底板为坡口焊接，公差为 –6 ～ –5mm。

10.4.3.3　梁段组拼

整幅式钢箱梁的梁段组拼过程如下：

①梁段在胎架上反拼，反拼胎架由深化设计确定预拱度值及平面坐标，把拼接好的顶板铺设在胎架上，将顶板各点预拱度调整到位，划出中心腹板、中心腹板两侧横隔板位置线。

②将中心腹板与两侧横隔板点焊为整体与顶板对位，见图10-46。

③立外侧腹板，将边腹板组拼进行定位焊接。定位焊接后先焊接隔板与顶板、腹板角焊缝，后焊接中心腹板、边腹板与顶板单元的熔透角焊缝，见图10-47。

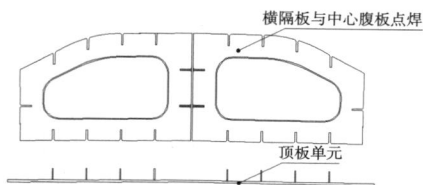

图 10-46　中心腹板与两侧横隔板点焊

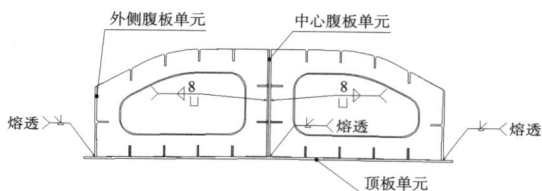

图 10-47　焊接腹板与顶板的角焊缝（单位：mm）

④逐段加盖底板单元，先完成底板单元与隔板调整底板线形及间隙，后进行定位焊接。定位焊接后先焊接底板与横隔板角焊缝，后焊接底板单元件对接焊缝，再对接板肋，最后焊接板肋与相邻底板间焊缝；梁段翻身进行底板与边腹板角焊缝焊接，见图10-48。

⑤完成焊接、无损检测的中间梁段翻身上胎架复位，并作为基准进行封嘴组拼，见图10-49。

图 10-48　底板与边腹板角焊缝

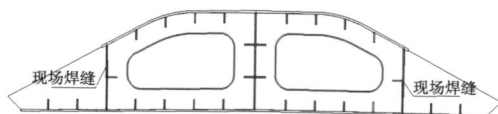

图 10-49　梁段翻身

⑥组拼时先铺封嘴段顶板、调整横断面线形，点焊顶板，后立封嘴隔板；顶板组拼后再次进行调整，检查尺寸后进行定位焊接；焊接风嘴段顶板与隔板角焊缝。

⑦加盖装饰板并进行定位焊接，装饰板与底板单元点焊连接，再通过人孔焊接装饰板与风嘴段隔板角焊缝。

⑧梁段翻身，完成装饰板与封嘴段隔板的所有焊接，并焊接边板，见图 10-50。

整幅式钢箱梁的梁段大拼同样在胎架上进行，拼装方法参考第 18.3.3 节分幅式钢箱梁制造工艺。

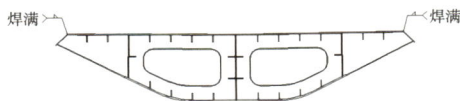

图 10-50　梁段组拼完成

10.5　制造厂钢箱梁涂装

10.5.1　钢箱梁涂装概况

待墩柱、钢盖梁和钢箱梁等钢构件制造完毕后，需进行涂装工作。采用的涂料、钢材表面的除锈等级以及防腐蚀对钢结构的构造要求等，应符合《公路桥梁钢结构防腐涂装技术条件》[117] 和《涂装前钢材表面锈蚀等级和除锈等级》[118] 的规定。本桥采用喷砂方法除锈，除锈等级应分别达到 Sa2.5 级；局部修补时可采用人工除锈，除锈等级应分别达到 St3 级，现场补漆除锈可采用电动、风动除锈工具除锈，达到 St3 级。钢梁涂装的具体要求如图 10-51 所示。另外，需要指出的是：①钢柱内表面及柱脚混凝土外包部分无需做涂装；②钢箱梁每分段节箱体内可在工厂独立封闭，封闭后保证箱体内表面湿度不大于 40%，封闭区域涂装按图 10-51 中"钢箱梁内表面封闭"执行；③钢箱梁现场对接范围内无法工厂封闭的内表面涂装，按图 10-51 中"钢箱梁内表面非封闭"执行。

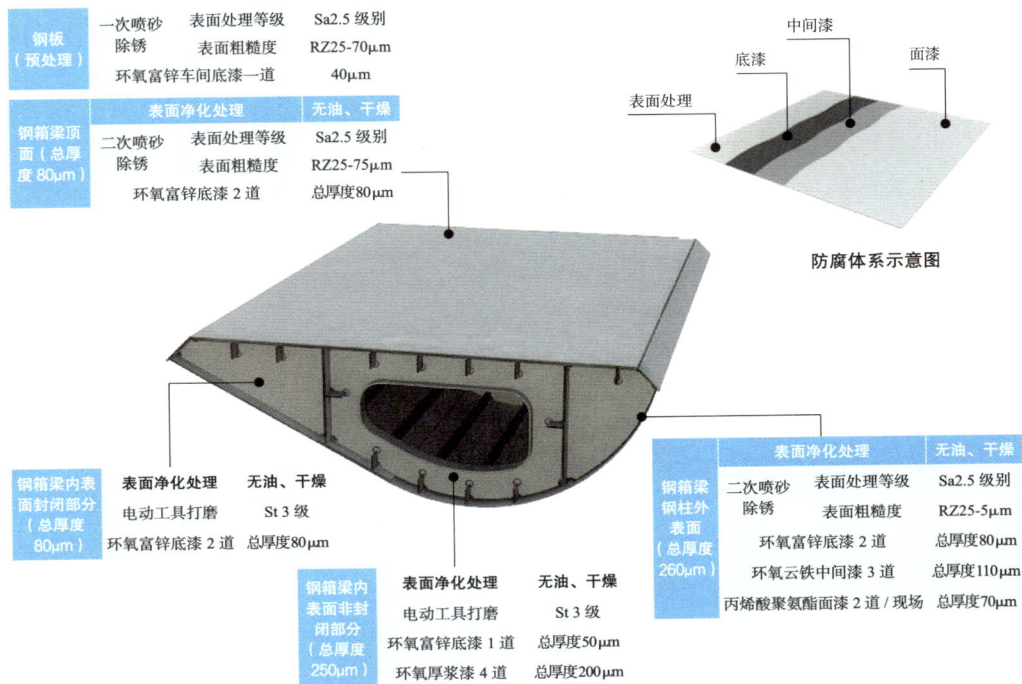

图 10-51　钢梁涂装的具体要求

10.5.2 涂装施工工艺

10.5.2.1 涂装方法

采用高压无气自动喷涂机喷涂或手工刷涂,施工前按产品要求将涂料加入进料斗,按涂料厚度调整喷涂机参数,开动喷涂机进行自动喷涂。对于构件的边棱等不易喷涂的部位采用刷涂施工。

10.5.2.2 涂装施工质量控制要点

(1)涂装时间控制

①漆膜的外观要求平整、均匀、无气泡、裂纹,无严重流挂、脱落、漏涂等缺陷,面漆颜色与比色卡相一致。

②不同类型的材料其涂装间隔各有不同,在施工时应按每种涂料的各自要求进行施工,其涂装间隔时间不能超过说明书中最长间隔时间,否则将会影响漆膜层间的附着力,造成漆膜剥落。

③喷涂底漆:除锈合格后应及时涂刷防锈底漆,间隔时间不宜过长,相对湿度不大于65%时,除锈后应在8小时内涂装完底漆,相对湿度为65%~80%,应在除锈后3小时内完成底漆涂装。喷涂时施工人员应随时用湿膜卡检测涂层厚度。

(2)涂装要求

喷涂或手工刷涂应均匀,经常用湿膜测厚仪或干膜测厚仪检测,完工的干膜厚度应达到"2个85%",不允许存在漏涂、针孔、开裂、剥离、粉化、流挂现象。

(3)涂装环境温湿度控制

①涂装涂料时必须注意的主要因素是钢材表面状况、钢材温度和涂装时的大气环境。通常涂装施工工作应该在气温5℃以上,相对湿度80%以下的气候条件中进行。当表面受大风、雨、雾或冰雪等恶劣气候的影响时,则不能进行涂装施工。

②以温度计测定钢材温度,用湿度计测出相对湿度,然后计算其露点,当钢材温度低于露点以上3℃时,由于表面凝结水分而不能涂装,必须高于露点3℃才能施工。

③当气温在5℃以下的低温条件下,造成防腐涂料的固化速度减慢,甚至停止固化,视涂层表干速度,可采用提高工件温度,降低空气湿度及加强空气流通的办法解决。

④当气温在38℃以上的恶劣条件下施工时,由于溶剂挥发很快,必须采用加入油漆自身重量约5%的稀释剂进行稀释后才能施工。

(4)涂层厚度控制

①涂膜厚度采用《金属和其他无机覆盖层厚度测量方法评述》[119]的磁性测厚仪进行测量;凡是上漆的部件,应离自由边15mm左右的幅度起,在单位面积内选取一定数量的测量点进行测量,取其平均值作为该处的漆膜厚度。但焊接接口处的线缝以及其他不易或不能测量的组装部件,则不必测量其涂层厚度。

②对于大面积部位,干膜总厚度的测试采用国际通用的"85-15Rule"(2个85%原则),构件涂装体系干膜最小总厚度和每一涂层干膜平均厚度不得小于设计要求厚度。

③漆膜厚度是使防腐涂料发挥最佳性能的关键,足够的漆膜厚度是极其重要的。因

此，必须严格控制厚度，施工时应按使用量进行涂装，经常使用湿膜测厚仪测定湿膜厚度，油漆干燥后采用超声波测厚仪测量，以控制干膜厚度并保证厚度均匀。

④涂层系统的附着力和层间结合力测试是一种破坏性的测试，可用于检验油漆体系是否合理，整体附着力是否达到标准要求。

10.5.2.3　涂装的修补与保养

（1）涂装的修补

①对于拼装接头、安装接头及油漆涂料磨损区域，先手工打磨除锈并清洁，然后按上述要求分别喷涂底漆、中间漆，其漆膜总厚度达到规范或设计要求的厚度。

②对于预留底漆部分及运输安装过程中损坏的底漆，应手工打磨后补足底漆厚度，高强螺栓连接未涂涂料区亦应补涂。

（2）防腐涂层的保养

①底漆或中间漆涂装后不能马上暴露在雨雪中，这样会引起漆膜起针孔或起泡。搬运货物或进行其他施工中避免各种情况的机械碰撞、石击、土埋、粗糙物的堆靠，以免造成机械损伤。如有，则打磨处理并及时进行修补。

②禁止任何火源对漆膜的烧烤，以及蒸气对涂层的蒸吹，防止漆膜的燃烧及高温蒸气对漆膜的损伤。客观原因或施工造成漆膜的破坏，必须对损伤部位按原施工要求严格处理（扩大范围）后，再按工程施工程序修补损伤处。

③如涂层上存在过多的尘土或其他污染物，可采用清水或中性清洗剂，使用软刷进行清洗。

第11章 钢结构运输

11.1 运输总体思路和要求

11.1.1 运输总体思路

待钢构件制造完毕后，需安全、快速地运送到施工现场。根据本工程钢构件特征和以往类似构件运输经验，从安全、快捷角度考虑，对所有钢构件采用陆运的方式运输。施工项目部成立了运输工段，专门负责钢构件装卸工作，同时选择运输经验丰富、大件运输车辆齐全的运输公司进行合作。

11.1.2 运输要求

钢结构的运输工作主要有三大要求：

（1）安全可靠

安全可靠是运输方案设计的首要原则，为此，运用科学分析和理论计算相结合的方法进行配车装载、捆绑加固、运输实施等方案设计，确保方案设计科学，数据准确真实，操作实施万无一失。

（2）实际可操作

在运输方案编制和审定过程中，认真细致地做好前期准备，对各种可能出现的风险进行科学评估，确保装载、公路运输等作业能够顺利展开，具有实际可操作性。

（3）高效迅速

充分考虑运输距离、构件的规格及重量等情况，充分调动企业的设备、人力资源，并结合以往类似项目运输的成功经验，压缩运输时间，高效完成运输任务。

11.2 运输车辆

为保证构件能安全、快速地运送到施工现场，将对运输车辆严格控制，每次发车前都要对车辆的随车工具检查是否配置齐全，检查车辆的性能、强度、稳定性是否满足要求，用以保证车辆能安全正确的使用。本工程主要选用牵引车、挂车和载货车作为运输车辆。

11.2.1 牵引车和挂车

采用大马力牵引车和低平板式挂车或平板式挂车组合运输，该类车可运送大尺寸、较大重量的钢构件。2种类型车辆的性能参数见表11-1。

车辆类型	性能参数	数值
平板运输半挂车	外廓尺寸	17000×2500×1500（长×宽×高）
	轮胎数	12
	轴距（mm）	7200+1350+1350
	轴数	3
	额定载货质量（kg）	32000
	钢板弹簧片数	-/8/8/8
	轮胎规格	11.00R20　12PR
	轴荷（kg）	-/24000（并装三轴）
	总质量（kg）	40000
平头柴油半挂牵引汽车	发动机型号	CA6DL2-35E3U
	排量和功率（ml/kW）	8600/261
	排放标准	GB3847-2005，GB17691-2005 国Ⅲ
	外廓尺寸	7160×2495×3560（长×宽×高）
	钢板弹簧片数	10/11
	轮胎数	10
	轮胎规格	11.00R20

牵引车和挂车的性能参数　表 11-1

11.2.2　载货车

载货车主要用来运输形状较规则、尺寸不超限的构件，其性能参数见表 11-2。

载货车性能参数　表 11-2

车辆类型	性能参数	数值
载货车	外廓尺寸（mm）	12500×2500×3500（长×宽×高）
	车厢板到地面高度	1.6m
	轴距	1950+4550+1350mm
	轮距	前轮距：1950/1950；后轮距：1847/1847mm
	运输构件最大宽度	2.4m
	运输构件最大高度	2.8m
	运输构件最大长度	13.5m
	运输构件最大重量	19t
	车辆最大行驶速度（km/h）	100

11.3　钢构件包装

11.3.1　构件包装要求

钢构件依据安装顺序和土建结构的流水分段、分单元配套进行包装；装箱构件在箱内应排列整齐、紧凑、稳妥牢固，不得串动，必要时应将构件固定于箱内，以防在运输和装卸过程中滑动和冲撞，箱的充满度不得小于 80%；包装材料与构件之间应有隔离层，避免摩擦与互溶。另外，所有包装箱上应有方向、重心和起吊标志；装箱清单中，构件号要明显标出；大件制作托架，小件、易丢件采用捆装和箱装。

11.3.2　构件包装方式

构件的主要包装方式以下 3 种：

（1）构件单根重量 ≥ 2t 时，采用单件裸装方式运输。

（2）构件单根重量 ≤ 2t 且为不规则构件时，采用单件裸装方式运输。

（3）构件较小但数量较多时，用装箱包装，如连接板、螺杆、螺栓等。

墩柱、钢盖梁及钢箱梁等典型构件的包装运输形式如图 11-1 所示。

（a）墩柱包装运输方式　　　（b）钢盖梁包装运输方式　　　（c）钢箱梁运输方式

图 11-1　典型构件的包装运输形式

11.4　运输保障措施

11.4.1　运输组织保证

为确保钢构件的运输任务顺利完成，成立运输指挥部并下设七个小组，其负责内容见表 11-3。

运输指挥部小组负责内容　　　　　　　　表 11-3

序号	小组名称	小组负责内容
1	公路排障组	负责沿线道路排障工作，按照排障方案，完成各段各种障碍的排除，保证运输车辆顺利通行
2	公路运输护送组	负责配合交警路政部门，护送运输车辆通行到达卸货地点
3	对外联络协调组	负责整个运输过程中与交警路政等有关部门的协调工作，保证运输顺利进行
4	后勤服务保障组	负责安排运输人员的后勤保障、生活服务工作
5	质量保障组	负责整个运输过程中的质量保障工作，监督检查运输工作质量，预防质量事故
6	封刹加固组	负责钢结构装车后封刹加固，保证运输安全
7	设备保证组	负责运输车辆的保养与维修

11.4.2　构件运输的质量保证措施

为确保构件在运输过程中无污损，安全到达本项目施工现场，制定了质量保证措施，见表 11-4。

构件运输的质量保证措施　　表 11-4

序号	保证方面	具体措施
1	人员控制	公司指派专人对钢构件运输进行全程监控，确保其装卸无污损、无磕碰。在运输过程中发现问题及时反馈，妥善解决
		对作业工人的着装进行检查，特别是对手套和鞋子进行检查，防止工人在吊装作业进行工属具拴套时对钢构件外观造成污染
2	工艺控制	对钢构件按工艺规定，分类型进行稳妥包装，包装方式有裸装、支承连接包装、捆装、箱装等，构件的存放、包装
3	运输车装载前控制	装载前对运输车的挂车进行清扫、洗车处理，保证装载清洁，确保钢构件装入挂车时不被污染。对挂车原有的加固焊接点进行焊割处理，保证挂车底表面平整，确保钢构件的外观质量。另在进入市区之前，将根据厦门市道路管理要求，对车辆进行二次清洗或其他一些保证措施
4	货物隔垫控制	挂车车底铺垫方木、车壁垫草垫若干，使钢构件与车底和车壁不发生摩擦；在钢构件之间衬垫不小于 50mm 的方木，使钢构件在运输过程不发生摩擦，确保钢构件油漆涂装表面质量和外观质量

11.4.3　车辆运输中的安全保证

在开始运输前，将构件全部绑扎好，并达到运输安全的要求后，才能发车。在车辆运输过程中以 GPS 定位系统为主进行全程监控，辅以电话跟踪。途中行驶过程中，有专门的引导小车，随时通报驾驶路况，并且监督车辆行驶过程中钢构件的稳固状态。当运输过程中通过横坡大于 3% 的道路时，必须进行平板车的横坡校正，确保设备处于相对水平的状态。

第12章　钢结构安装

12.1　整体施工部署

12.1.1　施工部署

12.1.1.1　施工平面布置原则

施工平面布置时应根据工程特点和现场周边环境的特征，充分利用现有施工现场的场地和布置，做好总平面布置规划，满足生产、文明施工要求；合理规划场内施工道路、确定汽车吊站点位置，优化成品和半成品材料存放地点，尽量避免场内二次搬运；分阶段布置，现场内实行动态调整。

12.1.1.2　施工交通组织

墩柱和钢箱梁施工时，交通组织不同。当墩柱基础预埋、墩柱安装时，在施工路段左右侧各封闭一条半的机动车道作为施工便道，并用围挡将施工便道与机动车道隔开；当施工单侧钢箱梁吊装时，占用施工侧全部机动车道，另一侧道路疏导为双向车道。如施工由北往南方向侧的吊装，则只封闭由北往南方向的车道，不占用由南往北方向道路。

过往车辆通过吊装区前后绿化带原调头区，或新开辟调头通道引导到对向车道内绕行。每个段口封路施工由夜晚11点持续到凌晨6点共计7小时，之后恢复交通，持续3～5天，之后转入下个段口。当焊接箱梁整体对接焊缝时，将整体封闭箱梁之下的机动车道，防止焊接时过往车辆通行。

12.1.1.3　施工围挡

墩柱、盖梁施工时，使用标准围挡，围挡设置于钢箱梁投影线下方；吊装作业时，临时移除作业范围内的围挡，用于施工人员通行，同时围护汽车吊及其作业范围，当施工内容完成后，移走临时围护的水马，恢复标准围挡。

12.1.1.4　构件运输、绿化迁移

钢结构施工时，为保证钢构件运输满足施工进度，在厦门租赁两处场地作为钢构件临时中转场地，每批钢构件至少提前3天运输至堆场，确保钢构件存储量。

为保证汽车吊站位，将汽车吊下方向两侧扩1m范围的绿化进行迁移，用于支撑汽车吊打腿。

12.1.2　各工区施工顺序

在考虑了现状道路、交通流和施工效率等因素的情况下，钢结构施工工区按照起止

里程依次划分了 6 个工区，各区段总长约 1.25km。根据施工条件确定了各工区的施工顺序：1、2 区段（K0+000 ~ K2+860）施工时从两侧向中间施工，其中甩出段及跨路段后施工；3、4 区段（K2+860 ~ K5+000）从中间向两侧施工；5、6 区段（K5+000 ~ K7+500）从大里程开始向小里程开始施工。

12.1.3 钢结构安装顺序

每个工区的钢结构安装顺序相同，其中下部桥墩由于截面较小，且长度均不超过 10m，采取工厂整根加工的方式，现场通过 25t 汽车吊吊装就位。钢箱梁的安装则按照每一联为一个施工单元进行流水施工，吊装工况良好的钢箱梁通过"底部支撑、原位吊装"进行施工。其中钢盖梁和钢箱梁的具体安装顺序如下：

①钢盖梁与底部钢柱连接节点较为复杂，竖向设置十字劲板。为方便现场焊接施工，钢柱于钢盖梁下盖板标高以下 1m 处断开，并与钢盖梁作为一个单元进行吊装；钢盖梁就位后与钢柱使用连接板铰接连接，盖板横向跨度最宽达到 9.1m；为保证安装过程中不发生倾覆失稳，在两端设置支撑胎架并使用分配梁进行联系。

②钢箱梁标准跨径采用 30m，分段长度均不大于 17m，整幅式钢箱梁宽度为 4.8m，在制作过程中将两端封嘴箱梁分段运输至现场后原位高空安装；分幅式钢箱梁位于 BRT 桥正下方，使用 2 台汽车吊进行同侧双机抬吊吊装；跨路段整幅式钢箱梁施工过程，为保证交通疏导，需要将跨路钢箱梁在构件堆场拼装后整体运输至现场吊装就位。

12.2 钢构件进场标识与验收

12.2.1 构件进场标识

12.2.1.1 构件标识的内容
梁段标识的内容包括中心线、工程名称、构件编号和公司名称标识。

12.2.1.2 构件标识的方法
构件编号采用 10 号钢印号加漏字模喷涂进行标记。漏字模喷涂字体为宋体，字间距 25mm，大小为 60mm×60mm。构件的中心线利用三个样冲眼标记，样冲眼直径 1mm，深度 0.5mm。在中心线样冲眼的旁边用"三角形"符号提示标记。用于提示标记中心线及标高线位置的"三角形"尺寸为边长 50mm 的等边三角形，其内部填充颜色为白色油漆。所有标记文字的颜色均为白色，标记应明显不易褪色。

12.2.1.3 构件标识位置
构件涂装完成后才能标识构件。在距桥面板左上角 400mm 处面板上使用钢印标记构件编号，喷涂构件编号和工程名称；中心线的标识位置在距端部翼缘板外侧 1000mm 处上方 100mm 内进行标记。最后在进行成品终检时，必须对构件的标识进行 100% 检查，确保各项标记（样冲眼、文字标记等）都已正确标注。

12.2.2　构件进场验收

12.2.2.1　构件进场管理

构件进场管理要点如下：

（1）根据安装进度将钢构件运至现场，构件到场后，随车货运清单核对构件数量及编号是否相符，构件是否配套。如发现问题，制作厂应迅速采取措施，更换或补充构件，以保证现场急需。

（2）钢构件及材料进场按日计划精确到每件编号，构件最晚在吊装前一天进场，并充分考虑安装要求，尽量协调好安装现场与制作加工的关系，保证安装工作按计划进行。

（3）构件标记应外露，以便于识别和检验，注意构件装卸吊装和运输过程中的稳定，防止事故发生。

（4）构件进场前与现场联系，及时协调安排好吊机操作人员、机具。构件运输进场后，按规定程序办理交接、验收手续。

12.2.2.2　构件验收

现场构件验收主要是焊缝质量、构件外观和外形尺寸检查以及制作资料的验收和交接。具体验收项目如下：焊角高度尺寸；焊缝错边、气孔、夹渣；构件表面外观；多余外露焊接衬垫板；节点焊缝封闭；交叉节点夹角；现场焊接剖口方向角度；构件截面尺寸、构件长度；构件表面平直度；加工面垂直度；构件运输过程变形；预留孔大小、数量；螺栓孔数量、间距；连接摩擦面；构件吊耳；表面防腐油漆。

进场构件验收方法包括：①使用直尺、卷尺测量构件尺寸；②直接用肉眼观察构件外观；③根据清单对照实物清点构件；④核对构件进场资料；⑤使用测厚仪测量厚度。

12.3　钢结构拼装

12.3.1　拼装概述

全部路段里程约 7.5km，主要构件为钢柱、钢盖梁、钢箱梁。相邻墩柱间距为 18～40m，整幅段钢箱梁宽度 4.8m，为满足运输要求，需要对钢箱梁进行沿桥向分段，并将整幅式钢箱梁两侧封嘴单独加工发运。构件运抵现场安装时为减少吊装次数，钢箱梁需要进行现场拼装后整体吊装。在现场设置多个拼装场地并设置拼装胎架，按照焊接质量要求进行焊接，验收合格即可进行现场拼装。

12.3.1.1　整幅式路段拼装

整幅式钢箱梁拼装主要是在地面上将钢箱梁两侧的三角形封嘴与钢箱梁焊接形成 1 根完整的钢箱梁，见图 12-1。

12.3.1.2　分幅式路段拼装

分幅式钢箱梁拼装主要是将 1 跨中的 2 根或 3 根钢箱梁沿顺桥向对接拼装，焊接成 1 根较长的钢箱梁整体，见图 12-2。

12.3.1.3 分叉段路段拼装

分叉段路段拼装示意图如图 12-3 所示。

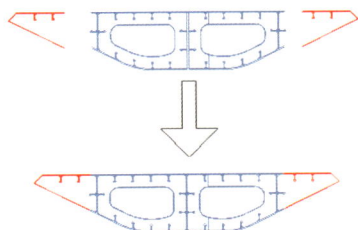

图 12-1 整幅式路段拼装

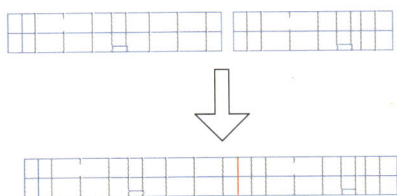

图 12-2 分幅式钢箱梁拼装

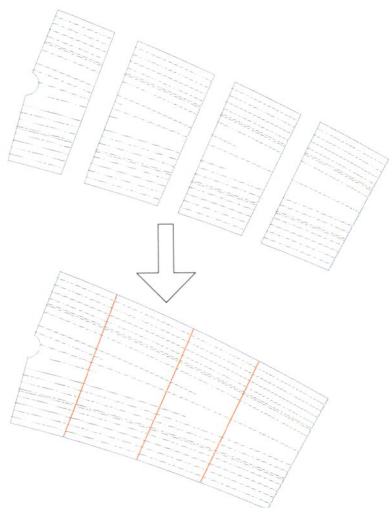

图 12-3 分叉段路段拼装

12.3.2 钢箱梁拼装步骤

12.3.2.1 整幅式钢箱梁拼装步骤

整幅式钢箱梁拼装步骤如下：

（1）建立测量控制网，见图 12-4（a）；

（2）硬化地面（土质条件较差时），见图 12-4（b）；

（3）放地样线、铺设钢板，见图 12-4（c）；

（4）胎架安装与测量矫正，见图 12-4（d）；

（5）钢箱梁吊装就位与测量校正，见图 12-4（e）；

（6）钢箱梁焊接，见图 12-4（f）。

（a）建立测量控制网　　　（b）硬化地面　　　（c）放地样线、铺设钢板

（d）胎架安装与测量矫正　（e）钢箱梁吊装就位与测量校正　　（f）钢箱梁焊接

图 12-4 整幅式钢箱梁拼装步骤

12.3.2.2　分幅式钢箱梁拼装步骤

分幅式钢箱梁拼装步骤如下：

（1）建立测量控制网，见图 12-5（a）；

（2）硬化地面（土质条件较差时），见图 12-5（b）；

（3）放地样线、铺设钢板，见图 12-5（c）；

（4）胎架安装与测量矫正，见图 12-5（d）；

（5）钢箱梁吊装就位与测量校正，见图 12-5（e）；

（6）钢箱梁焊接，见图 12-5（f）。

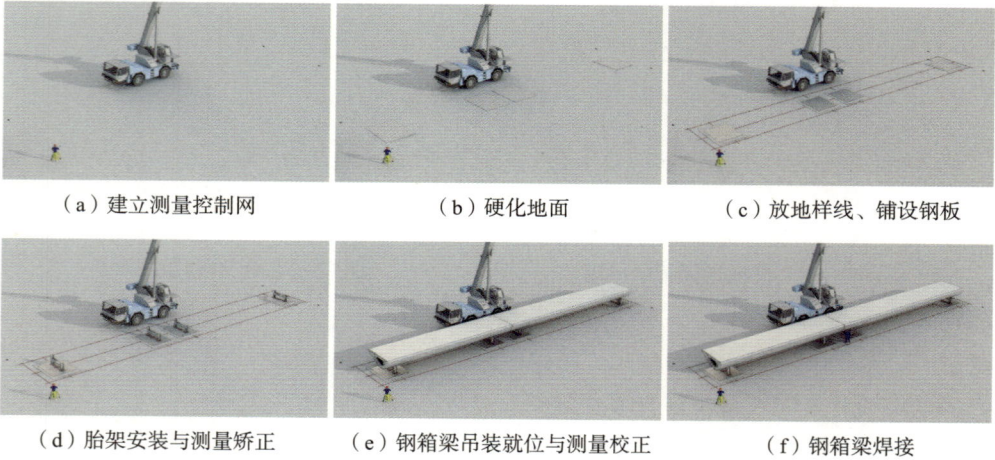

（a）建立测量控制网　　　（b）硬化地面　　　（c）放地样线、铺设钢板

（d）胎架安装与测量矫正　（e）钢箱梁吊装就位与测量校正　（f）钢箱梁焊接

图 12-5　分幅式钢箱梁拼装步骤

12.3.2.3　分叉段钢箱梁拼装步骤

分叉段钢箱梁拼装步骤如下：

（1）建立测量控制网，见图 12-6（a）；

（a）建立测量控制网　　　（b）硬化地面　　　（c）放地样线、铺设钢板

（d）胎架安装与测量矫正　（e）钢箱梁吊装就位与测量校正　（f）钢箱梁焊接

图 12-6　分叉段钢箱梁拼装步骤

（2）硬化地面（土质条件较差时），见图 12-6（b）；

（3）放地样线、铺设钢板，见图 12-6（c）；

（4）胎架安装与测量矫正，见图 12-6（d）；

（5）钢箱梁吊装就位与测量校正，见图 12-6（e）；

（6）钢箱梁焊接，见图 12-6（f）。

12.3.3 胎架措施设计

12.3.3.1 整体式胎架设计

整体式胎架措施设计图和布置图见图 12-7 和图 12-8。

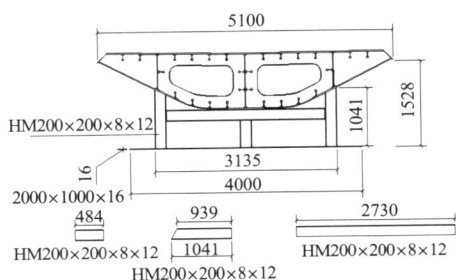

图 12-7 整体式胎架措施设计示意图
（单位：mm）

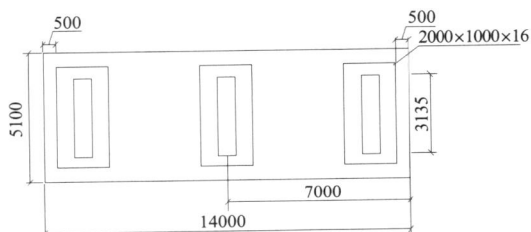

图 12-8 整体式胎架布置示意图
（单位：mm）

12.3.3.2 分幅式胎架设计

分幅式胎架措施设计图和布置图见图 12-9 和图 12-10。

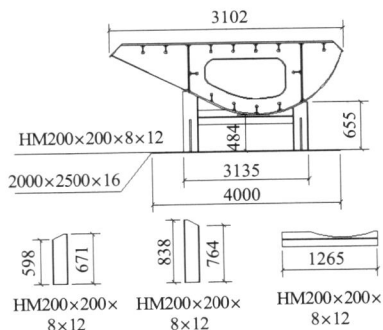

图 12-9 分幅式胎架措施设计示意图
（单位：mm）

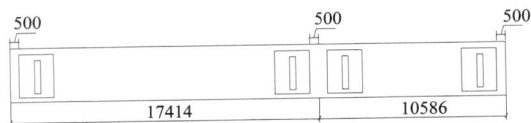

图 12-10 分幅式胎架布置示意图
（单位：mm）

12.3.3.3 分叉段胎架设计

分叉段可以看作是整幅式钢箱梁逐渐加宽至 2 个分幅式钢箱梁宽度后分叉为 2 条分幅式路段，分叉段拼装主要是长度很小的整幅式钢箱梁段拼装，采用整幅式的胎架进行拼装。因为分叉段为异形构件，胎架的位置根据现场实际的整幅式钢箱梁的封嘴位置进行确定。分叉段胎架布置图见图 12-11。

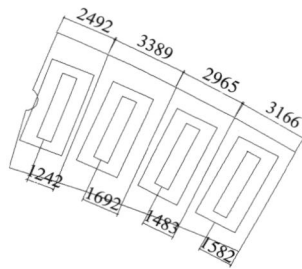

图 12-11　分叉段胎架布置示意图（单位：mm）

12.3.4　现场拼装测量质量保证措施

测量工作是保证节点拼装精度最关键的工作，测量验收应贯穿于各工序的始末，应对各工序进行全方位的监测。现场拼装的测量工作主要包括拼装控制尺寸和焊缝外观检查，具体内容见表 12-1 和表 12-2。测量及变形检测质量保证措施见表 12-3 所示。

拼装控制尺寸　　　　　　　　　　　　　　　　　表 12-1

项目	允许偏差（mm）	备注
预拼装长度	±2N、±20，取绝对值较小者	N 为梁段数
两相邻吊点纵距	±3	
拼装累加长度	±20	累加已拼装梁端的长度
顶板宽	±5	拼接处相对差 ≤ 2
梁段中心线错位	不大于 1	梁段中心线与桥轴中心线偏差
纵向竖曲线	+10/−5	沿桥中线测量隔板处高程
纵肋直线度 f	不大于 2	梁段匹配接口处
旁弯 f	$3+0.1L_m$ 且任意 20m 测长内 $f<6$	测桥面中心线的平面内偏差。L_m 为任意 3 个预拼装梁段长度，以 m 计
板面高低差	不大于 1.5	

焊缝外观检查　　　　　　　　　　　　　　　　　表 12-2

项目		允许偏差或质量标准（mm）	
气孔	横向对接焊缝	不允许	
	纵向对接焊缝、主要角焊缝	直径 < 1.0	每米 ≤ 3 个，间距 ≥ 20，但焊缝端部 10mm 之内不允许
	其他焊缝	直径 < 1.5	
咬边	受拉杆件横向对接焊缝及竖加劲肋的角焊缝（腹板侧受压区）	不允许	
	受压杆件横向对接焊缝及竖加劲肋角焊缝（腹板侧受压区）	$\Delta \leq 0.3$	
	纵向对接及主要角焊缝	$\Delta \leq 0.5$	
	其他焊缝	$\Delta \leq 1.0$	
焊脚尺寸	主要角焊缝	$0mm \leq K_0 \leq 2.0mm$	
	其他角焊缝	$-1.0mm \leq K \leq 2.0mm$	
焊波	角焊缝	任意 25mm 范围内高低差 $\Delta \leq 2.0$	
余高	不铲磨余高的对接焊缝	焊缝宽 $b > 12mm$ 时，$\Delta \leq 3.0$	
		焊缝宽 $b \leq 12mm$ 时，$\Delta \leq 2.0$	
余高铲磨后表面	横向对接焊缝	不高于母材 0.5、不低于母材 0.3、粗糙度 50μm	

测量及变形检测质量保证措施　　　　　　　　　　　　　表 12-3

序号	测量及变形检测质量保证措施
1	测量仪器的准确性，要求使用经过检测合格的仪器，且测量精度满足要求
2	考虑温差影响，测量时间段要求在同一时间段
3	测量严格执行复测，减少误差

12.4　钢结构吊装

12.4.1　吊装概述

自行车桥主要由预埋件、墩柱、钢盖梁、分幅段、整幅段、坡道、平台组成，其中墩柱采用 25t 汽车吊吊装，钢盖梁采用 50t 汽车吊或双机抬吊（50t 和 80t 汽车吊）进行吊装。钢箱梁采用分段吊装 – 原位高空拼装的安装方式，底部采用支撑胎架进行支撑。分幅段位于 BRT 高架桥下方，采用 50t 汽车吊及 80t 汽车吊双机抬吊安装。整幅段上方无其他结构阻挡部位，采用 160t 或 220t 汽车吊安装；上方有其他结构阻挡部位，根据周边情况采用 80t 折臂吊吊装。坡道、平台根据周边情况采用汽车吊进行地面拼装，搭设支撑胎架分段吊装。

12.4.2　各工区分段吊装

12.4.2.1　分段原则

各工区分段吊装的原则主要有以下 5 点：

（1）根据钢构件结构特征，制作分界点要求；

（2）卸车点及钢构件堆场设置，汽车吊吊装范围、最大吊装工况；

（3）钢结构施工工艺、土建施工工艺对钢结构施工的影响因素；

（4）现场拼接等施工位置便于搭设安装操作架；

（5）构件便于长途运输。

12.4.2.2　分段形式

钢柱长度均小于 16m，且自重较小，预制工厂整根制作；钢箱梁最大分段长度为 17m，最大分段重量为 29.9t，且分段口不在中心位置。本工程共分为 6 个工区，各工区具体分段形式如下：

（1）1 区钢箱梁分段

第 1 区段包括第 1 联~第 15 联，共计 54 根墩柱，51 个钢盖梁，整幅式钢箱梁 35 段，分幅式钢箱梁 134 段。其中最大重量分段位于第 2 联 2–FF–1 钢箱梁段，最大重量约 23.35t，见图 12–12。

（2）2 区钢箱梁分段

第 2 区段包括第 16 联~30 联，共计 54 根墩柱，54 个钢盖梁，整幅段钢箱梁 44 段，分幅段钢箱梁 158 段。其中最大重量分段为第 21 联 21–ZF–1 段，最大重量约 25t，见图 12–13。

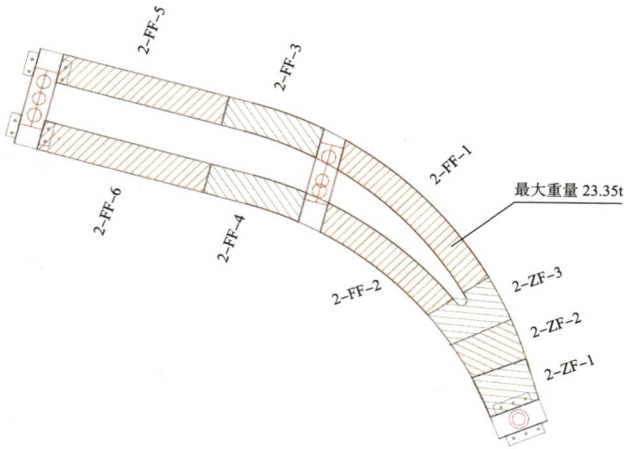

图 12-12　第 2 联分段图

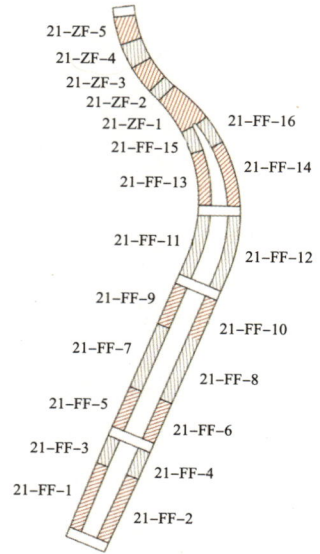

图 12-13　第 21 联分段图

（3）3 区钢箱梁分段

第 3 区段包括第 31 联~40 联，共计 38 根柱，38 个钢盖梁，整幅段钢箱梁 94 段，分幅段钢箱梁 52 段。其中最大重量分段为第 35 联 35-FF-10 段，最大重量约为 23.24t，见图 12-14。

（4）4 区钢箱梁分段

第 4 区段包括 41 联~51 联，共计 44 根墩柱，44 个钢盖梁，整幅段钢箱梁 31 段，分幅段钢箱梁 100 段。其中最大重量分段位于第 49 联 49-FF-1 段，最大重量约为 24.52t，见图 12-15。

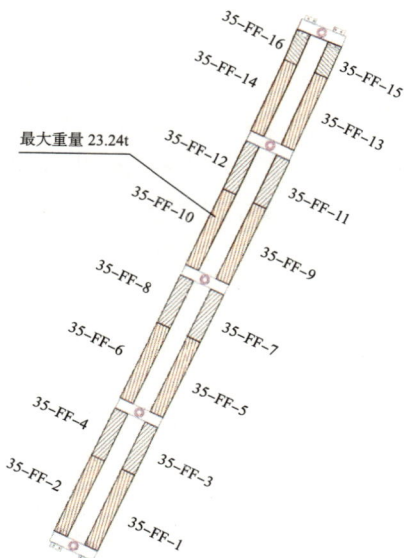

图 12-14　第 35 联分段图

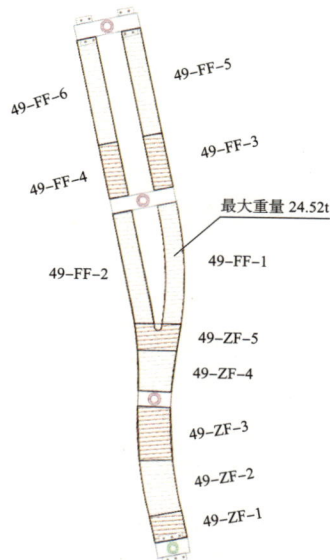

图 12-15　第 49 联分段图

（5）5 区、6 区钢箱梁分段

第 5 区、6 区主要包括跨路段分段（如 BRT 双十中学站）、甩出段分段（如县后、乐购、双十中学 BRT 站），如图 12-16、图 12-17 所示。

12.4.3　标准段钢结构吊装

12.4.3.1　预埋件安装

（1）预埋件安装概述

预埋件主要为墩柱埋件，在绑扎承台钢筋时进行预埋。首先采用汽车吊吊装到位并校正，再对埋件底部钢筋采取点焊措施加固，保证预埋件在混凝土浇筑过程中不发生偏移。墩柱埋件共 2 种规格，具体如下：

①第 1 种埋件规格适用于直径 1.2m 的钢柱，由 Q345B 材质直径 1800mm 圆形钢板、Q345B 材质 L100×12 角钢、HRB400 材质 ϕ25 钢筋加工完成；

②第 2 种埋件规格适用于直径 1.0m 钢柱，由 Q345B 材质直径 1600mm 圆形钢板、Q345B 材质 L100×12 角钢、HRB400 材质 ϕ25 钢筋加工完成。

（2）安装流程

埋件安装流程如图 12-18 所示。

12.4.3.2　墩柱安装

（1）安装概述

墩柱采用钢管混凝土的结构形式，长度 1～8m。钢管截面尺寸包括 2 种规格，分别为 D1200ϕ20 和 D1000ϕ20，材质 Q345B，设置 8 道 14mm 厚加劲板。底部采用 14 块加劲靴板与锚固钢板相连，主要通过柱壁与锚固钢板的全熔透焊接、加固靴板及锚固钢板的双面角焊接固定，柱脚埋入地底并在四周浇筑 C25 细石混凝土。墩柱的最大重量约 3.5t，采用 10.6m 臂长的 25t 汽车吊完成吊装。

（2）安装流程

墩柱校正首先加焊 8 个加劲板，对墩柱进行限位，通过垫楔子来校正达到精度要求，最后焊接剩下的 8 个加劲板，并对管壁与埋件钢板进行全熔透焊接。墩柱安装具体流程

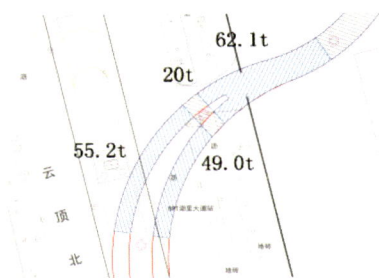

图 12-16　跨路段分段（BRT 双十中学站）

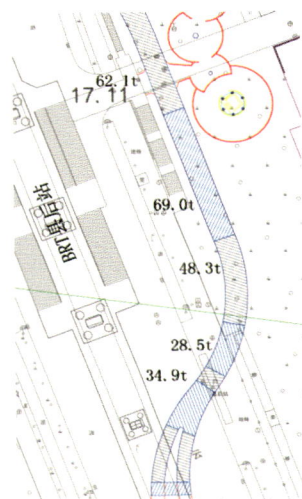

图 12-17　县后甩出段分段

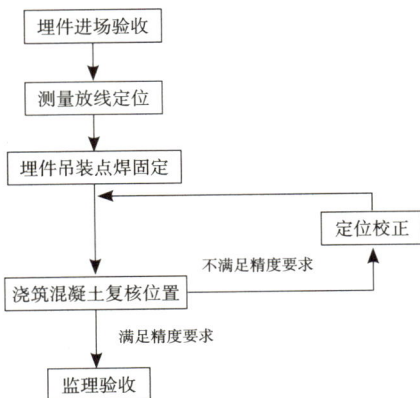

图 12-18　埋件安装流程

如下：①埋件预埋完成，见图 12-19（a）；②焊接加劲板，见图 12-19（b）；③墩柱吊装，见图 12-19（c）；④点焊固定，见图 12-19（d）；⑤测量校正，见图 12-19（e）；⑥焊接剩余加劲板，完成全熔透焊接，见图 12-19（f）。

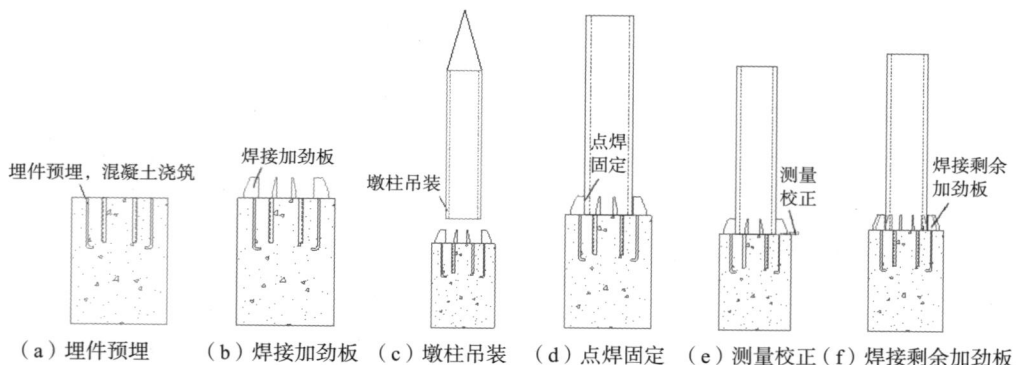

（a）埋件预埋　（b）焊接加劲板　（c）墩柱吊装　（d）点焊固定　（e）测量校正（f）焊接剩余加劲板

图 12-19　墩柱安装流程

（3）墩柱吊装

墩柱采用 25t 汽车吊吊装，吊装顺序可概括为：首先缓慢起钩并转动汽车吊大臂将墩柱调运至安装位置后，再缓慢降钩至吊装墩柱靠近埋件，根据就位方向标识，调整墩柱靠近姿态，通过汽车吊吊运配合人工牵引的方式引导吊装墩柱与预埋件完成对接。

墩柱的吊装要点主要包括：①吊装时吊点必须对称，确保墩柱吊装时为垂直状；墩柱吊装到位后，墩柱的中心线应与预埋件的中心线吻合。②起吊前，墩柱应横放在垫木上；起吊时，不得使构件在地面上有拖拉现象，回转时，需要一定的高度；起钩、旋转、移动三个动作交替缓慢进行，就位时缓慢下落，防止损坏墩柱母材。③校正时应对轴线、垂直度、标高、焊缝间隙等因素进行综合考虑，全面兼顾，每个分项的偏差值都要达到设计及规范要求 [117][121] ~ [126]。

12.4.3.3　钢盖梁安装

（1）钢盖梁安装概述

钢盖梁主要分为分幅式路段盖梁、分幅式路段分联处盖梁、整幅式路段分联处盖梁与门式墩盖梁。分联处盖梁位于伸缩缝地带，钢盖梁上安装支座支撑钢箱梁；分幅式路段盖梁施工采用双机抬吊，整幅式路段采用大吨位汽车吊吊装；门式墩盖梁为简支梁，桥段荷载传递至盖梁跨中，门式墩盖梁采用折臂吊。钢盖梁吊装采用 4 点吊装，汽车吊缓慢起钩，并转动汽车吊大臂将盖梁调运至安装位置后，再缓慢降钩靠近墩柱顶部；依据就位方向标示，调整盖梁靠近姿态，通过汽车吊吊运配合人工牵引的方式，引导吊装钢盖梁与墩柱完成对接就位；就位后使用七字梁搭配千斤顶进行测量校正。

（2）分幅式钢盖梁吊装

分幅式路段多位于 BRT 桥下，受限于 BRT 桥下净空，汽车吊吊臂高度不能伸到最大，起重量有限，钢盖梁自重约 25t，采用 1 台 80t 汽车吊（12.4m 臂长，7.0m 吊装半径，吊装性能 43.5t）供卸车，吊装作业则增加 1 台 50t 汽车吊（臂长 11.4m、吊装半径 7.0m、吊装性能 27t），配合 80t 汽车吊进行双机抬吊。分幅式钢盖梁吊装示意图如图 12-20 所示。

（3）整幅式钢盖梁吊装

整幅式路段的钢盖梁多位于 BRT 桥一侧较远处，自重约 15.4t，采用 50t 汽车吊（臂长 15.41m、吊装半径 7.0m、吊装性能 16.6t）进行吊装。整幅式钢盖梁吊装示意图如图 12-21 所示。

（4）门式墩盖梁吊装

门式墩简支盖梁最长 18m，自重约 20t，采用 70t 折臂吊（可伸缩臂长 3.9～15.44m、吊装半径 6.54m、吊装性能 46t）进行吊装。门式墩盖梁吊装示意图如图 12-22 所示。

（5）支座安装

钢盖梁上的成品橡胶支座采用 GYZF4 d250×54 及 GYZF4 d600×133 板式橡胶支座。支座进场后，应检查支座上是否有制造商的商标或永久性标记；安装时，按照设计图纸要求，在支承垫石和支座上均标出支座位置中心线，防止支座出现偏压或产生过大的初始剪切变形；安装完成后，必须保证支座与上、下部结构紧密接触，不得出现脱空现象；对未形成整体的梁板结构，应避免重型车辆通过。任何情况下，不允许 2 个或 2 个以上的支座沿梁纵向中心线在同一支承点并排安装；在同一根梁上，横向不宜设置多于 2 个支座；不同规格的支座不应并排安装。支座的具体安装流程如下：

①橡胶支座的上下支座板在工厂定位焊接，见图 12-23（a）；

②现场橡胶支座的上支座板与支座橡胶部分定位粘接，见图 12-23（b）；

③现场焊接临时措施，将焊有上部支座钢箱梁与钢盖梁吊装就位，见图 12-23（c）。

12.4.3.4 整幅式钢箱梁吊装

（1）吊装概述

自行车道遇 BRT 高架桥下方净高不足或遇 BRT 车站时，设计为整幅段，偏离 BRT 高架投影下方，根据现场施工条件，主要采用 160t 汽车吊直接吊装的方法。

（2）整幅式钢箱梁吊装流程

①平整场地、设置围挡，进行墩柱吊装，见图 12-24（a）；

②墩柱安装完成后，进行支撑胎架搭设，见图 12-24（b）；

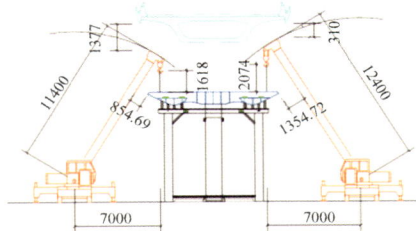
图 12-20 分幅式钢盖梁吊装示意图（单位：mm）

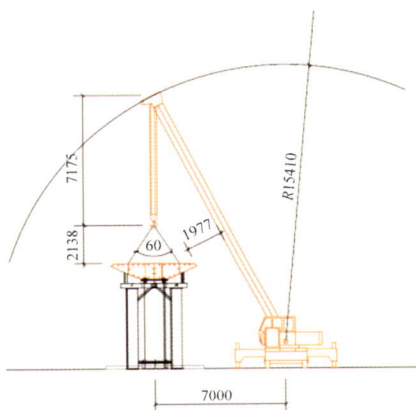
图 12-21 整幅式钢盖梁吊装示意图（单位：mm）

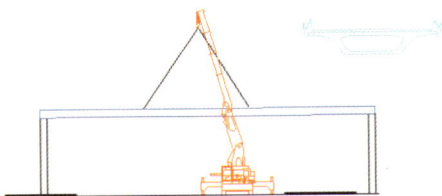
图 12-22 门式墩盖梁吊装示意图

③支撑胎架搭设完成后，进行一整联的钢盖梁吊装，见图 12-24（c）；

④待钢盖梁安装完成后，进行梁段流水作业吊装，钢箱梁先在堆场里拼好，见图 12-24（d）；

⑤一跨梁段吊装完成后，对下一段箱梁进行流水作业，见图 12-24（e）；

⑥待安装完成后，对梁段进行校正、焊接、打磨、报验，见图 12-24（f）。

（a）上下支座板定位焊接

（b）上支座板与支座橡胶部分定位粘接

（c）现场焊接临时措施

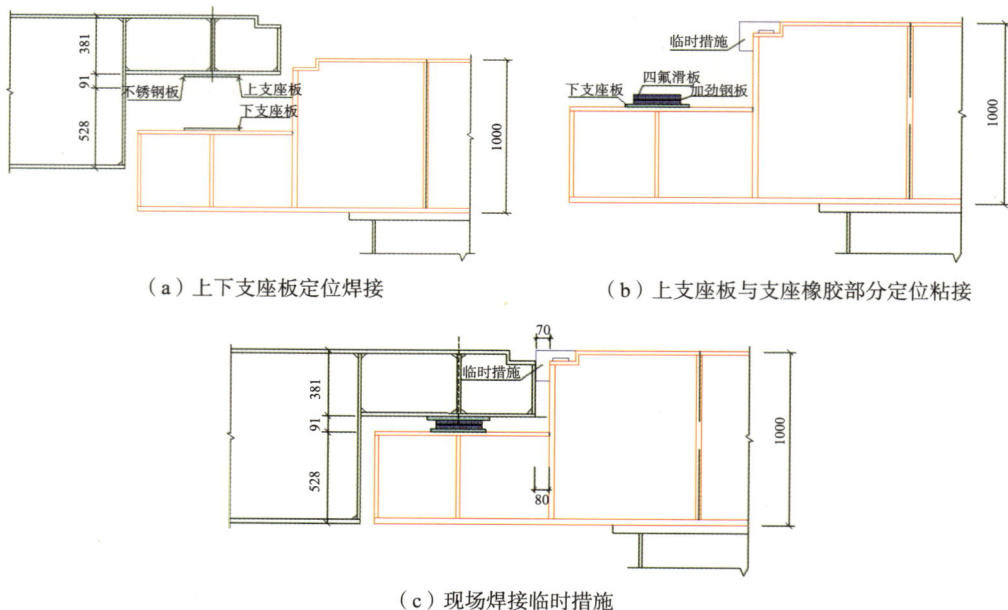

图 12-23 支座安装流程（单位：mm）

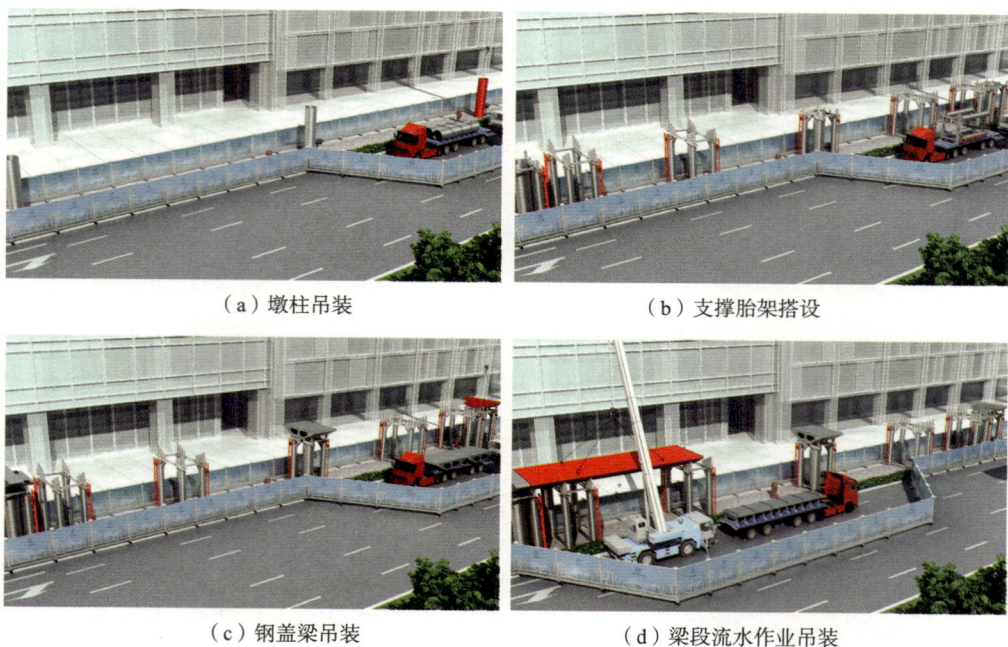

（a）墩柱吊装

（b）支撑胎架搭设

（c）钢盖梁吊装

（d）梁段流水作业吊装

图 12-24 整幅式钢箱梁吊装流程（一）

（e）下一段箱梁流水作业　　　　　　（f）安装完成

图 12-24　整幅式钢箱梁吊装流程（二）

12.4.3.5　分幅式钢箱梁吊装

（1）吊装概述

分幅段位于 BRT 高架桥下方，采用 50t 和 80t 汽车吊进行双机抬吊安装，与 BRT 净距小的部位，需先滑移至合适吊装位置再进行安装。

（2）分幅式钢箱梁吊装流程

①1 台 25t 汽车吊沿线完成一整联圆管支撑措施安装，现场施工搭设围挡并设置临时路障，见图 12-25（a）；

②1 台 25t 汽车吊沿线完成一整联柱脚埋件及钢柱安装，见图 12-25（b）；

③2 台汽车吊双机抬吊吊装钢盖梁，临时固定后进行钢柱校正、施焊作业等，见图 12-25（c）；

④1 台 80t 汽车吊进行钢箱梁卸车，见图 12-25（d）；

⑤增加 1 台 50t 汽车吊，配合 80t 汽车吊进行双机抬吊，将构件吊装就位后临时连接，见图 12-25（e）；

⑥同理依次进行下一段分段钢梁安装，见图 12-25（f）；

⑦依次完成单侧钢箱梁安装，见图 12-25（g）；

⑧依次完成对称钢箱梁安装，整联安装完成后进行校正焊接，见图 12-25（h）。

（a）圆管支撑措施安装　　　　　　（b）柱脚埋件及钢柱安装

图 12-25　分幅式钢箱梁吊装流程（一）

（c）双机抬吊吊装钢盖梁

（d）钢箱梁卸车

（e）增加 1 台 50t 汽车吊，
配合 80t 汽车吊进行钢箱梁的双机抬吊

（f）下一段分段钢梁安装

（g）单侧钢箱梁安装

（h）完成对称钢箱梁安装

图 12-25 分幅式钢箱梁吊装流程（二）

12.4.4 特殊工况路段钢结构吊装

本工程的特殊工况路段较多，具体见表 12-4。本节主要介绍莲前东路十字路口和蔡塘 BRT 路口 2 种特殊工况路段的钢结构吊装。

特殊工况路段汇总表　　　　　　　　　　　　表 12-4

序号	特殊工况路段
1	瑞景商业广场位置
2	融景湾 10kV 高压线位置
3	跨仙岳路高架位置
4	莲前东路十字路口位置
5	蔡塘 BRT 路口位置
6	候卿路附近跨云顶中路位置
7	西潘社位置

序号	特殊工况路段
8	横四路路口南侧位置
9	县后站甩出段
10	双十中学站甩出段
11	市政府服务中心站甩出段（乐购）

12.4.4.1　莲前东路十字路口

本路段钢箱梁跨越莲前东路与云顶中路十字路口，该路口车流量大，需合理安排施工步骤，避免对现场交通造成较大影响。因此，钢箱梁分以下 4 个阶段进行施工。

（1）阶段 1：吊装云顶中路一侧钢箱梁，最大长度为 14.5m，最大重量为 18.85t，采用 QY160K 型 160t 汽车吊，在 12m 吊装半径内的吊装性能为 42t，大于钢箱梁重量，满足要求。阶段 1 吊装示意图见图 12-26。

（2）阶段 2：在路口靠近莲前东路一侧设置门式支撑架，安装车道横梁与支撑架间钢箱梁。钢箱梁最大长度为 12.5m，最大重量为 16.25t，采用 QY160K 型 160t 汽车吊，在 12m 吊装半径内的吊装性能为 42t，满足要求。阶段 2 吊装示意图见图 12-27。

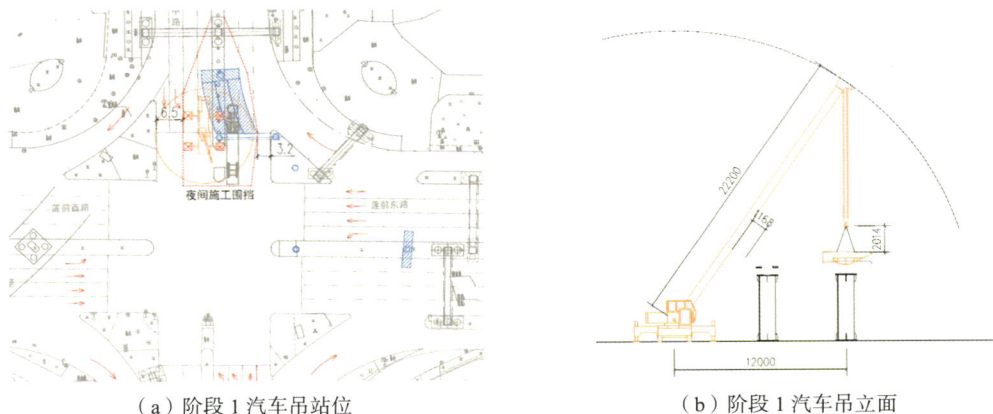

（a）阶段 1 汽车吊站位　　　　　　　（b）阶段 1 汽车吊立面

图 12-26　阶段 1 吊装示意图（单位：mm）

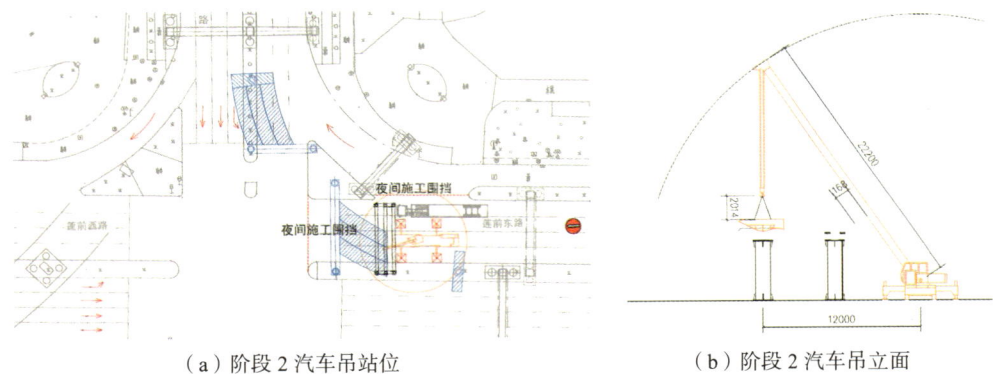

（a）阶段 2 汽车吊站位　　　　　　　（b）阶段 2 汽车吊立面

图 12-27　阶段 2 吊装示意图（单位：mm）

（3）阶段3：安装莲前东路一侧钢箱梁，最大长度15.6m，最大重量为20.3t，采用QY160K型160t汽车吊，在12m吊装半径内的吊装性能为42t，满足要求。阶段3吊装示意图见图12-28。

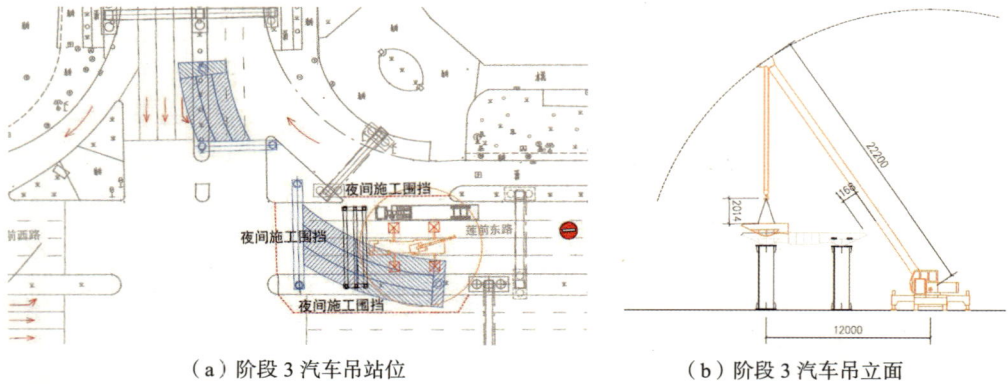

（a）阶段3汽车吊站位　　　　　　（b）阶段3汽车吊立面

图12-28　阶段3吊装示意图（单位：mm）

（4）阶段4：安装路口中间段钢箱梁，最大长度25.5m，最大重量为33.2t，采用QY160K型160t汽车吊，在9m吊装半径内的吊装性能为58t，满足要求。阶段4吊装示意图见图12-29。

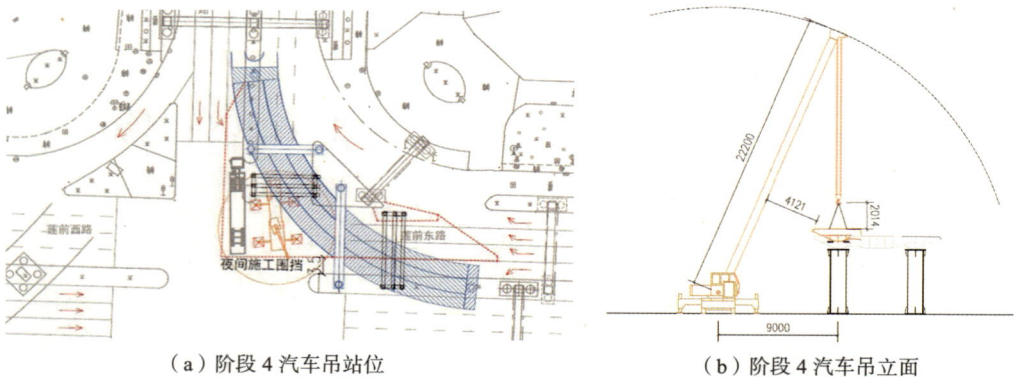

（a）阶段4汽车吊站位　　　　　　（b）阶段4汽车吊立面

图12-29　阶段4吊装示意图（单位：mm）

12.4.4.2　蔡塘BRT路口

蔡塘BRT路口位置跨路段钢箱梁为分幅式，最大长度为21m，最大重量为29t，采用160t汽车吊（型号QY160K型）及SQ3200-ZB6折臂吊抬吊，160t汽车吊在12m吊装半径内的吊装性能为42t，SQ3200-ZB6折臂吊在8m吊装半径内起吊30.5t，使用双击抬吊吊装性能（42+30.5）×0.75=54.375t，大于钢箱梁重量，满足要求。钢箱梁吊装示意图见图12-30。

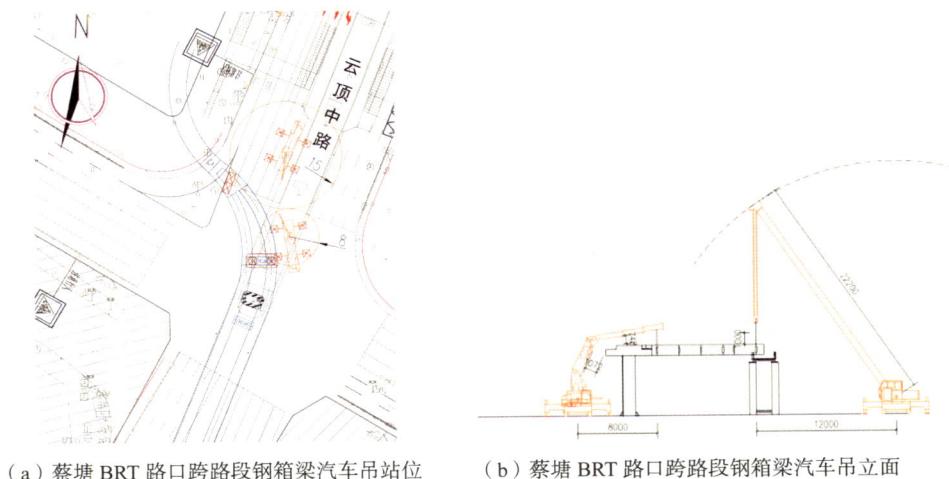

（a）蔡塘 BRT 路口跨路段钢箱梁汽车吊站位　　　（b）蔡塘 BRT 路口跨路段钢箱梁汽车吊立面

图 12-30　蔡塘 BRT 路口跨路段钢箱梁吊装示意图（单位：mm）

12.5　临时支撑措施施工

在吊装钢盖梁和钢箱梁时，主要是单点支撑以及简支梁的受力方式。为保证构件吊装过程的稳定性与方便测量矫正、焊接，根据具体结构形式及吊装方式在合适的安装构件节点下方布置支撑点位，钢盖梁与钢箱梁重力传递至支撑胎架。临时支撑措施主要采用自制式整体胎架及门式支撑架。自制式整体胎架由圆管柱及斜撑、顶部型钢等组成；门式支撑架由圆管柱、H 型钢、底部埋件等组成，用于跨路位置支撑。本节主要介绍用于支撑主线钢箱梁的自制式整体胎架。

12.5.1　自制式支撑胎架设计

12.5.1.1　胎架架体组合方式与立面布置

自制式支撑胎架立面布置主要是采用 4 根 $\phi 630 \times 8$ 圆管柱作为主要受压构件，在其顶上设置 $300 \times 200 \times 8 \times 12$ 的型钢分配梁，并在圆管柱间设置 $150 \times 150 \times 7 \times 10$ 的型钢支撑。在分配梁上设置一共 16 根 $150 \times 150 \times 7 \times 10$ 的型钢作为顶部工装，胎架的高度调节可通过在钢柱底部垫钢板调节，顶部型钢支撑工装的长度根据高程变化调整。自制式支撑胎架的多段顶部型钢分配梁与底部多段横向支撑通过调整中间节的长度可以改变胎架的跨度，适应现场多种路段情况。整体式路段和分幅式路段钢箱梁自制式整体胎架立面布置见图 12-31。

12.5.1.2　胎架平面布置

胎架平面布置图根据钢箱梁分断面确定，如胎架地面拼装，则断面处不布置支撑胎架，另钢盖梁处设置胎架。整幅式和分幅式的自制式整体胎架路段平面布置图见图 12-32。

（a）分幅式路段　　　　　（b）整体式路段

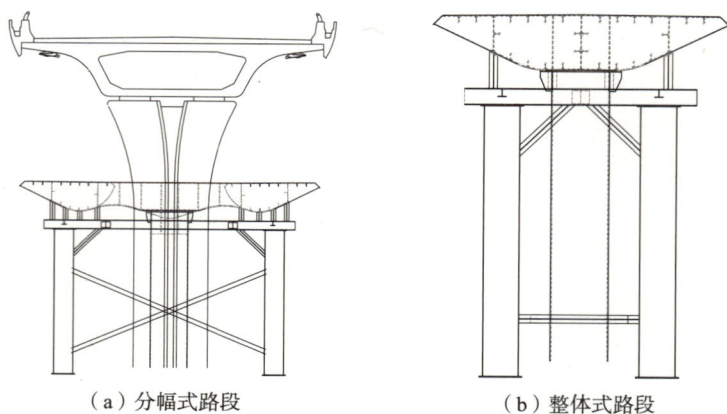

图 12-31　钢箱梁自制式整体胎架立面布置

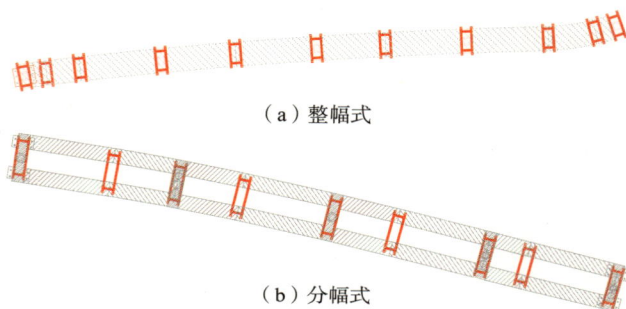

（a）整幅式

（b）分幅式

图 12-32　自制式整体胎架路段平面布置图

12.5.2　自制式整体胎架安拆

12.5.2.1　支撑措施的安装顺序

（1）支撑胎架安装顺序

自制式胎架采用焊接与零部件装配的方法进行安装。在确定胎架平面布置完成现场实际定位后，按需求进行场地硬化。进行钢管柱与顶部型钢分配梁及钢管柱与钢管柱的拼装焊接，场地条件满足要求后，吊装拼装件至放样位置，通过预埋埋件将钢管柱与圆管柱基础固定，安装钢管柱上横向连系支撑并围焊，最后根据地面与钢箱梁底的距离搭设对应高度的型钢支撑，完成整个支撑胎架的安装。

（2）设备选型

自制式整体胎架零部件最重 1.46t，使用 10.6m 臂长的 25t 汽车吊进行安装或拆除，25t 汽车吊在 8m 半径起吊能力为 11.8t，大于 1.46t（零部件重量），满足吊装要求。

12.5.2.2　支撑措施安装流程

（1）整体式路段支撑措施安装流程

①对胎架所在场地按需进行场地硬化，见图 12-33（a）；

②对胎架进行详细定位测量放线，见图 12-33（b）；

③施工胎架拼装件，见图 12-33（c）；

④安装胎架横向连系，见图 12-33（d）；

⑤胎架安装顶部型钢支撑，见图 12-33（e）。

（2）分幅式路段支撑措施安装流程

①对胎架所在场地按需进行场地硬化，见图 12-34（a）；

②对胎架进行详细定位测量放线，见图 12-34（b）；

③施工胎架拼装件，见图 12-34（c）；

④安装胎架横向连系，见图 12-34（d）；

⑤胎架安装顶部型钢支撑，见图 12-34（e）。

（a）场地硬化

（b）胎架的定位测量放线

（c）施工胎架拼装件

（d）安装胎架横向连系

（e）安装顶部型钢支撑

图 12-33　整体式路段支撑措施安装流程

（a）场地硬化

（b）胎架的定位测量放线

（c）施工胎架拼装件

（d）安装胎架横向连系

（e）安装顶部型钢支撑

图 12-34　分幅式路段支撑措施安装流程

12.5.2.3　支撑措施的拆除顺序

自制式整体胎架采用千斤顶支撑卸载方式,千斤顶设置在型钢顶面,处于胎架之间,千斤顶释放时分级逐步下降高度。当千斤顶与钢箱梁支撑节点处出现间隙,千斤顶仍可下降,直至钢箱梁底面标高不再变化,即卸载完成。另外,支撑胎架拆除时应考虑到装车宽度问题以及安装施工作业量,支撑胎架拆除时保留拼装节整体,可以直接装车运输至下一支撑胎架时重复利用。

12.5.2.4　支撑措施拆卸流程

支撑措施的具体拆卸流程如下:

(1)安装千斤顶卸载措施,见图 12-35(a)(b);

(2)拆除顶部型钢支撑,见图 12-35(c)(d);

(3)拆除横向连系支撑与顶部分配梁,见图 12-35(e)(f);

(4)拆除胎架拼装件并装车,见图 12-35(g)。

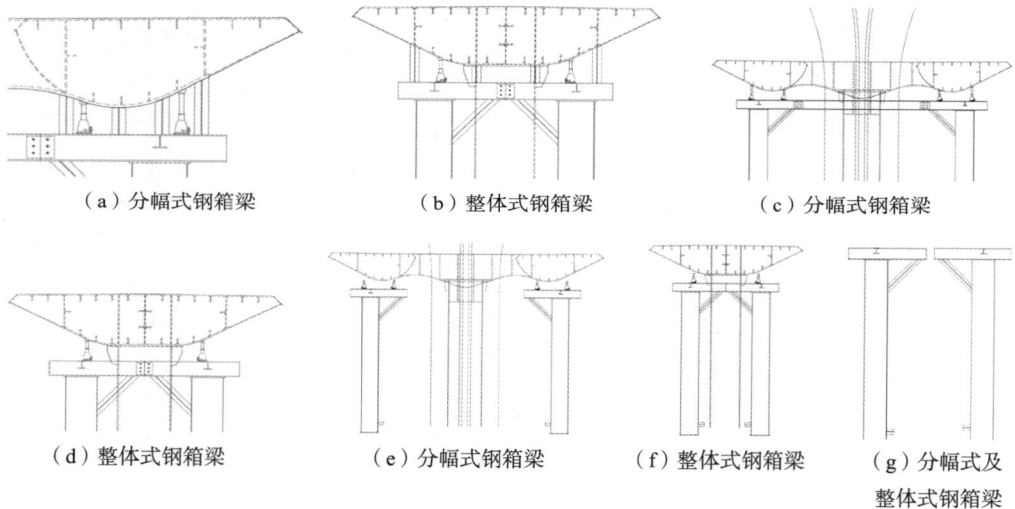

（a）分幅式钢箱梁　　（b）整体式钢箱梁　　（c）分幅式钢箱梁

（d）整体式钢箱梁　　（e）分幅式钢箱梁　　（f）整体式钢箱梁　　（g）分幅式及整体式钢箱梁

图 12-35　支撑措施拆卸流程

12.5.3　支撑措施安装质量安全保证措施

12.5.3.1　支撑措施材料质量

所有进场材料,采取出入登记制度,进场均应有材料合格证明。有怀疑时应分批抽样送检;经验收合格材料,应整齐堆入在指定地点,且挂牌标示,杜绝不合格材料混入场内使用,不合格材料应封存标示,禁止使用。

12.5.3.2　支撑措施安装安全保证措施

(1)支撑安全防护措施

自制式整体胎架主要采用钢爬梯及安全立杆、安全绳,施工人员通过钢爬梯垂直上下支撑胎架,钢爬梯设置防坠器,在胎架顶部进行工装作业时工人安全带挂在安全绳上,遵循高挂低用原则。操作人员自身要系好安全带，穿软底防滑鞋、扎裹腿等。自制式支撑胎架安全防护示意图见图 12-36。

（2）安全管理与监控

支撑体系施工的安全隐患主要为高空坠落。防高空坠落主要措施包括：

①支撑措施的技术方案必须经企业的技术和安全负责人审批签字并盖章才能实施。

②施工前必须明确支撑施工现场安全责任人，负责施工全过程的安全管理工作，施工现场安全责任人应在支撑搭设、拆除前向作业人员进行安全技术交底。

图 12-36　自制式支撑胎架安全防护示意图

③项目现场要严格按照经审批的方案执行，确保施工安全。

④工人必须持证上岗，戴安全帽，系安全带，戴工作卡，穿防滑鞋。

⑤操作层的施工荷载应符合设计要求，不得超载，并设置限载警示牌。

⑥雨天作业要有防滑措施和避雷措施。六级以上大风雨，必须停止施工作业。

⑦在支撑上进行电、气焊作业时，必须有防火措施和专人看护。

⑧支撑的用电线路的架设及支撑的接地、避雨措施应按《施工现场用电安全技术规范》[127] 执行。

12.6　钢结构测量

12.6.1　主要测量工作的重难点及对策

12.6.1.1　主要测量工作

主要测量工作包括：

①城市大地坐标与建筑坐标转换统一；

②首级控制网的移交与复测；

③平面和高程二级控制网"外控法"布置；

④采用坐标法测量控制；

⑤钢柱及钢盖梁安装复测验收；

⑥钢箱梁安装轴线偏差测量；

⑦桥梁线形及高差测量；

⑧支座定位与复测。

12.6.1.2　重难点分析

本工程测量工作作业量大，精度要求较高，施工环境复杂，受其他因素干扰多。具体见表 12-5。

重难点分析表　　　　　　　　　　　　　　　　　表 12-5

序号	重难点	备注
1	作业量大	现场安装过程中主要有墩柱、钢盖梁、钢箱梁及滑移等测量校正工作，采用高精度全站仪和水准仪控制工装测量、钢盖梁和钢箱梁滑移、临时支撑措施安装三维空间位置的精确定位
2	精度要求较高	墩柱多，钢箱梁跨度大，应充分考虑结构变形、环境温度的变化及日照对安装精度的影响，妥善处理
3	施工场地、作业环境复杂	作为厦门市区公路桥梁结构，在闹市区周边行车道上架设仪器困难，且白天通车，施工稳定性差，需另外设计和制作适用于该工程的测量辅助装置和设施
4	转角处较多	转角处较多，并且存在很多微小形转角，需要精确控制每个转角处的控制点
5	支撑措施量较大	支撑措施量较大，且每一分幅需按照设计图纸预起拱，措施定位及安装后沉降变形观测也是测量的重点

12.6.1.3　解决措施

针对上述重难点 1 的解决措施为：采用高精度全站仪建立平面控制基准网；采用激光准直仪和全站仪采用前方交会法进行平面控制基准的竖向传递；采用电子水准仪建立高程控制基准网；采用全站仪三角高程法进行高程控制基准的竖向传递，并通过电子水准仪校核。

由于周边环境温度变化及日照影响，使测量定位十分困难。针对上述重难点 2 的解决措施为：在精确定位时，必须监测结构温度的分布规律，规避日照效应，通过计算机模拟计算结构变形并调整之。为规避日照、气温变化、空气中的湿度等原因引起的测量误差，选择在一天中气温相对恒定的区段进行桥梁线形测量。对累积误差的处理，采用在各个钢箱梁节段之间设置嵌补进行调整的办法，逐节消除，防止因累积量过大一次性消除而对结构产生影响。对测量数据，应在设计值的基础上加上预变形值后使用，并根据施工同步监测数据及施工模拟计算，及时调整预变形值。

针对上述重难点 3 的解决措施为：采取精细化控制网的方式进行精确放样，为满足墩柱、钢盖梁、钢箱梁等放样要求，可以根据不同的路段设置平面控制网。

针对上述重难点 4 的解决措施为：转角处测控点位加密，按照设计图纸定位精细放样，采用切线控制转角处的方法，实时复测。

针对上述重难点 5 的解决措施为：通过 CAD 精确定位每个支撑措施的位置，分区段分幅定位对已安装起拱的位置采用激光反光片或者反光棱镜，每天检测位置变化作好数据记录。

12.6.2　监测控制网建立

12.6.2.1　测量计划

平面控制网分三级测设，一级平面控制网的建立以设计提供的控制点为基准，采用全站仪进行测设；二级控制网依据首级平面总控制网采用直角坐标法和极坐标法在自行车桥两旁测设控制点；三级控制网为加密测设控制点。标高控制以设计提供的水准点为依据，采用电子水准仪、精密水准仪进行数次往返闭合测量形成闭合水准网，引测到现场首级平面控制网的控制点上，建立水准基准控制网。

12.6.2.2 平面检测控制网的建立

（1）一级控制网

现场平面设计图中已经布设的控制点，在云顶北路编号 K1 至 K6 号点位，其点位均在便于施测、视野开阔、稳固利于长期保存的地方，点位布置如图 12-37 所示。

（2）二级控制网建立

根据设计图提供的一级控制网点位，为确保控制网的正确性和精度，必须对本标段内的控制点进行复测，并且应与相邻的控制点进行联测。按照一级控制网沿自行车桥两

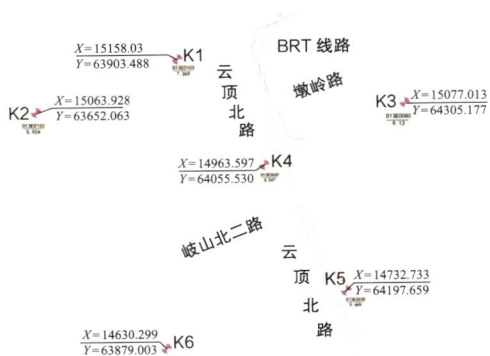

图 12-37　K1 ~ K6 点位布置图

侧布设二级控制网，根据前面介绍的前方交会法沿着线路里程方向选择影响较小的点位进行布设点，以第 1 联为例，二级控制网如图 12-38 所示。

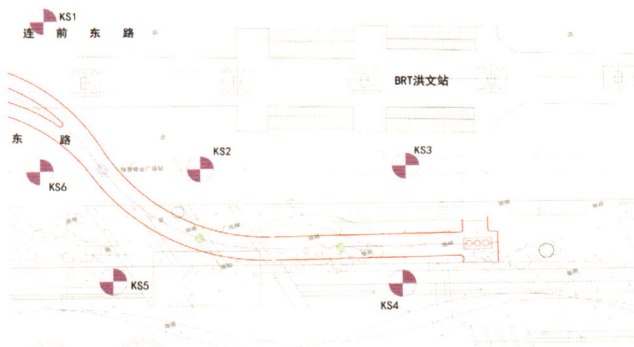

图 12-38　第 1 联二级控制网

（3）三级控制加密点的建立

针对特殊位置需采用局部控制点加密的方式精确定位，以第 8 联为例，局部加密控制点见图 12-39，JD4 平曲线要素分析见图 12-40。

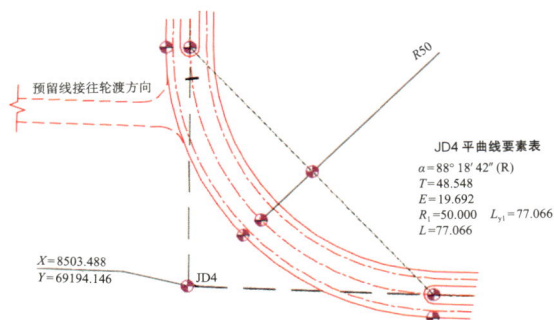

图 12-39　JD4 位置测量控制点加密

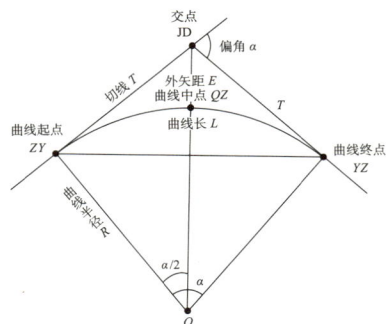

图 12-40　平曲线要素表数据分析

（4）平面控制网布设原则及精度指标

①平面控制应先从整体考虑，遵循先整体、后局部、高精度控制低精度的原则。

②布设应根据设计总路线图、现场施工平面布置图等进行。

③控制点应选在通视条件良好、安全、易保护的地方。

④平面控制网的精度技术指标必须符合表12-6中的要求。

平面控制网精度指标 表12-6

等级	测角中误差（m_β）	边长相对中误差（k）
一级	±9″	1/24000

12.6.2.3 高程测量控制网的建立

（1）高程控制网的布设原则

高程控制的建立是根据设计提供的水准基点，采用水准仪对所提供的水准基点进行复测检查，校测合格后，测设一条闭合或附合水准路线，联测场区平面总控制网控制点，以此作为保证施工竖向精度控制的首要条件。

（2）高程控制网精度要求

高程监测控制网采用与平面控制网同点布设。高程控制网测设时，采用电子水准仪按三等水准测量要求对其进行观测与平差。测设时，线路采用闭合环或附合水准线路形式。主要技术要求见表12-7。

高程控制网精度要求 表12-7

等级	变形观测点的高程中误差（mm）	相邻变形观测点的高差中误差（mm）	相邻基准点高差中误差（mm）	每站高差中误差（mm）	往返较差、附合或环线闭合差（mm）	监测已测高差较差（mm）
三等	±1.0	±0.5	1.0	0.3	$0.6\sqrt{n}$	$0.8\sqrt{n}$

注：n 为测站数。

12.6.3 测量方法

12.6.3.1 预埋件测量

柱脚锚栓作为钢结构安装的第一步工序，其安装定位的精度直接影响上部结构安装质量。首先通过计算得出柱脚锚栓的空间坐标，然后在钢筋绑扎基本完成时，在基坑周边的二级测量控制点架设全站仪，测量放线确定柱脚定位环板的轴线位置，安装好定位环板和锚栓；在钢筋绑扎好之后浇筑混凝土前，对锚栓位置进行复测。混凝土浇筑过程中，专人看护，防止混凝土振捣致使锚栓移位，如发生偏移需在混凝土终凝之前进行纠偏。预埋件测量主要步骤见图12-41。

12.6.3.2 墩柱测量

钢柱安装就位后，于柱顶拉设揽风绳。在与钢柱连线相互垂直的方向架设全站仪或经纬仪，整平水平刻盘后，竖丝对齐钢柱立边，锁定水平度盘，移动竖盘调整视准轴仰角进行钢柱垂直度初校。若发现物镜竖丝与柱立边发生重叠或偏离，在相应偏离方向上用导链拉动揽风绳校正钢柱，见图12-42。

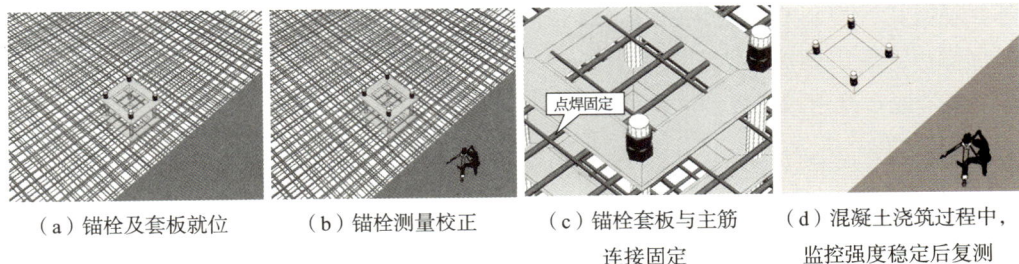

（a）锚栓及套板就位　　（b）锚栓测量校正　　（c）锚栓套板与主筋　　（d）混凝土浇筑过程中，
　　　　　　　　　　　　　　　　　　　　　　　　　连接固定　　　　　　监控强度稳定后复测

图 12-41　预埋件测量主要步骤

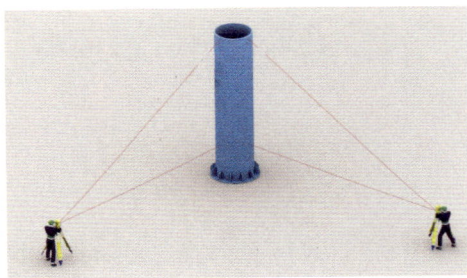

图 12-42　墩柱测量示意图

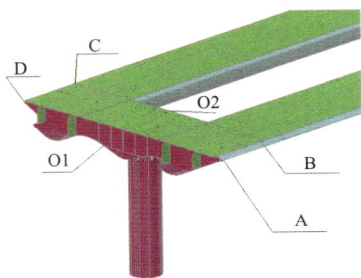

图 12-43　钢盖梁测量控制点示意图

12.6.3.3　钢盖梁及支座测量

墩柱安装完成后，采用钢卷尺、全站仪等测量工具分别定位端头箱梁，同时利用两端贝雷架支撑顶部顶紧的千斤顶调整预起拱的高度。墩柱对接焊时，将全站仪对焊前、后的尺寸与设计值进行拟合和记录。另外，支座安装过程中注意将支座中线与预埋件板中线对齐，保证安装时底面形心与设计位置定位十字线重合。钢盖梁测量控制点及示意图分别见表12-8和图12-43。

钢盖梁测量控制点　　　　　　　　　　　　　　　　　　　　　　表 12-8

顶板布点	节段顶板中心线	左侧纵向中心线（向桥中偏移 500mm）	右侧纵向中心线（向桥中偏移 500mm）
向塔侧端口检查线（距端口 500mm）	O1	A	B
背塔侧端口检查线（距端口 500mm）	O2	D	C
底板布点	左侧底板角点	底板桥中心线	左侧底板角点

12.6.3.4　钢箱梁测控点布置

节段匹配制作完工后，在钢箱梁顶板上刻画好桥轴线、外腹板检查线、节段端口检查线，并将其相交的点以及端口位置底板下面中点、角点作为辅助测量点，采用钢卷尺、全站仪等测量工具来确定各点的位置，从而控制主梁的吊装线型。节段吊装到位调整线型后，在桥梁高程、里程达到设计精度要求后，结合温差影响、焊接收缩量等各项因素，控制节段安装间隙，调平板件错边，利用马板定位钢箱梁。钢箱梁测量控制点及示意图分别见表 12-9 和图 12-44。

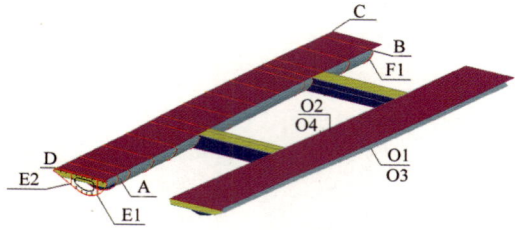

图 12-44　节段测量控制点示意图

钢箱梁测量控制点			表 12-9
顶板布点	节段顶板中心线	左侧纵向中心线 （向桥中偏移 500mm）	右侧纵向中心线 （向桥中偏移 500mm）
向塔侧端口检查线（距端口 500mm）	O1	A	B
背塔侧端口检查线（距端口 500mm）	O2	D	C
底板布点	左侧底板角点	底板桥中心线	左侧底板角点
向塔侧	E1	O3	F1
背塔侧	E2	O4	F2

12.6.3.5　钢箱梁现场安装检测

钢箱梁现场安装检测项目、测量方法及测量部位如表 12-10 和图 12-45 所示。

钢箱梁现场安装检测内容			表 12-10
序号	检测项目	测量方法	测量部位
1	相邻梁段（定位线）中心距	采用全站仪测量相邻中心线（定位线）上各点的距离，采用专用钢卷尺进行复核	M1 ~ M3 距离 M ~ M5 距离 M2 ~ M4 距离
2	桥梁中心线偏差	采用全站仪测量相邻中心线上坐标，根据坐标计算中心线偏差	O1、M、O2、O3、M5、O4
3	端口检查线间距	采用钢卷尺检测相邻节段端口检查线间距	顶板边缘距离（C1 和 A2 距离，O2 和 O3 距离，D1 和 B2 距离）
4	错变量	用钢直尺测量相邻梁段间面板、底板和腹板等的缝口间隙	两拼缝板面高低差
5	缝口间隙	用钢直尺测量相邻梁段间面板、底板和腹板等的缝口间隙	焊缝根部间隙

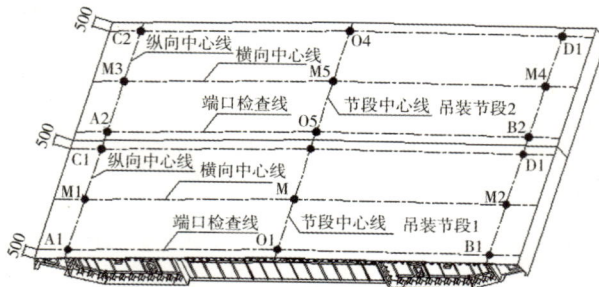

图 12-45　钢箱梁现场安装检测示意图

12.6.3.6　钢箱梁标高测量

钢箱梁施工期间，每个工况的交替变化，都将引起钢箱梁线形的竖向变形（挠度），因此在钢箱梁安装施工的各个工况，都需要对挠度进行监测。一般在每段安装完成后，测量前部分梁段及边跨标高，并根据监控需要定期测量全桥。由于结构线形对温度、日照较敏感，要求在温度相对恒定的条件下完成，并将测量数据及时上报。根据使用合理的高程控制点，采用三角测量法计算、核对已安装钢箱梁标高。

12.6.3.7 变形监测

在每节桥段组装完毕之后，测量当前节段和前段的钢箱梁标高、墩柱偏位；每节段测量一次桥面标高基准点标高，并作好详细记录，待桥梁成形后，再进行第二次标高观测，并与第一次观测记录相比较，测定桥梁的变形情况。对每一分幅预起拱值（见图12-46）设置6个变形监测点（见图12-47），每个分段接口处设置4个测量变形监控点（见图12-48）。

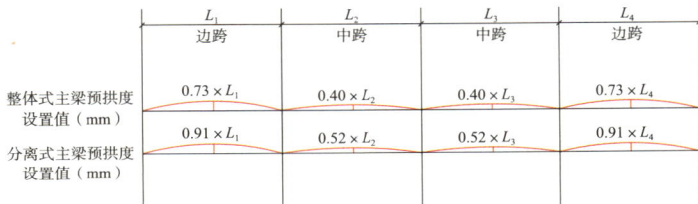

图 12-46 设计起拱值

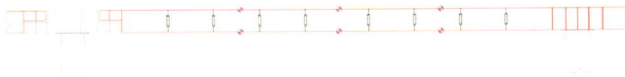

图 12-47 起拱位置监测点

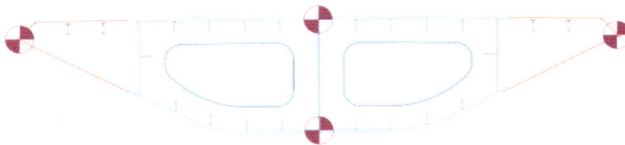

图 12-48 分段位置监测点

12.6.3.8 日照变形测量

主梁采用钢箱梁，受强阳光照射或辐射时，钢构件会产生变形，为了能够正确指导施工安装，应测定桥梁上部由于向阳面与背阳面温差引起的偏移及其变化规律。采用从钢桥外部观测的方法，观测点选在受热面的不同高度处与底部适中位置，并设置照准标志。

日照变形的观测时间，选在白天段观测，从日出前开始，日落后停止，每隔约1小时观测一次，或根据情况而调整。在每次观测的同时，应测出钢桥向阳面与背阳面的温度，并测定风速与风向。用高精度全站仪进行三维坐标观测，所测得的顶部的水平变形量与变形方向，应以首次测得的观测点坐标值，或顶部观测点相对底部观测点的水平变形值作为初始值，与其他各次观测的结果相比较后计算求取。待观测工作结束后，应提交日照变形观测点位布置图、观测成果表、日照变形曲线图及相应分析说明等。

12.6.4　测量精度保证措施

12.6.4.1　测量精度要求

钢结构主要测量精度项目及其对应的规定值或允许偏差见表 12-11。

测量精度项目及要求　　　　　　　　　　　　表 12-11

项目		规定值或允许偏差（mm）
轴线偏位	钢梁中线	10
	相邻横梁中线相对偏差	5
梁底标高	墩台处梁底	10
	相邻横梁中线相对偏差	5
支座偏位	支座纵横线扭转	1
	固定制作顺桥向偏差（连续梁）	20
	活动支座按设计气温定位前偏差	3
	支座底板四角相对高差	2

12.6.4.2　误差消除措施

钢结构安装的误差消除措施具体包括以下 4 个方面：

（1）误差来源及危害分析

在正常情况下钢箱梁安装误差来源于构件在吊装过程中因自重产生的变形、因日照温差造成的缩胀变形、因焊接产生收缩变形。结构由局部至整体形成的安装过程中，若不采取相应措施，对累积误差加以减小、消除，将会给结构带来严重的质量隐患。

（2）安装过程中，构件应采取合理保护措施

由于在安装过程中，细长、超重的构件较多。构件因抵抗变形的刚度较弱，会在自身重力的影响下，发生不同程度的变形。为此，构件在运输、倒运、安装过程中，应采取合理保护措施，如布设合理吊点，局部采取加强抵抗变形措施等，来减小自重变形，防止给安装带来不便。

（3）钢箱梁安装误差消除

在构件测控时，节点定位实施反变形，钢构件在安装过程中，因日照温差、焊接会使细长杆件在长度方向会有显著伸缩变形。从而影响结构的安装精度。因此，在上一安装单元安装结束后，通过观测其变形规律，结合具体变形条件，总结其变形量和变形方向，在下一构件定位测控时，对其定位轴线实施反向预偏，即点定位实施反变形，以消除安装误差的累积。

（4）日照温差造成结构变形误差消除

测量观测时间，主要设在早上 6～10 点、下午 17～19 点的低温时段。

12.6.4.3　测量精度保证措施

为确保控制网点位精度和采取合理施工放样方法，主要的措施可总结成 3 点：

（1）选择与钢箱梁施工要求相适应的施工控制网等级。结合误差分析理论和类似工程的施工经验，平面控制网按照一级导线精度要求布设，高程控制网按照三等水准精度

要求布设，能够确保控制网点位精度要求。

（2）为消减由于温度变化引起的梁体线形的不规则变化，线形测量工作应在夜间温度时段内进行，且风速大于 12m/s 时，不宜进行桥梁线形测量。

（3）为了确定合拢段梁长和合拢时机，宜选择 5 个以上特征断面对合拢口上、下宽度和梁端高差进行测定。观测连续时间不应少于 48h，测量时间间隔为 1 次 /h。合拢口宽度采用检定后的钢尺丈量，高差采用水准仪测量。

12.7 钢结构焊接

12.7.1 钢结构焊接重难点及解决措施

钢结构焊接的重难点及解决措施具体见表 12-12。

钢结构焊接重难点及解决措施

表 12-12

序号	重难点	解决措施
1	钢箱梁箱体最大宽 5.1m，横向宽度较大，对接缝较多	根据钢箱梁结构特点，制定焊接工艺文件并严格按照工艺文件组织钢箱梁的焊接作业。箱体两个对称侧可对称施焊，单条焊缝对变形影响大时应分为若干区段，通过焊接工艺评定确定焊接方向，并考虑在本桥钢箱梁横向宽度放一定余量
2	现场焊接最大板厚达 30mm，现场焊接容易出现热裂纹、冷裂纹及层状裂纹	通过现场焊接工艺评定确定焊接工艺参数、电流和焊接速度，使各焊道载面上部的宽度和深度比值符合工艺要求。合理选择焊前预热和焊后缓冷，防止冷裂纹产生
3	钢板现场焊接存在较大的淬硬倾向，可焊性较差，焊接熔合区是最薄弱的部分，有明显的化学和物理不均匀性，组织性能突变	焊接施工前进行预热，预热过程中升高预热温度，以减轻焊接接头的粹硬倾向和裂纹倾向
4	厦门雨量充沛，风力大，将对钢结构焊接造成不利影响	现场焊接时根据环境情况设置防风、防雨等措施

12.7.2 焊接作业内容及无损检测

12.7.2.1 焊接作业内容

现场焊接分为地面安装焊接和钢盖梁、箱型梁高空原位焊接 2 种。焊缝种类及形式见表 12-13，焊接形式主要有平焊、横焊、立焊和仰焊。构件材质为 Q345B 材质，焊接板材厚度为 10 ~ 30mm。现场主要采用手工电弧焊和 CO_2 气体保护焊，Q345B 材质宜采用 E50XX 系列焊条、ER50-X 系列实心焊丝或者 E50XTX-X 系列药芯焊丝。

焊缝种类及形式

表 12-13

焊缝种类	焊接位置	构件板厚（mm）	焊接形式
全熔透焊缝（对接节点）	墩柱与盖梁底部牛腿对接焊	20	平焊
	钢箱梁节段之间顶、底板横向对接焊缝	18、20	平焊
	钢箱梁节段之间底板纵向对接焊缝	10、20	平焊、仰焊
	钢箱梁节段柱间腹板及横、纵向隔板对接焊缝	10、16、20	平焊、立焊
	设计图纸中未作注明的对接坡口，要求进行全熔透焊接	10、16、18、20、30	平焊、立焊、横焊、仰焊

续表

焊缝种类	焊接位置	构件板厚（mm）	焊接形式
全熔透焊缝（T形接头）	钢箱梁腹板与顶、底板连接焊缝	16、18、20	平焊、仰焊
全熔透焊缝（其他）	短柱与柱脚锚固钢板的连接焊缝	20、30	平焊
部分熔透焊缝	钢箱梁腹板与边缘倾斜底板连接焊缝	16、20	平焊
直角焊缝	墩柱与加劲靴板，柱脚锚固钢板与加劲靴板的连接焊缝（双面）	14、20、30	平焊、立焊

12.7.2.2　焊缝无损检测

无损检测即对焊缝进行超声波探伤，焊缝不应有诸如裂纹、气孔、夹杂、未焊合或未熔透等反射迹象。焊缝经外观检查合格后进行无损检测，且无损检测应在焊接 24h 后进行。焊缝形式主要由全熔透焊缝、部分熔透焊缝和角焊缝（分为侧面角焊缝和直角焊缝）3 种，根据《公路桥涵施工技术规范》[120]，钢结构焊接焊缝无损检测的质量分级、检验方法、检验部位和等级应符合表 12-14 的规定。钢箱梁零件板分布见图 12-49。

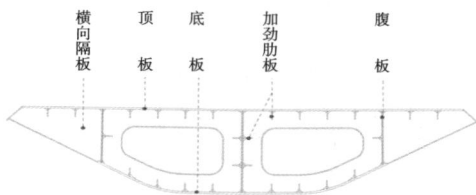

图 12-49　钢箱梁零件板分布示意图

焊缝无损检测的检验等级　　　　　　　　表 12-14

质量等级	使用范围	探伤比例	探伤部位		检验等级
I	顶、底板、腹板及加劲肋板的横向对接焊缝	100%	全长		B
	腹板与顶、底板间的熔透焊缝	100%			
	横向隔板与顶、底板及腹板的熔透焊缝	100%			
	钢箱梁横向截面的对接焊缝	100%			
II	其他对接焊缝	100%	横向	全长	B
			纵向	焊缝两端各 1000mm	
	部分熔透角焊缝	100%	—		B
III	其他角焊缝	外观检查	—		—

注：探伤比例指探伤接头数量与全部接头数量之比。

12.7.3　焊接工艺流程

现场焊接工艺流程如图 12-50 所示。

12.7.4　焊接质量控制及保证措施

12.7.4.1　焊接质量控制程序

焊接质量控制分为 3 个阶段，每个阶段需控制的具体内容见表 12-15。

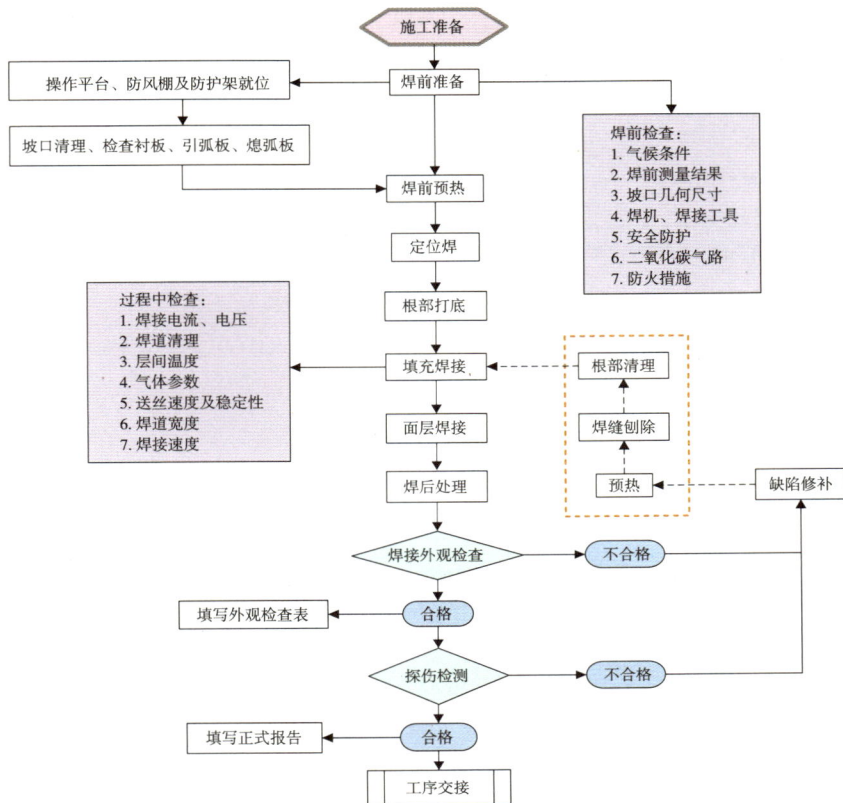

图 12-50 现场焊接工艺流程

不同阶段焊接质量控制内容　　　　　　　　　　表 12-15

控制阶段	质量控制内容		
焊接前质量控制	母材和焊接材料的确认与必要复验		
	焊接部位的质量和合适的夹具		
	焊接设备和仪器的正常运行情况		
	焊接规范的调整和必要的试验评定		
	焊工操作技术水平的考核		
焊接中质量控制	焊接工艺参数是否稳定		
	焊条、焊剂是否正常烘干		
	焊接材料选择是否正确		
	焊接设备运行是否正常		
	焊接热处理是否及时		
焊接后质量控制	焊接外形尺寸、缺陷的目测		
	焊接接头的质量检验	破坏性试验	理化试验
			金相试验
			其他
		非破坏性试验	无损检测
			强度及致密性试验
	焊接区域的清除工作		

12.7.4.2　焊接过程质量保证措施

焊缝过程质量保证措施见表 12-16。

焊缝过程质量保证措施　　　　　　　　　表 12-16

序号	保证措施
1	焊接施工前搭设焊接防护措施，如防风棚、防雨棚等，见图 12-51
2	焊接前进行焊口清理，清除焊口处表面的水、氧化皮、锈、油污等
3	焊接使用药芯焊丝，并使用大流量的 CO_2 气体进行焊接保护，增加 CO_2 保护气柱的挺度，提高抗风能力，形成对焊接熔池的渣—气联合保护
4	焊接过程中严格控制层间温度
5	分次完成的焊缝，再次焊接前要进行预热处理

图 12-51　箱形梁焊接防风棚实体搭设

12.8　钢结构涂装

大部分涂装作业均在加工厂内完成，现场的涂装主要是焊接完成后的油漆补涂和构件发运过程中的磕碰导致的油漆脱落部分的补涂，以及现场面漆的施工。补涂所采用的防腐涂料技术指标及质量检测方法应符合《公路桥梁钢结构表面涂层防腐技术条件》[117] 的要求。防腐设计使用年限为 25 年（长效型），腐蚀环境 C4 类。所选用的防腐涂料必须通过国家级检测单位相关部门的鉴定认可，防腐涂料使用前应按规范 [117] 进行技术指标检测试验，试验合格后方可使用。

12.8.1　涂装工艺流程

钢结构涂装的工艺流程如图 12-52 所示。

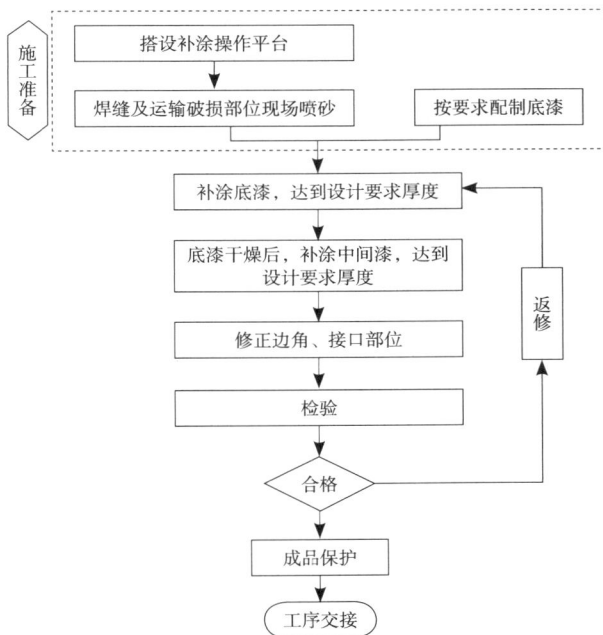

图 12-52 涂装工艺流程

12.8.2 涂装施工质量保证措施

涂装施工质量保证措施可总结为以下6点：

（1）钢箱梁运输及吊装过程中，用橡胶垫对钢丝绳绑扎的部位进行保护，钢箱梁运输用枕木进行层间保护，以降低钢构件表面油漆的破坏程度。

（2）钢箱梁进场后，在地面对运输过程中碰撞破损的部位进行一道补涂，需在地面拼装的，在拼装完成后对破损及焊接部位进行补涂。

（3）防腐涂料补涂施工前对需补涂部位进行打磨及除锈处理，使除锈等级达到Sa3.0级。

（4）钢板边缘棱角及焊缝区要研磨圆滑，$R=2.0\text{mm}$。

（5）露天进行涂装作业应选在晴天进行，湿度不得超过85%。

（6）喷涂应均匀，完工的干膜厚度应用干膜测厚仪进行检测。

第13章 附属设施施工

13.1 桥面钢护栏

本项目所有钢护栏钢管及钢板均为 Q345B 材质，竖向支撑杆直径为 28mm，材质为 HPB300。为确保护栏焊接质量，均安排为工厂内制作。栏杆现场实景图见图 13-1。

13.1.1 栏杆制作

栏杆制作工艺流程图如图 13-2 所示。

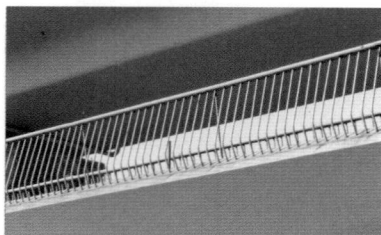

图 13-1 栏杆现场实景图

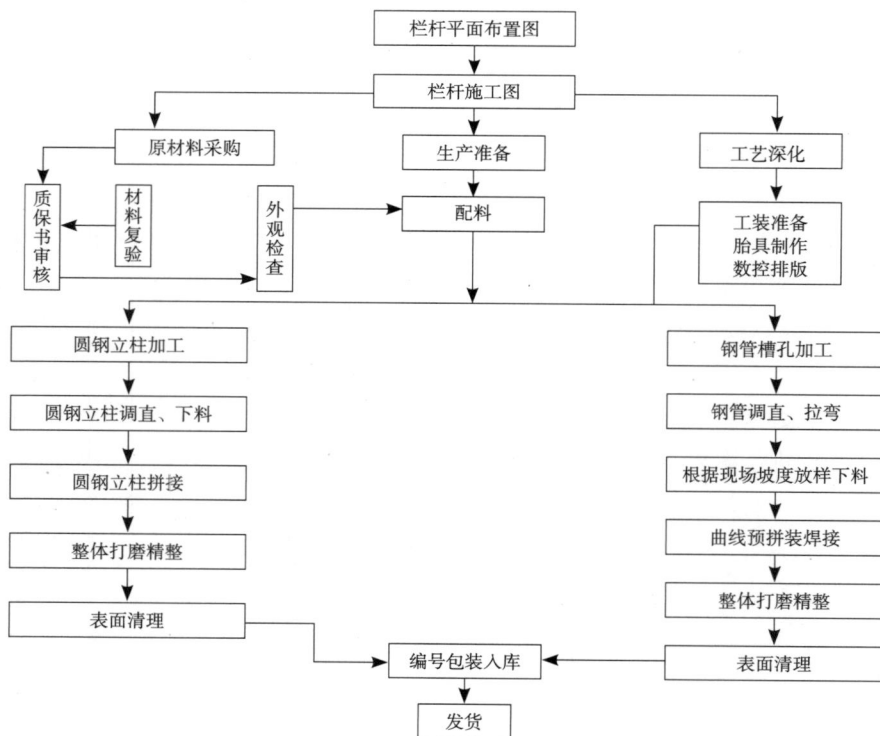

图 13-2 栏杆制作工艺流程图

13.1.2 钢栏杆整体安装

钢栏杆的整体安装过程可分为栏杆安装前的设施吊装、调整及加固措施和现场整体连接 2 部分，具体表述如下：

（1）栏杆安装前的设施吊装、调整及加固措施

栏杆安装前，根据各立柱的特点合理选择吊装绑扎点，以柱顶面为基准量取柱身长度，确保柱底垫铁高度。在柱身的 3 个面上画出中心线标志和 +0.500m 标高标记，柱底与预埋件进行焊接。以每段护栏端部立柱为控制立柱，用钢支架及钢丝绳拉线，逐片调整护栏的高低，保证护栏的水平度、垂直度、左右、前后统一、与基础形状平滑过渡、线形流畅，与制作的标准样板尺寸一致，此项工序是整个安装过程中最为重要的环节，必须利用经纬仪、水平尺、卷尺和专业辅助安装人员，采用专人安全保护可确保护栏安装方便安全。

（2）现场整体连接

栏杆钢立柱与预埋板、钢管与立柱的交界面焊接过程中应注意对焊接部位以外栏杆表面的保护，初步安装调整及焊接过程中除焊接部位外，都不能拆除栏杆的包装物。焊接采用分段对称逐段焊接，防止焊接过热产生栏杆局部变形现象。无论是初步焊接还是满焊，焊接部位周围应用湿棉布包裹，以防焊接飞溅造成的损坏。每安装调整完成 3 ~ 5 段立柱，配套安装上中的栏杆横管与立柱初步焊接；各安装班组的人员根据不同位置的栏杆进行分段顺序安装；安装完成后进行整体线形、水平的局部调整，做到整体线形流畅，视觉效果美观。

13.2 桥面铺装

根据桥面铺装系统施工工序（见图 13-3），按顺序依次介绍桥面铺装施工方案。

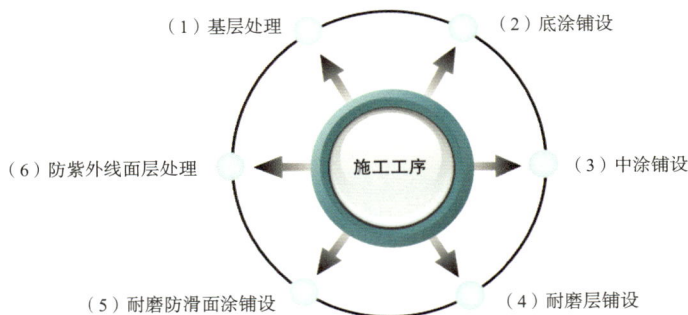

图 13-3 桥面铺装系统施工工序

（1）基层处理

钢板打磨，要把表面锈层全面打磨清扫干净。如果钢板有环氧富锌处理，先用清洗机带黑色磨片清洗，再用高压水枪冲洗干净。

（2）无溶剂胶黏底涂铺设（厚度 1mm）

清理干净的钢板边缘首先用美纹纸将边缘四周盖住，将无溶剂胶黏底涂 AB 剂依比例将材料搅拌均匀，一人用滚筒横竖交叉均匀滚涂于钢板上；另一人穿钉鞋将 10～20 目石英砂均匀铺撒于底涂上，其硬化时间为温度 15℃以上 6～8 小时。待底涂硬化后清扫多余的石英砂后再将无溶剂胶黏底涂 AB 剂依比例将材料搅拌均匀后，用滚筒横竖交叉均匀滚涂于底涂层上，其硬化时间为温度 15℃以上 6～8 小时。

（3）晶钢树脂中涂铺设（厚度 3mm）

将晶钢树脂砂浆干粉和乳液依比例（5.5∶1）用搅拌机设备搅拌均匀，将搅拌好的材料摊铺于底涂层上，后用 5mm 镘刀将材料均匀铺开，其硬化时间为温度 15℃以上 8 小时。

（4）晶钢树脂耐磨层铺设（厚度 3mm）

将特调的晶钢树脂砂浆材料依比例（5.5∶1）用搅拌机设备搅拌均匀，将搅拌好的材料摊铺于中涂层上，后用 5mm 镘刀将材料均匀铺开，其硬化时间为温度 15℃以上 8 小时。

（5）晶钢树脂耐磨防滑面涂铺设（厚度 1mm）

将彩色晶钢树脂材料依比例（4∶1）用搅拌机设备搅拌均匀，采用喷涂设备将搅拌好的材料泵铺于耐磨层上，用 2mm 镘刀摊铺均匀；再将特制石英砂（20～40 目）均匀喷撒于晶钢树脂耐磨层上，待硬化后用吸尘器清扫干净多余的石英砂后可进行下一阶段施工，其硬化时间为温度 15℃以上 8 小时。

（6）彩色聚合物罩面层铺设

将彩色聚合物罩面材料采用喷涂设备均匀喷洒于晶钢树脂耐磨防滑面上。

（7）防紫外线面层

将透明无色的材料混合搅拌均匀，采用喷涂设备均匀喷洒于彩色聚合物罩面涂层上。

第 14 章　静动载试验

14.1　静动载试验目的和桥跨选择

14.1.1　静动载试验目的

自行车桥全线路段共设置 11 个出入口，同时与沿线 6 处 BRT 站点、2 处轨道站点、4 处主要商业和行政办公衔接，自行车流量极大。为确保该桥运营安全，检验自行车桥承载性能和工作状态是否符合设计要求，同时为自行车桥交、竣工验收及养护提供重要依据，对该桥进行静动载试验。此外，通过荷载试验与理论结果对比分析，还可为桥梁有限元分析模型的修正提供可靠试验数据[128]。

14.1.2　静动载试验桥跨选择

本次静动载试验选取异形结构 3 联、分离式结构 3 联、整体式结构 1 联进行检测，具体试验联见表 14-1。静动载试验的现场图如图 14-1 所示。

自行车桥试验联 表 14-1

序号	上部结构形式	数量	具体试验联	跨径组合（m）
1	分离式	3 联	第 3 联	$25+3 \times 30$
2			第 44 联	25+15+20+30+28.5
3			第 78 联	$20+2 \times 30+21.5$
4	异形	3 联	第 21 联	22+41+18.189+32+20
5			第 37 联	28+15+24+30
6			第 66 联	$25+27.5+3 \times 26$
7	整体式	1 联	第 53 联	3.5+24+28+36+30

（a）试块加载

（b）挠度测量

图 14-1　静动载试验现场图（一）

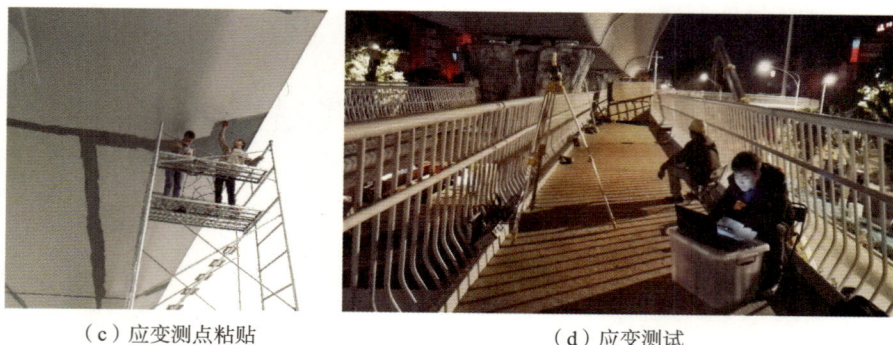

（c）应变测点粘贴　　　　　　　　（d）应变测试

图 14-1　静动载试验现场图（二）

14.2　试验仪器设备

本次检测所用仪器设备及性能指标见表 14-2。

试验仪器设备　　　　　　　　　　　　　　　　表 14-2

序号	名称	规格	管理编号	数量	精度
1	无线静态应变测试系统（64 通道）	JM3812	HC-G35	4 台	$0.5\% \pm 3\mu\varepsilon$
2	静态应变测试系统（64 通道）	DH-3821	HC-G04	4 台	$0.5\% \pm 3\mu\varepsilon$
3	无线桥梁模态测试分析系统	DH5907A	HC-G03	6 台	3×10^{-5}m（s）
4	裂缝综合测试仪	PTS-E40	HC-G12	1 台	0.01mm
5	自动安平水准仪	DS05	HC-G39	1 台	0.1mm
6	自动安平水准仪	DS05	HC-D24	1 台	0.1mm
7	钢钢尺	—	HC-F04	1 把	10mm
8	钢钢尺	GPCL2	HC-N03-1	1 把	10mm
9	30m 卷尺	30m	HC-X13	1 把	1mm
10	笔记本电脑	联想	—	1 台	—

14.3　静动载试验方案

14.3.1　有限元计算

为提供静动载试验各工况下理论数据支持，试验前借助桥梁结构分析专用程序 Midas/Civil 建立该桥的空间有限元模型，模拟自行车桥在静动载作用下桥梁结构的工作状态。限于篇幅，本节选取自行车桥第 21 联（第 70 跨~第 74 跨）进行计算，该联包含分离曲线段、曲线分叉段和单幅曲线段等较多曲线型桥跨，弯扭耦合效应显著。

数值模型中，通过梁单元模拟钢箱梁，按其实际尺寸确定计算参数：弹性模量 $E=2.06 \times 10^{8}$kN/m^2、泊松比 $\nu=0.3$、质量密度 $\rho=7.85 \times 10^{3}$kg·m^{-3}、重度 $\gamma=76.98$kN·m^{-3}；按每米设置 1 个单元，该联共划分为 148 单元、146 个节点。该联空间分析模型见图 14-2，5.0kN/m^2 设计活载下内力包络图见图 14-3 和图 14-4。

图 14-2　Midas/Civil 空间分析模型

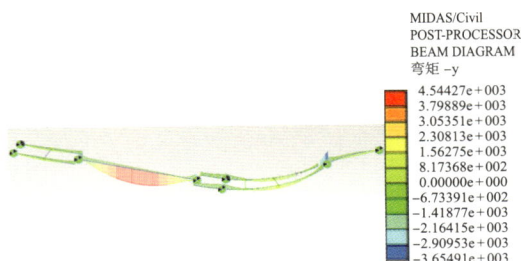

图 14-3　自行车桥活载弯矩包络图
（单位：kN·m）

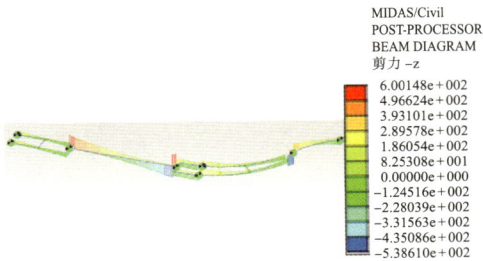

图 14-4　自行车桥活载剪力包络图
（单位：kN）

14.3.2　静载试验

　　根据第 21 联的桥跨结构及受力特点，选取第 70 跨（分离式主梁）和 71 跨（倒 T 形主梁）进行静载试验。

14.3.2.1　测试内容及测点布置

　　基于试验荷载效应与设计荷载效应等效原则，依据有限元软件计算所得的活载内力包络图和挠度包络图，选取结构的关键截面作为加载位置，最后确定静载测试截面如图 14-5 所示。

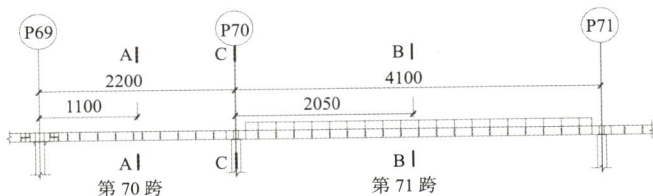

图 14-5　测试截面示意图（单位：cm）

　　对分别位于第 70、71 跨最大正弯矩的 A–A 和 B–B 截面进行挠度和应变测试，对位于 70 号桥墩支点最大负弯矩的 C–C 截面进行应变测试，各测试截面对应的测点布置如图 14-6 所示。

14.3.2.2　试验荷载

　　静载试验采用 25.6kN 试块加载，按照分级加载原则分 3 级递加到最大荷载，然后一次卸零。考虑现场实际情况，按照内力等效原则通过挠度和应力影响线加载计算确定试验荷载，加载试验效率介于 0.89 ~ 0.98 之间，满足规范[129]中参考限值规定（0.85 ≤ η ≤ 1.05），具体见表 14-3。

115

（a）A–A 截面测点布置

（b）B–B 截面测点布置

（c）C–C 截面测点布置

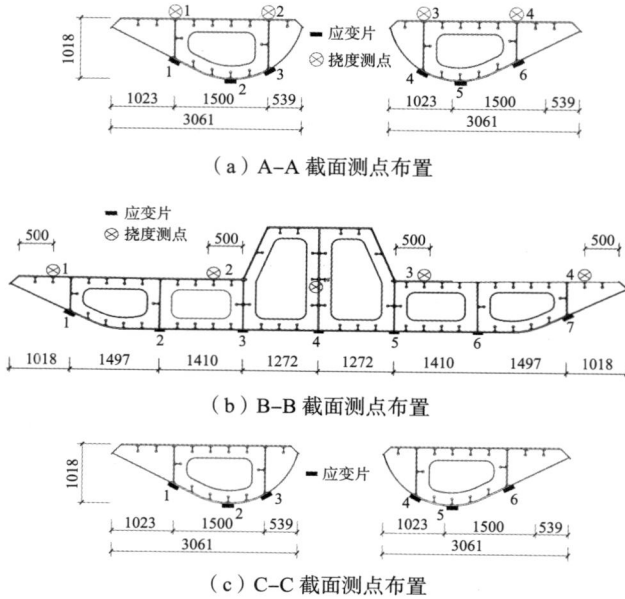

图 14-6　各测试截面对应测点布置示意图（单位：mm）

各测试截面静力荷载试验效率　　　　　　　　　　　　表 14-3

测试截面	项目	设计荷载计算值	试验荷载计算值	试验效率 η
A–A	弯矩（kN·m）	552.2	492.1	0.89
B–B		4538.8	4441.0	0.98
C–C		−1963.1	−1842.3	0.94

14.3.3　动载试验

桥梁动载试验主要针对自行车桥第 21 联进行环境振动试验，在无行车动力作用下，分别于各跨的 $L/4$、$L/2$、$3L/4$ 点处布设竖向速度传感器（见图 14-7），测定桥梁由风、水流、地脉动等环境激励引起的结构振动响应，经时域和频域分析得出桥梁的自振频率。

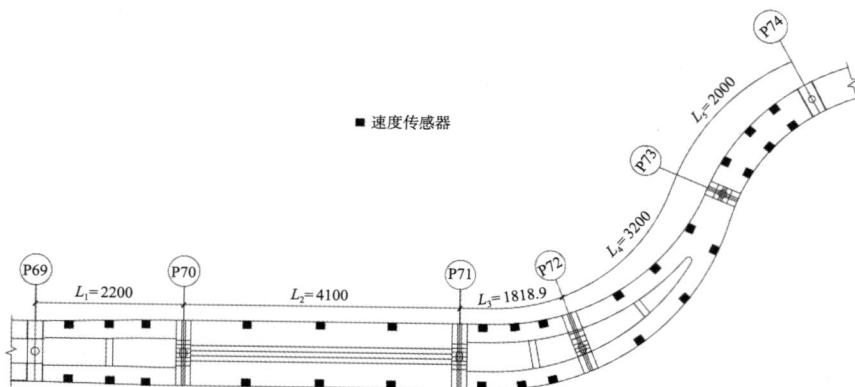

图 14-7　自行车桥第 21 联环境振动试验测点布置图（单位：cm）

14.4　静动载试验结果分析

14.4.1　应变测试结果分析

在试验荷载作用下，各测试截面主要控制测点应变值、结构校验系数及相对残余应变见表 14-4（应变以拉为正，压为负）。

主要控制测点应变结果表　　　　　　　　　　　　表 14-4

测试截面	主要测点	实测值（με）	计算值（με）	校验系数	相对残余应变（%）
A–A	2	58	82	0.71	6.45
	5	59	82	0.72	9.23
B–B	3	46	74	0.62	8.00
	4	44	74	0.59	8.33
C–C	2	−31	−48	0.65	16.22
	5	−33	−48	0.69	15.38

从表 14-4 中可以看出，分离式主梁及倒 T 形主梁跨中和桥墩支座处各测点的应变实测值均小于理论计算值，静力荷载试验结构校验系数 ζ 介于 0.59 ~ 0.72 之间，满足规范[129]校验系数小于 1.0 的要求；试验实测的相对残余应变范围 6.45 ~ 16.22，满足规范[129]对残余变形 20% 限值要求。

各测试截面理论和实测的应变分布情况如图 14-8 所示。

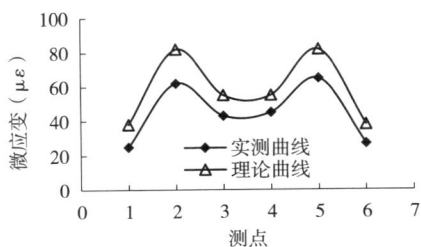

（a）A–A 截面应变分布曲线图

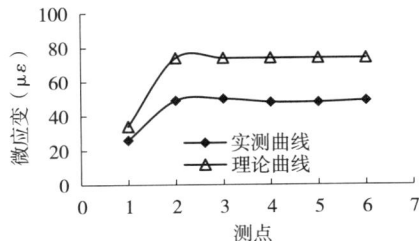

（b）B–B 截面梁底面应变横桥向分布曲线

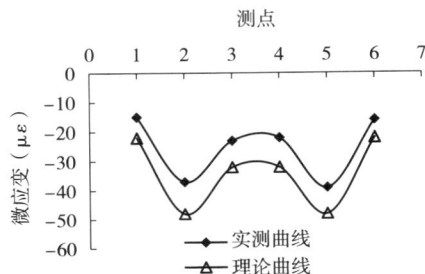

（c）C–C 截面应变分布曲线图

图 14-8　各测试截面应变分布曲线图

由图 14-8 可知，A–A 截面与 C–C 截面应变分布曲线形态正好相反，这是因为两个截面分别位于跨中与支座处；B–B 截面梁底面应变变化幅度相对较小；从图中还可以看出截面各测点实测应变值与理论值分布基本一致，桥梁结构横桥向受力较均匀。

14.4.2　挠度测试结果分析

分离式主梁及倒 T 形主梁跨中挠度各测试截面理论和实测的挠度分布情况如图 14-9 所示，挠度校验系数及相对残余挠度计算结果见表 14-5。

主要控制测点挠度结果表

表 14-5

测试截面	主要测点	实测值（με）	计算值（με）	校验系数	相对残余变形（%）
A–A	2	2.25	4.54	0.50	7.79
	3	2.18	4.54	0.48	14.17
B–B	2	7.10	14.90	0.48	5.71
	3	7.01	14.90	0.47	3.44

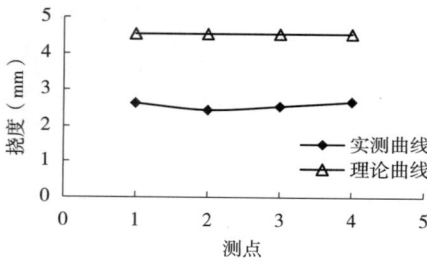

（a）A–A 截面挠度横桥向分布图　　　　（b）B–B 截面挠度横桥向分布图

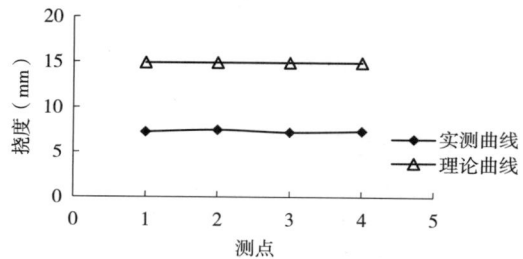

图 14-9　各测试截面挠度横桥向分布图

从表 14-5 可以看出，各个截面均出现了一定的残余变形，分离式主梁跨中最大荷载作用下的最大挠度值为 2.25mm，倒 T 形主梁跨中最大挠度值为 7.1mm，均小于相应的有限元计算结果 4.54mm 和 14.90mm，这主要是由于有限元方法的系统误差造成，有限元计算结果偏于安全，A–A 截面挠度校验系数 0.48 ~ 0.50，B–B 截面挠度校验系数 0.47 ~ 0.48，残余变形介于 3.44 ~ 14.17 之间，均满足规范要求 [129]。由图 14-9 可知，截面各测点实测挠度值沿桥宽方向与理论值分布基本一致，说明桥梁结构横桥向受力较均匀。

14.4.3　自振特性分析

通过由速度传感器采集到自行车桥第 21 联各测点的速度 – 时间曲线（见图 14-10），对时程信号进行自功率谱分析，根据频谱曲线判读结构模态的频率。运用 Midas/Civil 软件进行理论模态计算（见图 14-11），得出竖向一阶自振频率实测值与理论值结果如表 14-6 所示。

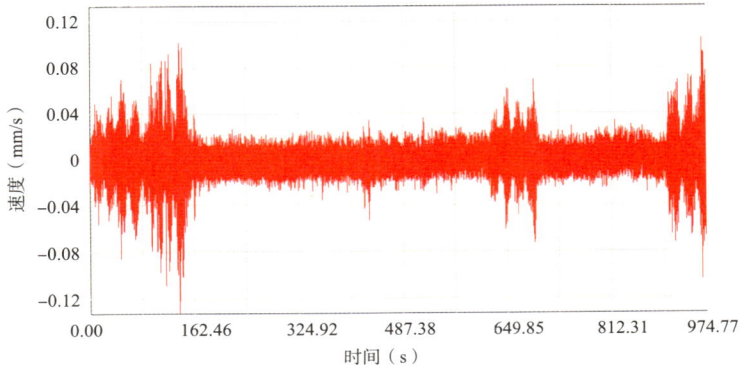

图 14-10　第 21 联 8 号测点的速度时程曲线

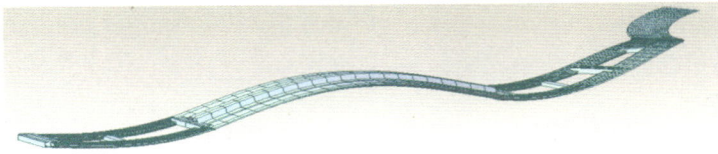

图 14-11　第 21 联第一阶竖弯计算模态

自振频率实测值与 Midas/Civil 理论值结果　　　　　　表 14-6

模态阶数	自振频率（Hz）		实测值 / 计算值
	实测值	理论值	
竖向一阶	5.87	3.03	1.94

从表 14-6 可以看出，结构竖向一阶自振频率实测值与计算值比值为 1.94，实测基频 5.87Hz 大于理论计算值 3.03Hz，且满足规范[129]要求自振频率≥3Hz 的规定。由此可见自行车桥第 21 联整体刚度良好、较理论值大，结构传递振动能力及均质性较好。

14.4.4　结论

（1）该桥各测试截面下的试验效率系数介于 0.89 ~ 0.98，满足城市桥梁检测与评定技术规范 0.85 ≤ η ≤ 1.05 的规定，表明本次静载试验有效。

（2）各应变测点校验系数范围为 0.59 ~ 0.72，各挠度测点的挠度校验系数在 0.47 ~ 0.50 之间，均未超出规范中 1.0 的规定，表明该桥结构强度和刚度富余，满足桥梁设计要求；待荷载卸零后，主要控制测点的相对残余应变和残余变形最大值分别为 16.22% 和 14.17%，满足规范 20% 限值要求，表明该桥弹性工作状态良好。

（3）通过脉动试验实测桥梁自振频率为 5.87Hz，高于计算值 3.03Hz，表明该桥结构的实际动刚度较大，传递振动能力及均质性较好。

（4）该桥第 3、37、44、53、66、78 联均满足设计荷载正常使用极限状态要求。

综合分析判断，自行车桥的整体承载能力满足设计荷载及正常使用要求，结构处于良好的工作状态，可以正常投入运营。

第四篇

科研篇

第 15 章　曲率半径对弯桥受力及变形的影响规律研究

15.1　引言

在路线线形或城市立交互通的需求下，自行车桥由较多直线型与曲线型桥跨组合成联，弯扭耦合效应明显。由于自行车桥位于城市繁华地带，周边环境复杂，人流量大，在施工或运营过程中，一旦出现了诸如梁体滑移、翻转，梁内支座托空等问题，后果将不堪设想。因此，为了确保桥梁的安全和质量控制，亟须针对不同曲率半径下自行车曲线桥受力情况及变形规律展开研究。

近年来，国内已有很多学者对常规曲线桥梁受曲率半径变化的影响进行相关探索，如牛俊武等（2011）[58]利用大型有限元通用程序 ANSYS，采用时程分析方法，计算不同曲率半径下高墩大跨径连续刚构桥的动力响应，分别沿顺桥向和横桥向输入地震波进行分析，得出主要响应值峰值随曲率半径变化的规律；宋国华等（2011，2015）[59][60]以桥长和圆心角为参数，建立 36 个二等跨连续弯箱梁桥模型，采用非线性函数拟合法进行数据处理，拟合出极限状态下的截面配筋内力、单位位移及支承反力与圆心角和桥长的显式函数关系，得到各种结构反应受圆心角及桥长影响的变化趋势及程度大小，还以曲率半径为参数建立了 4 个两跨曲线箱梁桥模型，分析其模态特性及各振型方向因子随曲率半径的变化规律；孙珂等（2016）[61]在拟静力状态下测得弯梁桥竖向位移影响线（DIL），通过二次差分获得影响线的曲率，结合缺口平滑技术构造损伤指标，实现对该类结构的损伤识别，以某三跨小半径弯梁桥为研究对象，建立相关数值模型来验证该方法的正确性及特点，对低速加载、支座预偏心及抗扭支座布置等对识别结果的影响进行分析；陈淮等（2013）[62]以某高墩大跨径预应力混凝土曲线连续刚构桥为研究对象，采用 Midas/Civil 有限元软件建立直线刚构桥和不同曲率半径的曲线刚构桥有限元计算模型，分别对该桥梁施工阶段最大悬臂状态和成桥阶段进行静力力学性能分析，研究桥梁施工阶段最大悬臂状态、成桥阶段的曲率半径对连续刚构桥内力和变形的影响；王艳等（2014）[63]以某跨径组成为（95+170+95）m 的高墩大跨曲线预应力混凝土刚构桥为背景，采用有限元程序 Midas/Civil 建立 2 组不同曲率半径和墩高的桥梁有限元计算模型，对其进行自振特性和地震反应谱响应分析；吴婷等（2011）[64]采用结构有限元计算方法，以世业洲互通 D 匝道桥工程为依托，基于曲线梁桥的受力特点，利用大型有限元分析软件 ANSYS 建立模型，计算不同曲率半径结构的变形情况；李杰等（2015）[65]以某双薄壁高墩曲线五跨连续刚构桥为实例，应用 ANSYS 有限元软件中的 Solid 65 实体单元和 Beam 188 梁单元建立该桥空间有限元计算模型，同时利用 Midas/Civil 建立大桥空间梁单元有限元模型，探讨不同软件、不同单元类型以及预应力张拉对双薄壁高墩曲线多跨连续刚构桥自振频率的影响，分析曲线桥梁结构的平曲线半径对双薄壁高墩曲线连续刚构桥的自振特性的影响，最后按照桥墩等线刚度的原则分析墩高对双薄壁高墩曲线连续刚构桥的自振特性的影响。尽管关于曲率半径变化对曲线梁桥结构影响的研究成果较多，但未见涉及自行车桥的相关报道。与常规公路桥、人行桥相比，自行车高架桥刚度更低，桥跨类型复杂，且部分路段在弯桥位置处还有分叉的情况，受曲率半径变化的响应特征不同。

基于此，本章采用有限元软件 SAP2000 建立自行车桥分幅式钢箱梁壳体有限元模型，以自重荷载工况作为所施加的均布荷载，分别选取 5000m、4000m、3000m、2000m、1000m、500m 和 250m 等 7 种不同曲率半径的 2×20m 连续梁进行对比分析，研究在不同的曲率半径下弯桥的跨中挠度、支座反力和扭矩的分布规律。

15.2 单元分析

考虑到不同单元类型对结构分析结果的影响，在对自行车弯桥曲率半径影响进行研究之前，首先就模型单元的选择进行对比分析，以确定较合理的结构建模方案。

15.2.1 杆系单元优缺点分析

杆系单元为铁摩辛柯（Timoshenko）梁单元。欧拉梁单元引入平截面假定，假设梁对剪切变形完全刚性，导致其单元刚度较实际情况偏于刚性，而相对欧拉梁单元而言，铁摩辛柯梁单元则考虑了梁单元沿高度的剪切变形的影响。

梁单元每个节点共有 6 个自由度，但难以实现水平偏心距和竖直偏心距的影响，质量均集中在截面形心位置处，无法考虑质量在截面中的分布，在计算模态分析和其他动力分析时，无法通过分析捕捉分布质量绕形心的扭转效应，具体而言对于模态分析，通过杆系无法捕捉桥梁绕纵向的扭转振型，此外桥梁结构的形心同支撑位置会有竖向偏心距。在水平激励（比如风荷载和地震荷载作用下），对于薄壁的桥梁结构而言，使用梁单元无法捕捉到薄壁结构的扭转畸变（剪力滞）效应，因此通过平截面假定的方式获取的对应位置处的应力精度有很大的下降。

15.2.2 壳体单元优缺点分析

壳体单元有两种母单元，分别为四节点壳体单元和三节点壳体单元，其中三节点的壳体单元是由四节点壳体单元退化而来，具体见图 15-1、图 15-2。

壳体单元兼顾了计算复杂度和计算精度的平衡。一方面，薄壁桥梁结构使用壳体单元进行模拟，可以通过较少的网格划分得到高质量的网格；另一方面，不同于梁单元，壳体单元可以有效地模拟薄壁结构。

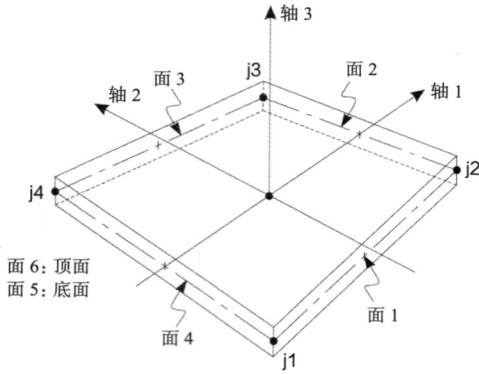

图 15-1 四节点壳体单元示意图

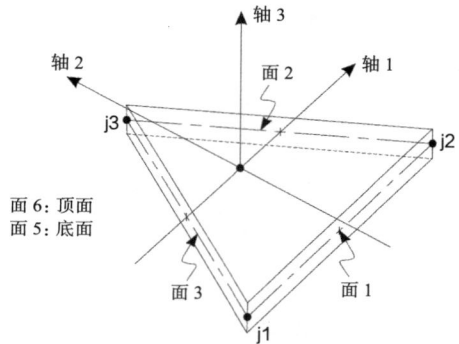

图 15-2 三节点母壳体单元示意图

15.2.3 实体单元优缺点分析

实体单元每个点有三个自由度，典型的一阶单元为八节点六面体单元，如图 15-3 所示。其中六面体单元有很多种退化方式，可以是六节点的三棱柱单元、五节点的金字塔单元或者四节点的四面体单元。

实体单元模拟薄壁桥梁结构时需要处理实际结果的复杂网格，模型的计算量很大，后处理方面获取结果需要进行大量的数据处理才能得到准确的结果，比如获取横截面的内力（弯矩或者扭矩）需要统计全截面上所有点的应力，并将应力沿截面进行积分才能

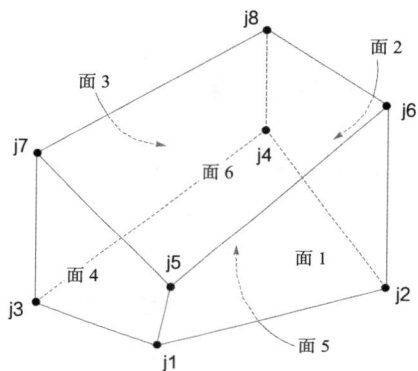

图 15-3 八节点实体单元示意图

获得对应的内力结果。此外对于桥梁薄壁而言，通过实体单元进行准确的计算模拟比较困难，通常实体单元要获得精确的解答，需要沿厚度方向有足够的单元（层），考虑到两个方向的尺寸不宜差别过大，因此实体单元的网格最大尺寸设置不宜过大，这将导致使用实体单元模拟薄壁桥梁结构的单元数量要远远大于使用壳体单元或杆系单元进行模拟的单元数量。在整体有限元模拟中，通常实体单元不是最佳的选项，而如果研究局部应力分布情况，实体单元则是一个推荐选项。

综上所述，本次研究主要使用壳体单元进行计算模拟。

15.3 数值模型设计

15.3.1 有限元模型

本次分析采用自行车桥分幅式钢箱梁，钢材材质为 Q345，网格划分见图 15-4。数值模型共划分 13041 个单元，其中钢箱梁采用壳体单元模拟，每种曲率半径的双跨桥

梁壳体单元数量为 1863 个，单元最大尺寸控制为 1.2m。模型按其实际尺寸确定计算参数：弹性模量 $E=2.06\times10^{8}$kN/m^{2}、泊松比 $\nu=0.3$、密度 $\rho=7.85\times10^{3}$kg·m^{-3}、重度 $\gamma=76.98$ kN·m^{-3}、剪切模量 $G=7.69\times10^{7}$kPa、线膨胀系数 $\alpha=1.17\times10^{-5}$ ℃$^{-1}$。具体模

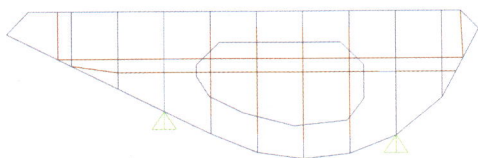

图 15-4　自行车桥分幅式钢箱梁断面网格划分

型见图 15-5，其中图 15-5（a）中从上至下模型的曲率半径分别为 5000m、4000m、3000m、2000m、1000m、500m 和 250m；两跨连续梁中间支座采取固定支座约束，两侧端部支座采取滑动支座，模型边界条件见图 15-5（b）。

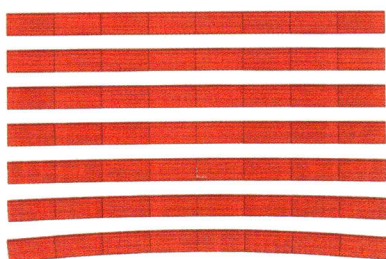

（a）平面视图　　　　　　　　　（b）3D 视图

图 15-5　壳体单元弯桥有限元模型

15.3.2　计算工况

本次分析主要考察不同曲率半径模型在均布荷载作用下的应力和变形分布规律，其中均布荷载工况为桥梁的自身重量，共考虑 28 个计算工况，见表 15-1。

计算工况　　　　　　　　　　　　　　　　　　　　　表 15-1

编号	1 ~ 7	8 ~ 14	15 ~ 21	22 ~ 28
不同曲率半径	5000m、4000m、3000m、2000m、1000m、500m、250m			
桥跨位置	左桥跨	左桥跨	右桥跨	右桥跨
截面位置	内侧	外侧	内侧	外侧

注：内侧表示曲率半径较小的一侧；外侧表示曲率半径较大的一侧。

15.4　计算结果分析

15.4.1　不同曲率半径下自行车弯桥挠度变化规律

桥面壳体单元的挠度沿跨度方向分布云图见图 15-6，图中从上往下曲率半径分别为 5000m、4000m、3000m、2000m、1000m、500m 和 250m。

从图 15-6 可以看出，总体上的挠度分布情况在不同的曲率半径下大致相同，但随着曲率半径的增加，跨中挠度略微有些增加。

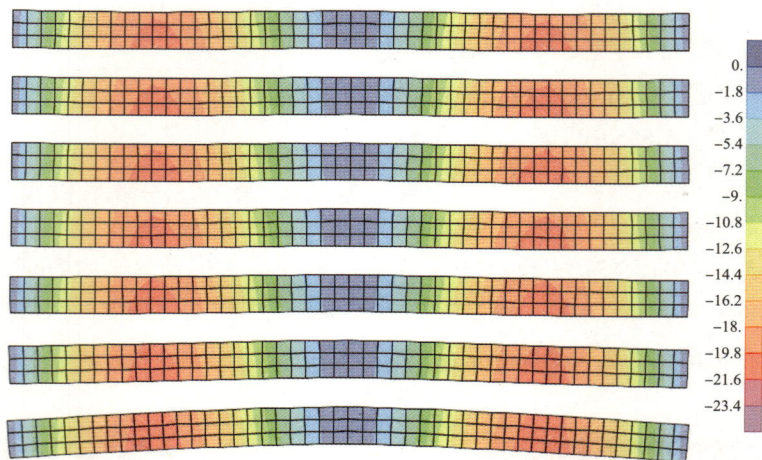

图 15-6　不同曲率半径弯桥桥面挠度沿跨度方向分布云图（单位：mm）

15.4.1.1　跨中外侧挠度变化

均布竖向荷载作用下，跨中外侧挠度随弯桥曲率半径变化曲线如图 15-7 所示。

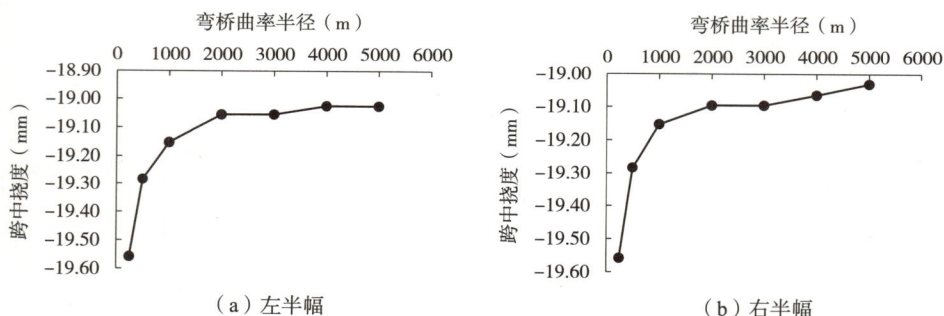

（a）左半幅　　　　　　　　　　　　　　（b）右半幅

图 15-7　桥面跨中外侧挠度随曲率半径变化曲线

从图 15-7（a）可以看出，左半幅跨中外侧挠度最大值发生在曲率半径为 500m 的弯桥上，最大值为 19.56mm；最小值发生在曲率半径为 5000m 的弯桥上，最小值为 19mm。曲率半径从 500m 变化到 5000m 时弯桥跨中外侧挠度绝对值从 19.56mm 单调减小到 19mm，由图 15-7（b）可知右半幅和左半幅挠度的数值和变化规律相近。

15.4.1.2　跨中内侧挠度变化规律

均布竖向荷载作用下，跨中内侧挠度随弯桥曲率半径变化曲线如图 15-8 所示。

由图 15-8 可以看出，同桥面跨中外侧挠度变化曲线相似，当曲率半径为 500m 时，弯桥的左半幅跨中内侧挠度出现最大值，为 20.07mm；当曲率半径为 5000m 时，挠度最小，最小值为 19.93mm。曲率半径从 500m 变化到 5000m 时弯桥跨中内侧挠度绝对值从 20.07mm 减小到 19.92mm，右半幅和左半幅挠度的数值和变化规律都相近，两者总体都呈上升趋势。

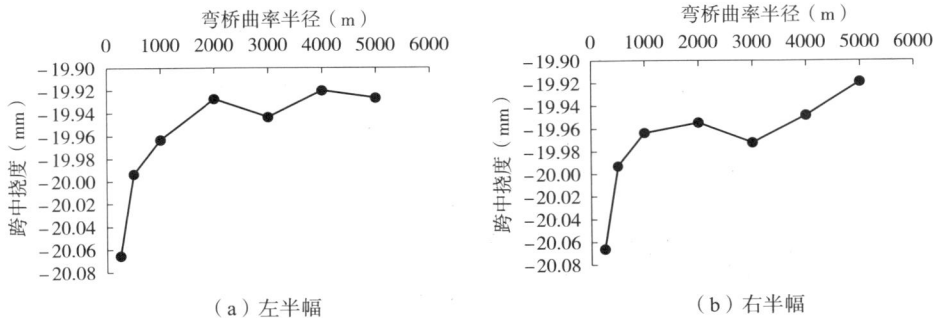

图15-8　桥面跨中内侧挠度随曲率半径变化曲线

总体上自行车桥跨中内侧挠度稍大于外侧挠度，无论是外侧还是内侧挠度均随曲率半径的增大而减小，跨中挠度增大意味着抗弯刚度的减小。因此根据上述数据可以推出，弯桥的抗弯刚度随着弯桥曲率半径的增大而增大。

15.4.1.3　扭转变形变化规律

在均布竖向荷载作用下，桥梁扭转变形主要体现在内侧和外侧的变形差上面，本次通过研究内侧和外侧的变形差来定量分析桥梁扭转变形情况。跨中外侧挠度和内侧挠度差随弯桥曲率半径变化曲线如图15-9所示。

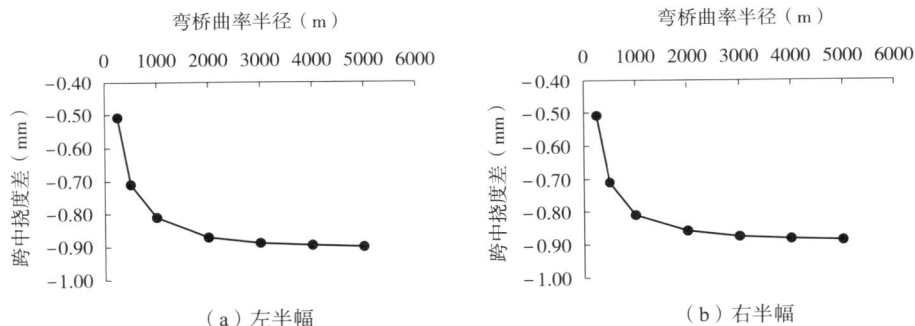

图15-9　桥面两侧挠度差随曲率半径变化曲线

从图15-9可看出，右半幅和左半幅两侧挠度差的数值和变化规律相似，随曲率半径的增加，挠度差绝对值也逐渐增大。曲率半径从500m变化到5000m时弯桥跨中两侧挠度差绝对值从0.51mm单调增加到0.9mm。跨中内外侧挠度差体现了扭转变形的变化趋势，同时扭转变形增大意味着抗扭刚度的减小。由此可知，弯桥的抗扭刚度随弯桥曲率半径的增加而减小。

15.4.2　不同曲率半径下自行车弯桥支座反力变化规律

由上节分析结果可知，弯桥在竖向均布荷载作用下仍然会产生扭矩，而扭矩的产生将使得内外侧支座的受力不一致，本节主要研究不同曲率半径下支座内外侧的分布规律。图15-10为不同曲率半径弯桥在均布荷载作用下的支反力分布图。

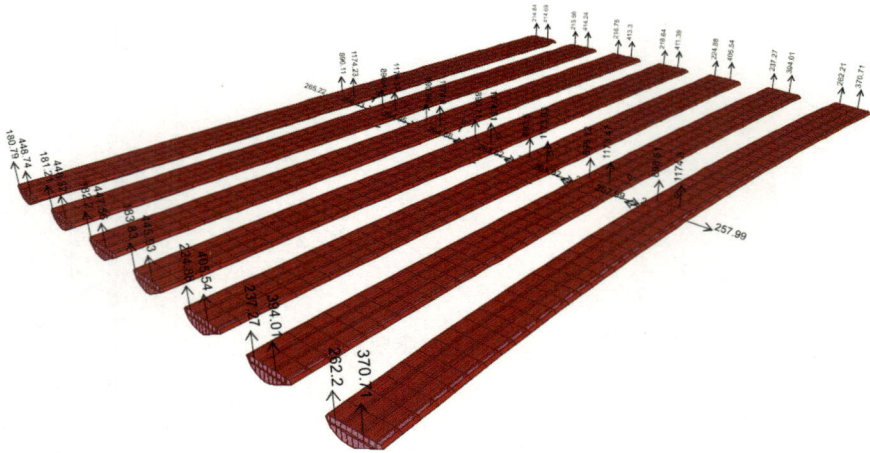

图 15-10　不同曲率半径在均布荷载作用下支座反力分布图

15.4.2.1　外侧支座反力

均布竖向荷载作用下，端部外侧支反力随弯桥曲率半径变化曲线如图 15-11 所示。

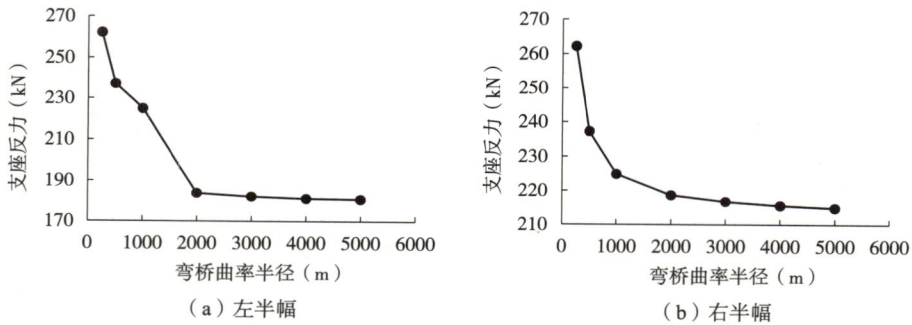

（a）左半幅　　　　　　　　　（b）右半幅

图 15-11　外侧支反力随曲率半径变化曲线

从图 15-11 可知，随着曲率半径的增大，右半幅和左半幅外侧支反力的变化曲线都呈现逐渐下降的趋势。左、右半幅端部外侧支反力的最大值均为 262.2kN，且都出现在曲率半径为 250m 的弯桥上，最小值发生在曲率半径为 5000m 时，最小值分别为 180.8kN 和 214.8kN。

15.4.2.2　内侧支座反力

均布竖向荷载作用下，端部内侧支反力和两侧支反力差随弯桥曲率半径变化曲线分别如图 15-12 和图 15-13 所示。

由图 15-12 可以看出，内侧支反力随曲率半径变化曲线与图 15-11 外侧支反力随曲率半径变化曲线刚好相反，随着曲率半径的增大，右半幅和左半幅内侧支反力的变化曲线都呈现逐渐增大的趋势。左、右半幅的内侧支反力最大值分别为 448.7kN 和 414.7kN，最小值均为 370.7kN。综合图 15-13 可知，外侧和内侧支反力差随着曲率半径的增加而增加。

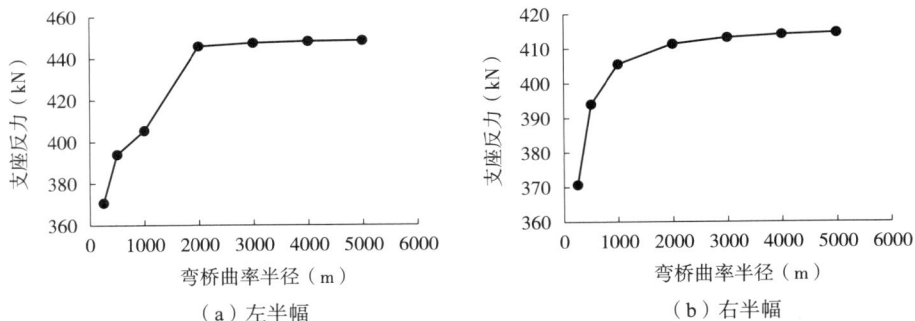

（a）左半幅   （b）右半幅

图 15-12　内侧支反力随曲率半径变化曲线

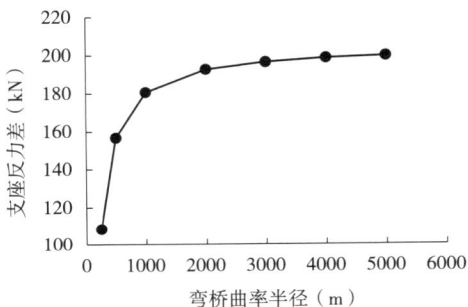

图 15-13　外侧和内侧支反力差随曲率半径变化曲线

15.5　本章结论

通过本章研究可以得出以下结论：

（1）壳体有限元模型相对实体有限元模型而言，省去了大量实体同实体单元之间的连接，尤其是曲线段建模，实体模型很难有较好的适用性，采用壳体单元大大提高了建模效率。同时，由于实体单元仅存在平动自由度，没有扭转自由度，在上部结构与下部结构的变形协调方面，实体有限元模型也会带来额外的工作量，需要处理对应的连接处变形协调的问题。因此，在曲线钢箱梁高架桥受力分析时，采用壳体有限元模型比实体有限元模型更有优势。

（2）自行车弯桥跨中内侧的挠度大于外侧挠度，跨中挠度随曲率半径的增大而减小，弯桥的抗弯刚度随着弯桥曲率半径的增加而增加；扭转变形随着曲率半径的增加而增加，自行车弯桥的抗扭刚度随着弯桥曲率半径的增加而减小。

（3）自行车弯桥同一支座位置处，外侧支反力随着曲率半径的增加而减小，内侧支座反力则随着曲率半径的增加而增加，内外侧支座反力随曲率半径的变化趋势正好相反；外侧和内侧支反力差随着曲率半径的增加而增加，同时不同的支座布置情况可能导致不同的影响。

（4）总体而言，影响弯桥的影响因子有很多，包括支座的几何布置情况、支座的限位措施导致的约束边界变化等，都会对弯桥的变形以及内力产生影响。此外，不同的受力工况得到的影响规律也将不同，限于篇幅，本章仅研究了两跨连续梁桥两端滑动的边界条件下，不同曲率半径桥梁在自重均布荷载作用下的规律，未综合考虑车道荷载、风荷载、汽车撞击等作用。因此，在后续分析中，有必要针对各种不利受力工况下曲率半径变化对薄壁弯箱梁桥的影响规律展开研究，从而为此类桥梁设计提供参考。

第16章 风荷载作用下钢箱梁自行车桥受力性能有限元分析

16.1 引言

云顶路自行车桥采用超薄超长的薄壁线形结构，自重较轻。相对钢筋混凝土桥而言，高架钢桥轻巧、纤细，桥身刚度小，柔性大，对风荷载十分敏感。因此，亟须针对风荷载对自行车桥的影响开展相关研究。国内已有一些学者对常规桥梁受风荷载作用的问题进行相关研究，如康小方等（2012）[66]以广东省某跨江大跨度斜拉桥为例，基于伯努利方程推导静风荷载原理，结合结构本身特性，使用 Midas/Civil 有限元软件分析横桥向风荷载和竖桥向风荷载的影响，并进行成桥状态静风荷载下的特性分析；司敏等（2014）[67]基于多变量随机过程理论建立桥梁结构风荷载模型的互谱和自谱表达式，进一步基于相干函数考虑塔索桥的风荷载相关效应，以某实际的大跨度轻柔斜拉人行桥为工程背景，研究多维脉动风荷载特点和规律，并对模拟结果进行验证和对比研究；张建龙等（2015）[68]以某跨海大桥为工程背景，对大跨度钢箱连续梁桥施工过程最大悬臂状态进行非线性气动稳定性分析，提出基于风荷载非线性及结构几何非线性的气动稳定性分析理论；邱奕龙等（2017）[69]以贵州遵义坞家埗大桥为例，基于 Midas/Civil 建立全桥有限元杆系模型，对其裸墩最高状态、悬臂最大状态以及成桥运营阶段三个易于失稳的主要阶段稳定性进行分析，计算横、纵桥向风荷载工况下高墩大跨径连续刚构弯桥的稳定系数；郑一峰等（2018）[70]依托长白山国际旅游度假区主跨 160m 三跨刚构连续梁桥工程，利用 Midas/Civil 软件对依托工程各悬臂施工阶段的动力特性进行计算，分析各个施工阶段的振型和基频的变化规律，验算在风荷载作用下最大悬臂状态结构的安全性。李俊峰（2018）[71]利用 Midas/Civil 有限元软件构建了大跨度悬索桥单缆结构和双缆结构体系下有限元模型，针对两种结构模型在横风荷载作用下结构特性和受力特征进行模拟分析，得出双缆结构大跨度悬索桥具有更优受力特性和安全使用性能的结论。尽管关于桥梁风荷载研究成果较多，但未见涉及自行车桥的相关报道。与常规公路桥、人行桥相比，自行车高架桥长度更长、桥面更薄、刚度更低，且桥跨类型复杂，受风荷载作用的响应特征不同。

基于此，本章借助有限元程序 SAP2000 建立自行车桥的三维壳体有限元模型，在考虑高度变化系数、脉动系数等因素的基础上，通过模拟横向风荷载作用，研究自行车桥的变形、内力及应力等情况，总结出一些对该类型桥梁设计和抗风性能分析具有参考价值的结论。

16.2 风荷载相关规定

近年来，为了进一步改进和完善风荷载规范，一些学者围绕规范做了一些研究。Hans[72]、Solari 等 [73] 和 Tamura 等 [74] 分别对欧洲、美国和日本等国家或地区的风荷载规范进行了详细的解释或分析。1998 年 Kijewski 和 Kareem 结合风洞试验结果对七个主要规范相关条文表达式的有效性和适用范围进行了验证 [75]。2000 年，Dan Lungu 等学者针对欧洲风荷载规范、ISO 风荷载标准和美国风荷载规范中的相关基本参数进行了比较，并建议对强风作用下建筑物响应的计算方法实行国际统一标准 [76]。2002 年，Zhou Yin 等学者针对主要国家的风荷载规范，比较全面地介绍了高层建筑顺风向荷载及其响应的研究 [77]。

在国内，张相庭教授对我国及国际上主要的风荷载规范进行分析和评估，认为采用沿结构高度不变的风振系数是不合理的 [78][79]。瞿伟廉等（2003）[80] 分析了我国现有风荷载规范中几个需要改进的问题，并提出了对我国风荷载规范修改的几点建议。金新阳（2009）[81] 在回顾总结了国内外工程结构风荷载研究的最新进展和成果的基础上，分析和讨论了我国规范存在的问题以及可能吸纳的成果。洪小健（2004）[82] 详细比较了主要国家风荷载规范中顺风向响应的计算内容，指出中国规范与西方主要国家的规范有较明显差别，在湍流强度、峰值因子、相关系数等的选用方面需要斟酌。此外，赵杨（2005）[83] 对中美日风荷载规范的主要参数和设计方法进行了比较，认为中国规范得到的结果更为准确；黄韬颖 [84] 从基本风速，体型系数，高度、地形地貌对风速影响，以及脉动风速四方面的规定等方面，比较了中美澳三国的风荷载规范，并指出中国规范的规定较为简略。

上述研究成果推动了抗风设计的进程，下面对我国《建筑结构荷载规范》[85] 中风荷载的确定进行简要介绍。

16.2.1 基本风压

基本风压是根据当地气象台站历年来的最大风速记录，按照基本风速的标准要求，将不同风速仪高度和时次时距的年最大风速统一换算为离地 10m 高，自记 10min 平均年最大风速数据，经统计分析确定重现期为 50 年的最大风速，作为当地的基本风速，再按照贝努利公式计算得到：

$$\omega_0 = \frac{1}{2}\rho v_0^2 \tag{16-1}$$

式中：ω_0 为风压（kN/m²），v 为风速（m（s）），ρ 为空气密度（kg/m³）。

确定基本风压的方法包括对观测场地、风速仪的类型和高度以及统计方法的规定，重现期为 100 年的风压即为传统意义上的 100 年一遇的最大风压。

16.2.2 高度变化系数

在大气层边界内，风速随离地面高度增加而增大，当气压场随高度不变时，风速随高度增大的规律，主要取决于地面粗糙度和温度垂直梯度。通常认为在离地面高度为 300 ~ 550m 时，风速不再受地面粗糙度的影响，也即达到"梯度风速"，该高度称之为梯度风高度。地面粗糙度等级低的地区，其梯度风高度比等级高的地区低。

风速剖面主要与地面粗糙度和风气候有关。根据气象观测和研究，不同的风气候和风结构对应的风速剖面是不同的，从工程运用角度出发，规范中采用统一的风速剖面表达式是可行且合适的。因此在规定风剖面和统计各地基本风压时，对风的性质并不加以区分。风速剖面表达式一般规定如下：

$$v_z = v_{10} \left(\frac{z}{10} \right)^{\alpha} \tag{16-2}$$

其中 v_{10} 和 α 值根据不同的场地地貌类型取不同数值。根据地面粗糙度指数及梯度风高度即可得出风压高度变化系数（图 16-1）如下：

$$\mu_z^A = 1.284 \left(\frac{z}{10} \right)^{0.24} \tag{16-3}$$

$$\mu_z^B = 1.000 \left(\frac{z}{10} \right)^{0.3} \tag{16-4}$$

$$\mu_z^C = 0.544 \left(\frac{z}{10} \right)^{0.44} \tag{16-5}$$

$$\mu_z^D = 0.262 \left(\frac{z}{10} \right)^{0.6} \tag{16-6}$$

且有 $\mu_z^A \geqslant 1.09$，$\mu_z^B \geqslant 1.00$，$\mu_z^C \geqslant 0.65$，$\mu_z^D \geqslant 0.51$。

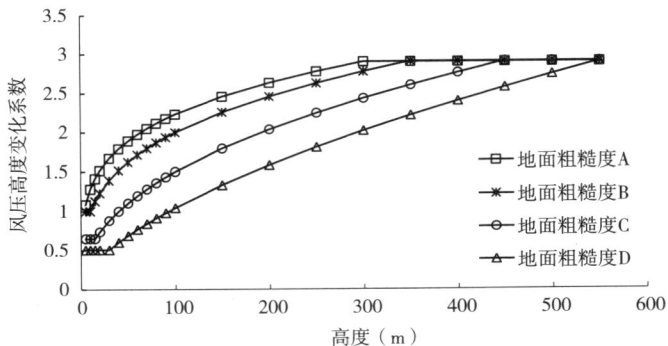

图 16-1　不同场地粗糙度类别风荷载高度变化系数图

16.2.3　风振系数

顺风向风振响应计算应按结构随机振动理论进行，其中 Z 高度处风振系数 β_z 可按下式确定：

$$\beta_z = 1 + 2g I_{10} B_z \sqrt{1 + R^2} \tag{16-7}$$

式中：g 为峰值因子，可取 2.5；

I_{10} 为 10m 高度名义湍流强度，对应于 A、B、C 和 D 类地面粗糙度，可分别取 0.12、0.14、0.23 和 0.39；

R 为脉动风荷载的共振分量因子；

B_z 为脉动风荷载的背景分量因子。

脉动风荷载的共振分量因子可由公式计算得到：

$$R = \sqrt{\frac{\pi \cdot x_1^2}{6\zeta_1 \cdot (1+x_1^2)^{4/3}}} \qquad (16\text{-}8)$$

$$x_1 = \frac{30 f_1}{k_w \omega_0} \qquad (16\text{-}9)$$

式中：$x_1 > 5$；

f_1 为结构第一阶自振频率；

k_w 为地面粗糙度修正系数，对应于 A、B、C 和 D 类地面粗糙度，可分别取 1.28、1.0、0.54 和 0.26；

ζ_1 为结构阻尼比，对于钢结构可取 0.01。

脉动风荷载的背景分量因子可通过公式进行确定：

$$B_z = kH^{\alpha_1} \rho_x \rho_z \frac{\phi_1(z)}{\mu_z} \qquad (16\text{-}10)$$

式中：$\phi_1(z)$ 为结构第一阶振型系数；

H 为结构总高度；

ρ_x 为脉动风荷载水平方向相关系数；

ρ_z 为脉动风荷载竖直方向相关系数；

k、α_1 为系数，具体参照规范取值。

16.2.4　体型系数

风荷载体型系数是指风作用在结构表面一定面积范围内所引起的平均压力（或吸力）与来流风的速度压的比值，体型系数主要与建筑物的体型和尺度有关，也与周围环境和地面粗糙度有关。体型系数涉及固体与流体相互作用的流体动力学问题，对于不规则形状的固体，尤为复杂，无法给出理论上的结果，一般应由试验确定。

应当指出，规范中给出的体型系数是有局限性的，风洞试验仍应作为抗风设计的重要辅助工具，尤其是对于体型系数复杂的结构而言。

16.2.5　桥梁风荷载计算

桥梁风荷载计算理论同荷载规范中风荷载计算理论大致相同，主要兼顾考虑了桥梁结构的自身特点，横桥向假定风荷载水平地垂直作用于桥梁各部分迎风面积的形心上，计算公式为[86]：

$$F_{wh} = k_0 k_1 k_2 k_3 W_d A_{wh} \qquad (16\text{-}11)$$

$$W_d = \frac{\gamma V_d^2}{2g} \qquad (16\text{-}12)$$

$$W_0 = \frac{\gamma V_{10}^2}{2g} \qquad (16\text{-}13)$$

$$V_d = k_1 k_5 V_{10} \qquad (16\text{-}14)$$

$$\gamma = 0.012017 e^{-0.001Z} \qquad (16\text{-}15)$$

式中：F_{wh} 为横桥向风荷载标准值（kN）；

W_0 为基本风压（kN/m²），全国各主要气象台站 10 年、50 年、100 年一遇的基本风压可按附表 A[86] 的有关数据经实地核实后采用；

W_d 为设计基准风压（kN/m²）；

A_{wh} 为横向迎风面积（m²），按桥跨结构各部分的实际尺寸计算；

V_{10} 为桥梁所在地区的设计基本风速（m/s），系按平坦空旷地面，离地面 10m 高，重现期为 100 年 10min 平均最大风速计算确定；当桥梁所在地区缺乏风速观测资料时，V_{10} 可按附录 A[86] "全国基本风速图及全国各气象台站基本风速和基本风压值"的有关数据并经实地调查核实后采用；

V_d 为高度 Z 处的设计基准风速（m/s）；

Z 为距地面或水面的高度（m）；

γ 为空气重力密度（kN/m³）；

k_0 为设计风速重现期换算系数，对于单孔跨径指标为特大桥和大桥的桥梁，k_0=1.0，对其他桥梁，k_0=0.90；对施工架设期桥梁，k_0=0.75；当桥梁位于台风多发地区时，可根据实际情况适度提高 k_0 值；

k_3 为地形、地理条件系数，按表 4.3.7–1[86] 取用；

k_5 为阵风风速系数，对 A、B 类地表 k_5=1.38，对 C、D 类地表 k_5=1.70。A、B、C、D 地表类别对应的地表状况见表 4.3.7–2[86]；

k_2 为考虑地面粗糙度类别和梯度风的风速高度变化修正系数，可按表 4.3.7–3[86] 取用；位于山间盆地、谷地或峡谷、山口等特殊场合的桥梁上、下部结构的风速高度变化修正系数 k_2 按 B 类地表类别取值；

k_1 为风载阻力系数，见表 4.3.7–4 ~ 表 4.3.7–6[86]；

g 为重力加速度，g=9.81m（s）²。

16.3　数值模型设计

采用有限元分析程序 SAP2000 构建自行车桥第 21 联三维模型。限于篇幅，选取自行车桥第 21 联（第 70 跨 ~ 第 74 跨）进行计算，该联包含分离曲线段、曲线分叉段和单幅曲线段等较多曲线型桥跨，弯扭耦合效应显著。其中，墩柱采用钢管混凝土结构形式，外表面为 20mm 厚 Q345 圆钢管，内填充 C30 微膨胀混凝土；截面直径 1.2m，高度 1 ~ 8m。

16.3.1　网格划分与单元模拟

在风荷载的作用下，大断面钢梁产生的弯矩会引起截面的扭转，截面的扭转反过来也会影响截面的弯矩。相比于杆系有限元模型受平截面刚性假定的限制，壳单元模型能够比杆系有限元模型更为真实地反映应力和变形沿钢梁横断面的分布情况，从而可以更合理地描述高架自行车钢桥在横桥向风荷载作用下的受力变形特点。因此，主梁结构采用壳单元模拟，网格划分时综合考虑运算效率与精度，以四边形网格为主，局部过渡区域为三角网格，最大网格划分尺寸为 1.0m，共划分 14465 个单元；将桥墩结构外表面的钢管通过面积和惯性矩等效为混凝土，从宏观上考虑全截面内力在冲击作用下的响应，采用杆单元模拟桥墩结构，共划分为 402 个单元。

16.3.2　材料参数

数值模型中，主要使用的材料和物理参数见表 16-1，参数包括：重度 γ、密度 ρ、弹性模量 E、剪切模量 G、泊松比 ν、线膨胀系数 α。

有限元模型中所使用材料物理参数表　　　　　表 16-1

构件	材料	γ（N·m^{-3}）	ρ（kg·m^{-3}）	E（Pa）	G（Pa）	ν	α（℃$^{-1}$）
桥墩	C30 混凝土	25000	2550	3.0E+10	1.25E+10	0.2	1.0E-5
钢箱梁	Q345	77000	7850	2E+11	7.69E+10	0.3	1.17E-5

16.3.3　几何模型

选取的自行车桥第 21 联包括分离直线段（第 1 跨）、整体直线段（第 2 跨）、分离曲线段（第 3 跨）、曲线分叉段（第 4 跨）和单幅曲线段（第 5 跨）5 种典型桥跨结构形式，如图 16-2（a）所示，其中第 2 跨整体直线段模型图见图 16-2（b）。

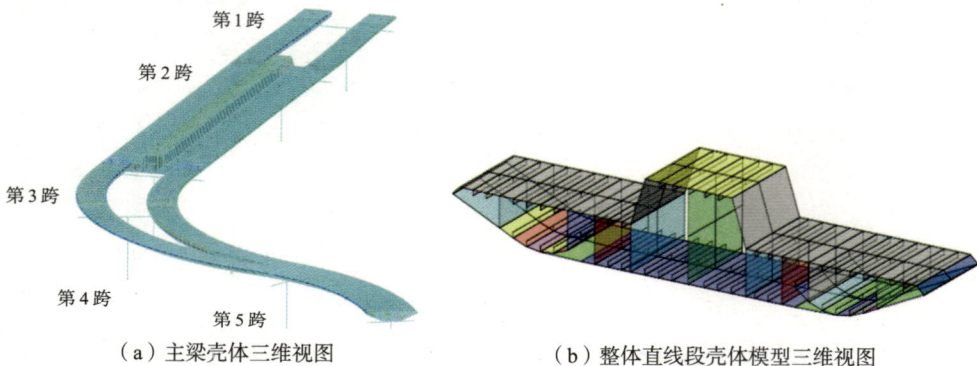

（a）主梁壳体三维视图　　　　　　（b）整体直线段壳体模型三维视图

图 16-2　自行车桥第 21 联有限元模型图

16.3.4　计算工况

由于自行车桥为常规的连续梁结构，跨度上也采用常规布局（18 ～ 40m），风荷载引起的额外激励不是主要因素，对该常规布局连续梁结构的风荷载动力响应研究必要性不高。因此，本次分析主要考虑自行车桥受横向风荷载作用下，整个桥梁的变形、内力以及应力等情况。

鉴于自行车桥第 21 联是曲线桥，本次分析仅考虑具有代表性的方向，即同桥梁直线段部分垂直方向的风荷载工况，其他方向的风荷载暂不考虑。以厦门地区 100 年一遇的基本风压 0.9kN/m² 施加风荷载，并充分考虑脉动系数和高度变化系数的影响，地面粗糙程度为 C，阻尼比取 0.02。模型在施加风荷载工况时根据主梁的腹板作为主要的迎风面和背风面进行风荷载施加。在模型上施加的迎风面荷载如图 16-3 所示。

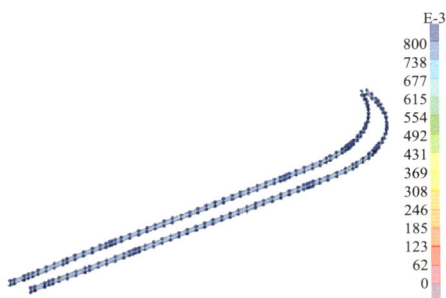

图 16-3　风荷载工况对应的迎风面荷载

16.4　计算结果分析

通过建立自行车桥壳体有限元模型进行风荷载受力分析，选取跨中作为主要输出位置，对不同的桥跨选择桥梁横截面上的关键点进行结果对比分析。整体式和分离式直线段桥跨截面主要输出点示意图见图 16-4 和图 16-5。

图 16-4　整体式直线段桥梁截面
主要输出点示意图

图 16-5　分离式直线段桥跨截面
主要输出点示意图

16.4.1　风荷载作用下自行车桥跨中位移

风荷载作用下自行车桥第 21 联分幅段各跨跨中竖向挠度云图及位移极值见图 16-6 和表 16-2。

从图 16-6 可以看出，最大竖向位移出现在第 4 跨（曲线分叉段）右半幅顶部，表现为洋红色；第 3 跨（分离曲线段）的竖向挠度相对最小。结合表 16-2 可知，第 1 跨（分离式直线段）最大水平和竖向位移为 0.121mm、0.117mm，分别位于右半幅顶部和左半

（a）第1跨

（b）第3跨

（c）第4跨

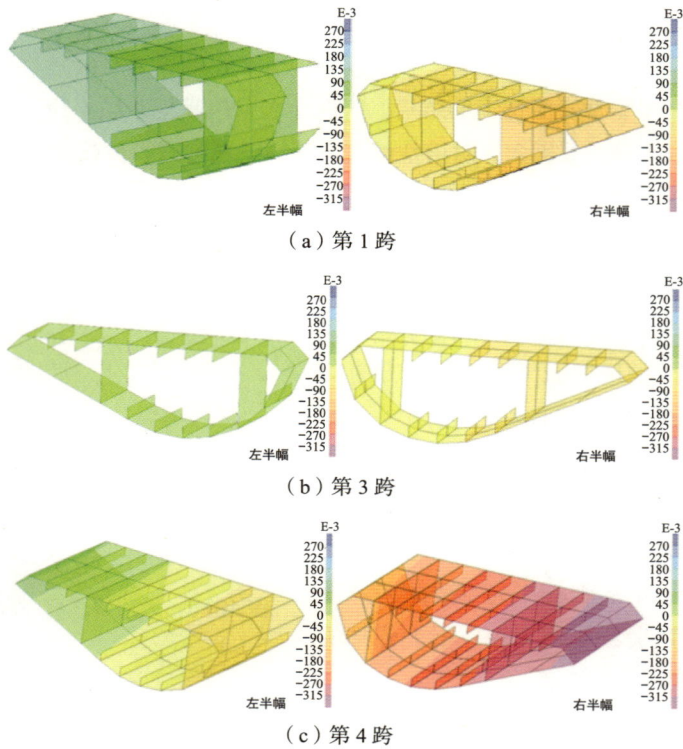

图 16-6　自行车桥分幅段各跨跨中竖向挠度云图

分幅段各跨跨中最大位移值（单位：mm）　　　　　　　　表 16-2

输出点位置	左半幅	底部	左半幅	顶部	右半幅	底部	右半幅	顶部
位移方向	竖向	水平	竖向	水平	竖向	水平	竖向	水平
第1跨	0.096	0.106	0.117	0.12	−0.097	0.112	−0.115	0.121
第3跨	0.017	0.014	0.021	0.022	−0.066	0.045	0.021	0.022
第4跨	−0.063	0.188	−0.063	0.211	−0.28	0.216	−0.324	0.241

幅顶部；第 3 跨最大竖向和水平位移分别为 −0.066mm 和 0.045mm，位于右半幅底部；第 4 跨最大值为 −0.324mm，此处对应水平位移 0.241mm。

整幅段各跨跨中竖向挠度云图和位移极值如图 16-7 和表 16-3 所示。

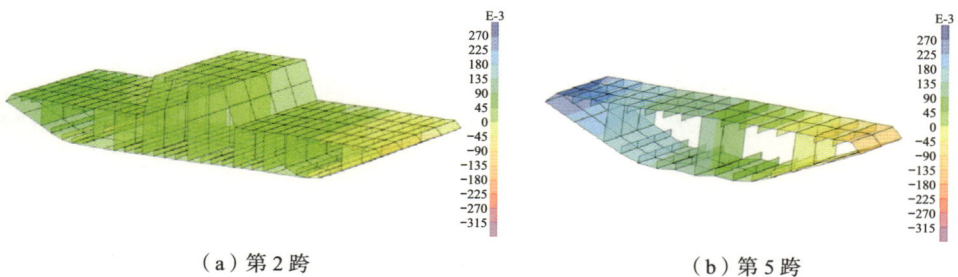

（a）第2跨

（b）第5跨

图 16-7　自行车桥整幅段各跨跨中竖向挠度云图

整幅段各跨跨中最大位移值（单位：mm）　　表 16-3

输出点位置	整幅底部		整幅顶部	
位移方向	竖向	水平	竖向	水平
第 2 跨	0.061	0.071	0.07	0.078
第 5 跨	0.17	0.197	0.248	0.246

由图 16-7 和表 16-3 可知，第 2 跨（整体直线段）和第 5 跨（单幅曲线段）最大竖向、水平位移均出现在钢箱梁顶部，极值分别为 0.070mm、0.078mm 和 0.248mm、0.246mm。

总体上，右半幅比左半幅（迎风侧比背风侧）位移大，底部比顶部位移大。

16.4.2　风荷载作用下自行车桥桥墩弯矩

自行车桥在风荷载作用下桥墩主方向（桥梁纵向）和次方向（垂直桥梁纵向）的弯矩图如图 16-8、图 16-9 所示。

从图 16-8 和图 16-9 可知，位于弯曲交叉段和单幅弯曲段之间的 5 号桥墩弯矩最大，顺桥向与横桥向的弯矩最大值依次为 304.33kN·m 和 37.73kN·m，分别是直线段桥墩弯矩的 1.98 倍和 9.45 倍。这很可能是弯扭组合效应导致产生额外的附加弯矩，桥墩弯矩对比结果很好地反映了弯桥弯扭耦合的特点。

图 16-8　风荷载作用下自行车桥主方向桥墩弯矩

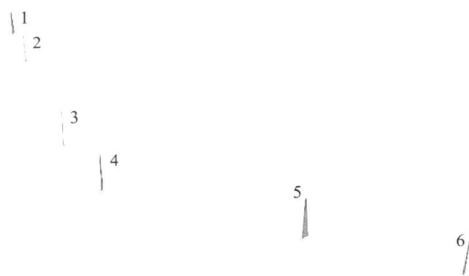

图 16-9　风荷载作用下自行车桥次方向桥墩弯矩

16.4.3　风荷载作用下自行车桥应力分析

16.4.3.1　自行车桥跨中应力

风荷载作用下自行车桥各跨跨中应力分布云图见图 16-10。

从图 16-10 可以看出，各跨的结构形式不同，应力分布也有所差异。第 1 跨为分离直线段，左半幅与右半幅的应力分布较均匀；第 4 跨为曲线分叉口段，左半幅最大应力发生在截面顶部靠近最右端位置处，最小应力位于底部左侧，右半幅最大应力出现在截面顶部最右端，于截面顶部左侧出现最小应力。

风荷载作用下自行车桥各跨横向截面底部应力分布曲线见图 16-11。

由图 16-11 可知，第 1 跨分离直线段和第 2 跨整体直线段桥梁跨中横向应力分布基本呈对称状，但后面 3 跨曲线段的横向应力则表现出明显的非对称分布特点，这也是曲线段、分叉口等结构形式复杂部位弯扭耦合效应的一种间接体现。

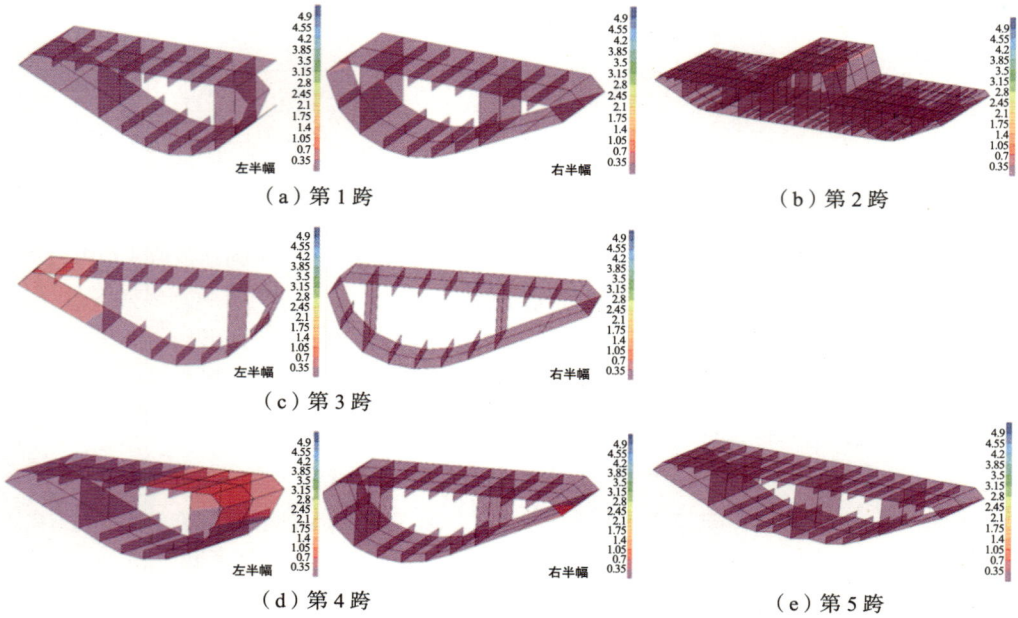

（a）第1跨　　　　　　　　　　　　　　　（b）第2跨

（c）第3跨

（d）第4跨　　　　　　　　　　　　　　　（e）第5跨

图 16-10　自行车桥各跨跨中应力分布云图

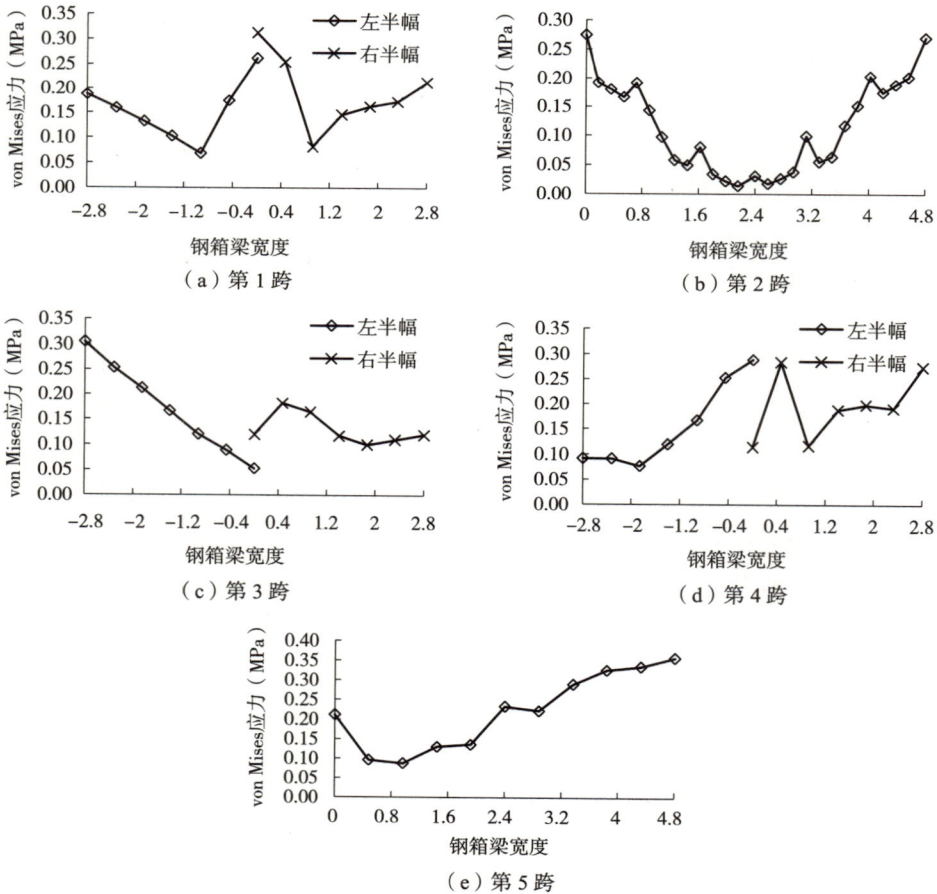

（a）第1跨　　　　　　　　　　　　　　　（b）第2跨

（c）第3跨　　　　　　　　　　　　　　　（d）第4跨

（e）第5跨

图 16-11　自行车桥各跨跨中截面底部应力分布曲线

16.4.3.2 支座处自行车桥应力

风荷载作用下支座处自行车桥应力分布图见图 16-12，其中第 1 ~ 3 号支座位于直线段，第 4 ~ 6 号支座位于桥梁曲线段。以第 3 号支座为例，该支座横截面应力分布曲线如图 16-13 所示。

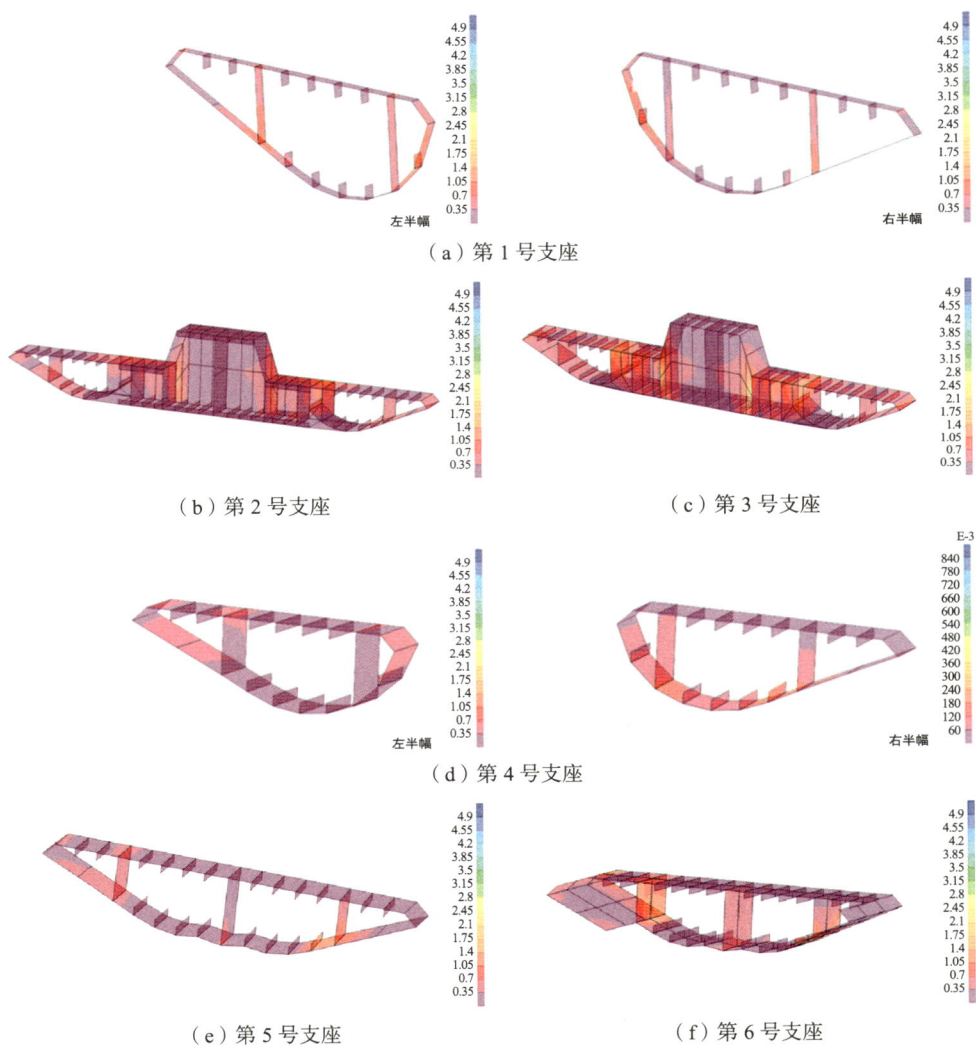

（a）第 1 号支座

（b）第 2 号支座

（c）第 3 号支座

（d）第 4 号支座

（e）第 5 号支座

（f）第 6 号支座

图 16-12 各支座处自行车桥应力分布云图

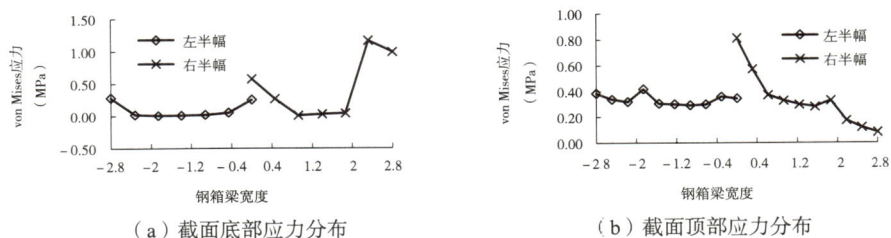

（a）截面底部应力分布

（b）截面顶部应力分布

图 16-13 自行车桥第 3 号支座处截面应力分布曲线

从图 16-13 可以看出，左半幅最大应力发生在截面顶部偏左侧位置处，最大值为 0.416MPa，最小应力出现在截面底部偏左侧，最小值为 0.005MPa；右半幅最大应力位于截面底部最右端，最大值 0.991MPa，最小应力值和位置同左半幅一样。

16.5　本章结论

本章基于薄壁弯箱梁自行车桥弯扭耦合的特点，针对厦门空中自行车桥风荷载下的受力性能展开研究。采用全球著名有限元分析程序 SAP2000 建立第 21 联整体数值模型，模拟 $0.9kN/m^2$ 风压、横桥向的风荷载作用对自行车桥跨中位移、桥墩弯矩、跨中及支座处主梁应力的影响，主要得出以下结论：

（1）不同于杆系有限元无法考虑风荷载竖向变化，壳体有限元模型能够实现更精细化的风荷载施加，能够考虑迎风面沿高度的变化的影响，从而使风荷载施加更为精确。

（2）风荷载作用下自行车桥跨中位移最大值为 0.324mm，迎风侧比背风侧位移略大，底部比顶部的位移大；分离曲线段和整体直线段的位移量最小，分离直线段次之，曲线分叉口段和单幅曲线段位移量最大。

（3）弯曲交叉段和单幅弯曲段桥墩的顺桥向与横桥向弯矩最大值分别是直线段桥墩弯矩的 1.98 倍和 9.45 倍，可见曲线型桥跨的桥墩弯矩呈明显的弯扭耦合效应，在桥梁下部结构设计中应充分考虑此特点，保证自行车桥曲线段的受力安全。

（4）从自行车桥跨中及支座处的截面应力横向分布可知，直线段桥梁跨中横向应力分布基本呈对称状；而在曲线段等结构形式复杂部位横截面方向应力呈不均匀分布特点，弯扭耦合效应明显。

（5）支座和跨中截面的应力分布特点充分体现了薄壁箱梁的主要受力特点，从应力的横向分布可看出剪力滞后效应较为明显。为保证薄壁钢箱梁桥梁分析结果的准确性，杆系有限元模型结果因两个方向均为平截面的假定会导致分析结果有明显的失真，应尽量使用壳体或者实体建模。但是，在整体分析中如果全部采用实体建模会面临模型几何过于复杂难以建模分析，并且对薄壁结构而言，壳体模型给出的结果的精度也是最高的，因此建议薄壁钢箱梁结构采用壳体有限元分析，能够很好地兼顾精度与计算成本。

第17章 薄壁钢箱梁曲线分叉自行车桥的复杂应力分析

17.1 引言

厦门自行车桥为薄壁钢箱梁高架桥，由直线段和曲线段组成，在曲线桥段位置处还有桥梁分叉的情况，受力复杂，弯扭耦合、扭转畸变等效应不容忽视。为确保自行车桥施工安全和施工质量，亟须研究车道荷载作用下自行车曲线桥内力和应力分布情况。近年来，国内学者对桥梁受竖向荷载作用的受力效应进行了一定研究。如谌启发（2012）[87]以宜万铁路宜昌长江大桥为背景，在总结该类结构体系特点的基础上，采用桥梁博士分析软件建立全桥平面有限元模型，对全桥桥面施加竖向均布荷载（二期恒载），分析拱梁内力、竖向荷载及跨中截面弯矩的分配，研究大跨度连续刚构柔性拱组合结构受力效应；李俊峰（2018）[71]以某地区大跨度悬索桥为背景，利用 Midas/Civil 有限元软件构建了大跨度悬索桥单缆结构和双缆结构体系下的有限元模型，针对两种结构模型在汽车活载作用下的结构特性和受力特征进行模拟分析；潘晓民等（2011）[88]为分析竖向荷载作用下曲线梁桥约束反力的特性，以力法方程、三弯矩方程为基础，推演单跨曲线梁桥和连续曲线梁桥的约束反力（扭矩）表达式，并采用推导出的表达式和有限元程序 PCBP 分别对某六跨连续曲线梁桥的内力与约束反力进行计算分析。

综上所述，目前研究成果主要涉及公路桥，未见关于自行车桥的相关报道。而自行车高架桥刚度更低，桥跨类型更复杂，在弯桥位置处还存在分叉情况，受竖向荷载作用的响应特征不同。因此，本章结合材料强度理论，通过 SAP2000 有限元软件建立云顶路自行车桥第 21 联壳体有限元模型，施加竖向均布荷载，研究自行车桥梁复杂线型在车道竖向活荷载作用下的内力及应力变化规律，尤其是在弯桥的跨中部位、支座部位以及弯桥分岔口等重要部位的分布情况。

17.2 常用强度准则介绍

17.2.1 第一强度理论

第一强度理论也即最大拉应力理论，最早由伽利略于 1638 年提出，适用于铸铁和素混凝土等脆性材料。

破坏机理：材料失效的原因是由于材料的内部最大拉应力引起的，无论应力状态如何，只要拉应力达到某一限值 σ_b，材料断裂。

于是危险点处于复杂应力状态的构件发生脆性断裂破坏的条件为：

$$\sigma_1 = \sigma_b \qquad (17\text{-}1)$$

将极限应力 σ_b 除以安全系数 s 即得到许用应力 $[\sigma]$，因此强度条件为：

$$\frac{\sigma_b}{s} = [\sigma] \qquad (17\text{-}2)$$

所以按第一强度理论建立的强度条件为：

$$\sigma_1 \leqslant [\sigma] \qquad (17\text{-}3)$$

17.2.2 第二强度理论

第二强度理论也即最大拉应变理论，马里奥特 1682 年关于变形过大引起破坏的论述，是第二强度理论的雏形。第二强度理论适用于少数脆性材料的某些应力状态。

破坏机理：材料失效的原因是由于材料的内部最大拉应变引起的，无论应力状态如何，只要发生脆性断裂，都是由于微元体内的最大拉应变 ε_u（线变形）达到了简单拉伸时的破坏拉伸应变数值。

于是危险点处于复杂应力状态的构件发生屈服的条件为：

$$\varepsilon_u = \varepsilon_1 = \sigma_b / E \qquad (17\text{-}4)$$

式中 ε_u 为材料的极限应变。

根据广义虎克定律得：

$$\varepsilon_1 = [\sigma_1 - \mu(\sigma_2 + \sigma_3)] / E \qquad (17\text{-}5)$$

所以：

$$\sigma_1 - \mu(\sigma_2 + \sigma_3) = \sigma_b \qquad (17\text{-}6)$$

按第二强度理论建立的强度条件为：

$$\sigma_1 - \mu(\sigma_2 + \sigma_3) \leqslant [\sigma] \qquad (17\text{-}7)$$

17.2.3 第三强度理论

第三强度理论也即最大切应力理论（崔斯卡 – 圣维南理论），1773 年杜奎特（C.Duguet）提出了最大切应力理论，当时在塑性材料如低碳钢等材料上较好地解释了工程中的破坏问题，得到了广泛的运用。

破坏机理：材料失效的原因是由于材料的内部最大切应力引起的，无论应力状态如何，只要发生屈服都是由于微元体内的最大切应变达到了某一限值引起的。

于是危险点处于复杂应力状态的构件发生屈服的条件为：

$$\tau_{max} = \tau_0 \qquad (17\text{-}8)$$

根据轴向拉伸斜截面上的应力公式可知：

$$\tau_0 = \sigma_s / 2 \qquad (17\text{-}9)$$

式中：σ_s 为横截面上的正应力。

同时有：

$$\tau_{max} = \tau_{13} = (\sigma_1 - \sigma_3)/2 \qquad (17\text{-}10)$$

所以破坏条件改写为：

$$(\sigma_1 - \sigma_3) = \sigma_s \qquad (17\text{-}11)$$

按第三强度理论的强度条件为：

$$\sigma_1 - \sigma_3 \leq [\sigma] \qquad (17\text{-}12)$$

17.2.4　第四强度理论

第四强度理论也即形状改变比能理论（胡勃－米塞斯假定），麦克斯韦尔最早提出了最大畸变能理论。

破坏机理：材料失效的原因是由于材料的内部最大变形改变比能达到极限引起的，无论应力状态如何，只要发生屈服都是由于微元体内最大变形改变比能达到某一极限引起的。于是危险点处于复杂应力状态的构件发生屈服的条件为（此处略去推导过程）：

$$\sqrt{\sigma_1^2 + \sigma_2^2 + \sigma_3^2 - \sigma_1\sigma_2 - \sigma_2\sigma_3 - \sigma_3\sigma_1} < [\sigma] \qquad (17\text{-}13)$$

17.2.5　摩尔－库仑强度理论

摩尔－库仑强度理论为修正的最大切应力理论，摩尔－库仑理论适用于脆性剪断，切应力是使材料达到危险状态的主要因素，但滑移面上所产生的阻碍滑移的内摩擦力取决于剪切面的正应力 σ 的大小。不同应力状态下的摩尔－库仑强度包络线如图 17-1 ～图 17-3 所示。

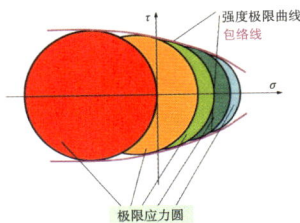

图 17-1　摩尔－库仑强度理论—极限应力圆

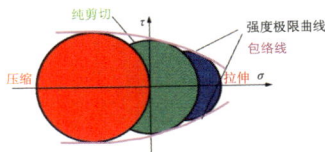

图 17-2　单向拉伸、压缩和纯剪切极限应力圆对应的摩尔－库仑强度包络线

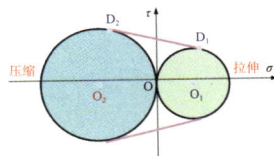

图 17-3　单向拉伸和单向压缩极限应力圆对应的摩尔－库仑强度包络线

在一定的应力状态下，当滑移面上为压应力时，滑移阻力增大；当滑移面上为拉应力时，滑移阻力减小。于是危险点处于复杂应力状态的构件发生破坏的条件为：

$$\sigma_1 - \frac{[\sigma_t]}{[\sigma_c]} < [\sigma_t] \qquad\qquad (17\text{-}14)$$

式中：$[\sigma_t]$ 为许用拉应力；$[\sigma_c]$ 为许用压应力。

如果材料许用拉、压应力相同，则摩尔 – 库仑强度理论与第三强度理论相同。

17.2.6　材料强度理论的选用原则

在三向拉应力状态下，不论是脆性或塑性材料，均发生脆性断裂，宜采用最大拉应力理论（第一强度理论）。

对于脆性材料，在二向拉伸应力状态下及二向拉伸 – 压缩应力状态且拉应力较大的情况下，应采用最大拉应力理论；在二向拉伸 – 压缩应力状态且压应力较大的情况下，应采用最大线应变理论；在复杂应力状态的最大、最小拉应力分别为拉、压时，由于材料的许用拉、压应力不等，宜采用摩尔 – 库仑强度理论。

对于塑性材料（除三向拉伸外），宜采用畸变能理论（第四强度理论）和最大切应力理论（第三强度理论）。

在三向压缩状态下，无论是塑性还是脆性材料，均采用畸变能理论。

17.3　数值模型设计

限于篇幅，仍选取自行车桥第 21 联（第 70 跨～第 74 跨）进行计算，该联为整个项目受力最为复杂的区域，弯扭耦合、扭转畸变等效应明显。

车道活荷载是自行车桥梁在运营过程中出现最频繁的荷载，本次复杂应力分析主要研究基于车道荷载作用下自行车桥中各关键位置处的内力和应力结果。图 17–4 为在自行车桥上施加的车道活荷载。车道

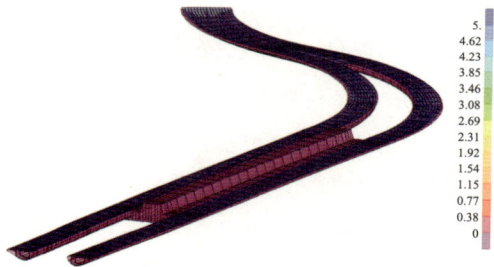

图 17-4　自行车桥活荷载工况

活荷载采取局部面荷载的施加方式，自行车主梁桥面采用 $5kN/m^2$ 的竖向均布荷载来模拟运营过程中自行车桥梁受到的活荷载。

17.4　计算结果分析

17.4.1　车道荷载作用下自行车桥桥墩弯矩

车道荷载作用下的自行车桥桥墩弯矩图如图 17–5 和图 17–6 所示。

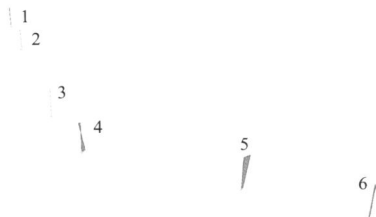

图 17-5　自行车桥车道荷载作用下主方向桥墩弯矩　　图 17-6　自行车桥车道荷载作用下次方向桥墩弯矩

由图 17-5 和图 17-6 可知，位于曲线段的第 4、5 号桥墩的弯矩相对较大，分析认为其受到了曲线主梁弯扭耦合效应的影响。其中主、次方向内力在第 5 号桥墩的弯矩分别为 637.7kN·m 和 301.4kN·m，均位于弯曲交叉段与单幅弯曲段之间，主要是因为桥梁的弯曲程度已经使得因弯扭组合效应而导致额外附加弯矩产生，相比直线段而言，弯曲段的弯矩有较大的增加，主、次方向弯矩分别为 377.1kN·m 和 196.2kN·m，绝对弯矩差别分别为 260.6kN·m 和 105.2kN·m，桥墩弯矩对比结果很好地反映了弯桥弯扭耦合的特点。

17.4.2　车道荷载作用下自行车桥应力分析

17.4.2.1　自行车桥跨中应力

车道荷载作用下自行车桥跨中横向截面应力分布曲线如图 17-7 所示。

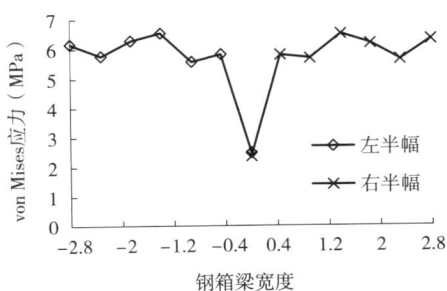

（a）第 1 跨

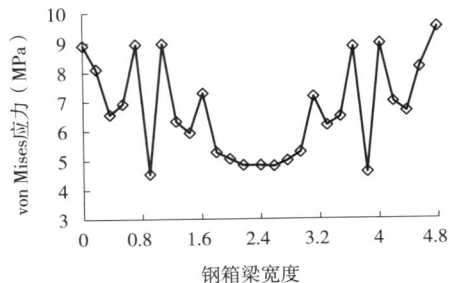

（b）第 2 跨

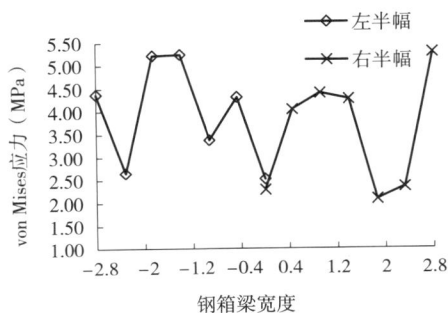

（c）第 3 跨

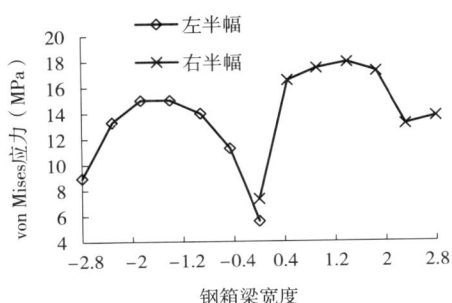

（d）第 4 跨

图 17-7　各跨跨中截面底部应力分布曲线（一）

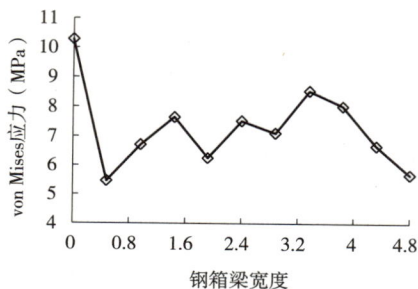

（e）第 5 跨

图 17-7　各跨跨中截面底部应力分布曲线（二）

由图 17-7 可知，车道荷载作用下直线段的第 1、2 跨跨中横截面应力分布基本对称，但是曲线段的第 3 ～ 5 跨跨中横截面应力则表现出了非对称分布特征，并且第 4、5 跨跨中截面的底部应力比前面三跨的应力要高，第 4 跨跨中横截面底部的中间位置应力最大，截面底部应力值达到 17.93 MPa。各跨对应的跨中应力云图如图 17-8 所示。

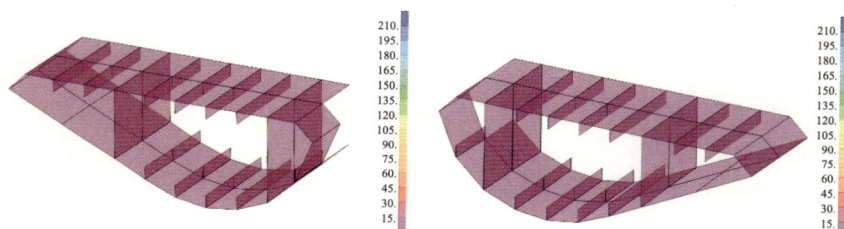

（a）第 1 跨

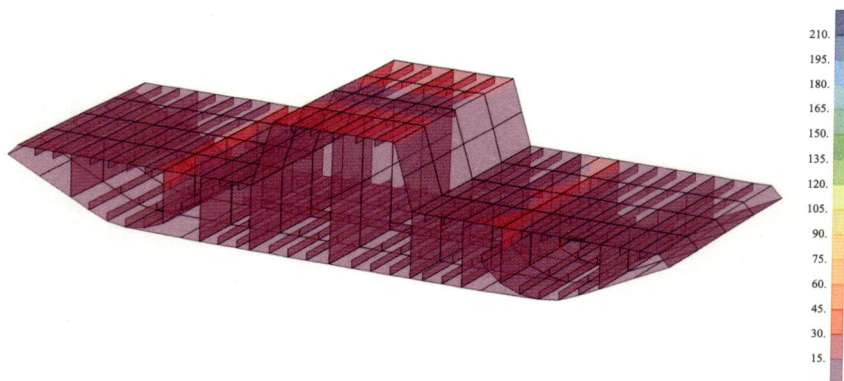

（b）第 2 跨

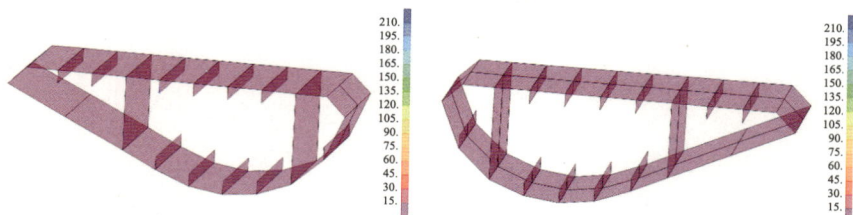

（c）第 3 跨

图 17-8　自行车桥车道荷载作用下各跨跨中应力云图（一）

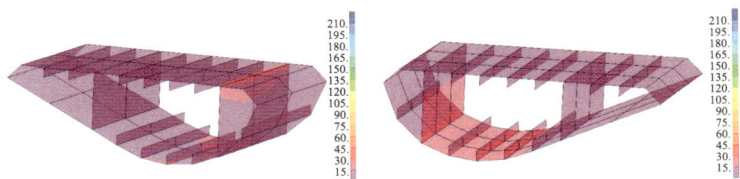

（d）第 4 跨

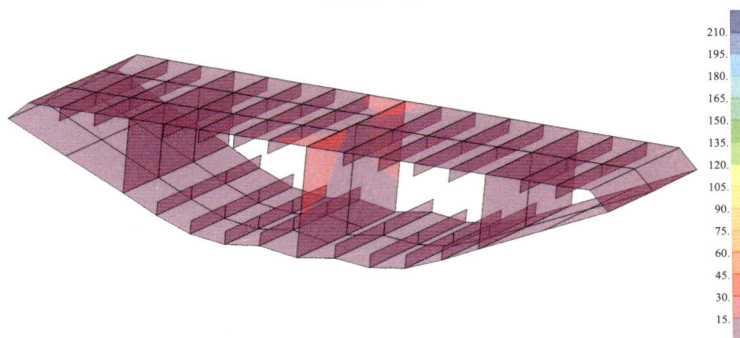

（e）第 5 跨

图 17-8　自行车桥车道荷载作用下各跨跨中应力云图（二）

17.4.2.2　支座处自行车桥应力

车道荷载作用下各支座处对应自行车桥应力云图见图 17-9，其中第 1 ~ 3 号支座位于直线段，第 4 ~ 6 号支座位于桥梁曲线段。以自行车桥第 3 号支座处横截面为例，该横截面底部应力分布曲线如图 17-10 所示。

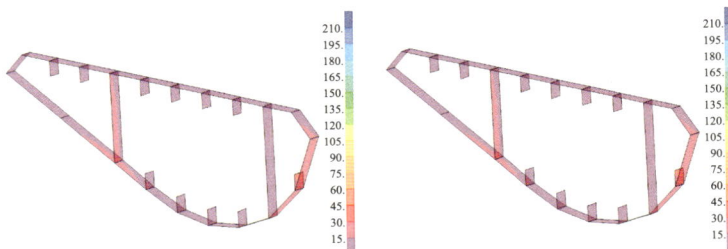

（a）第 1 号支座

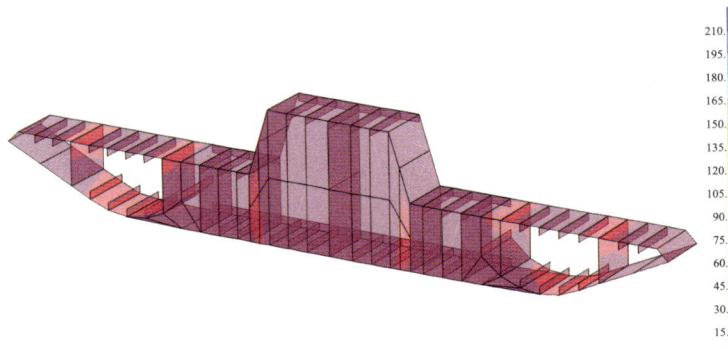

（b）第 2 号支座

图 17-9　自行车桥车道荷载作用下各支座处应力云图（一）

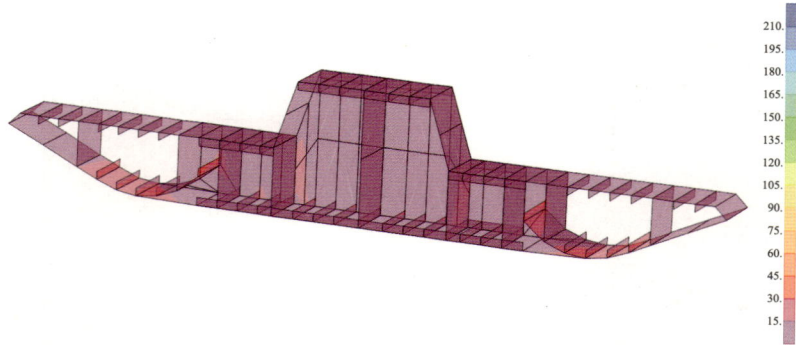

（c）第 3 号支座

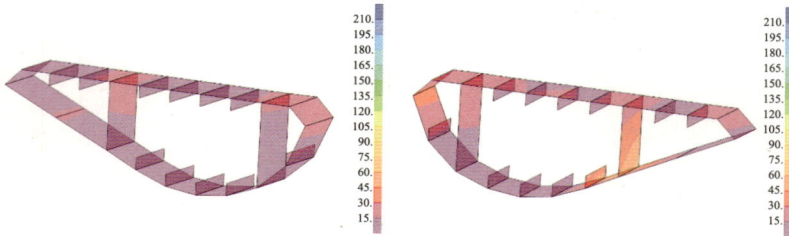

（d）第 4 号支座

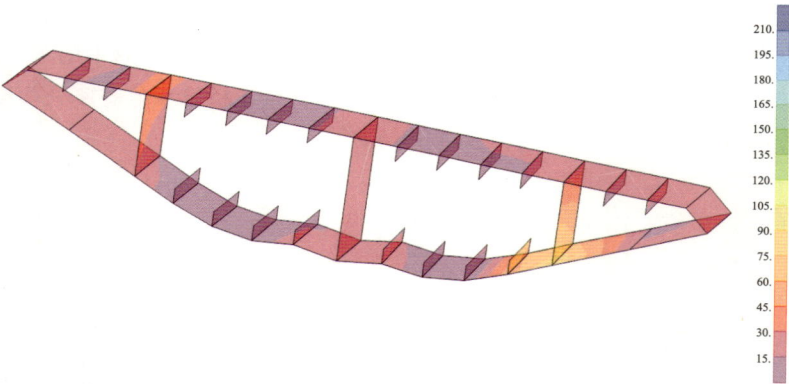

（e）第 5 号支座

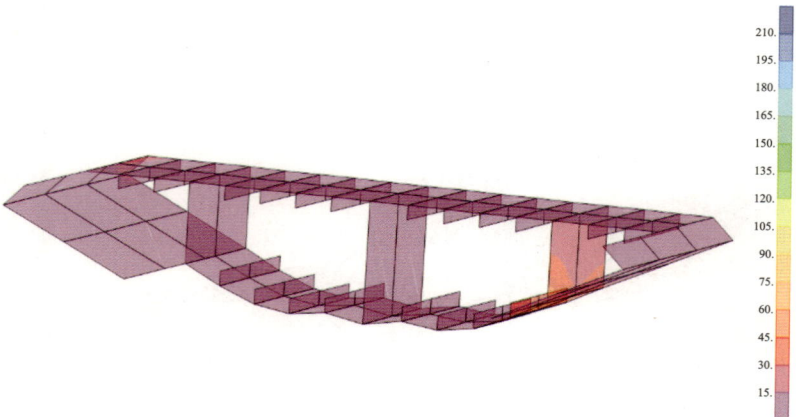

（f）第 6 号支座

图 17-9　自行车桥车道荷载作用下各支座处应力云图（二）

从图 17-9 可知，各支座处横截面应力分布具有明显的非对称特点。由图 17-10 可以看出，左右两侧应力值差别非常大，左侧最大应力值为 10.41MPa，位于钢箱梁最左端，右侧最大应力值为 65.09MPa，位于钢箱梁最右端，右侧最大应力值超出左侧最大值的 6 倍以上。

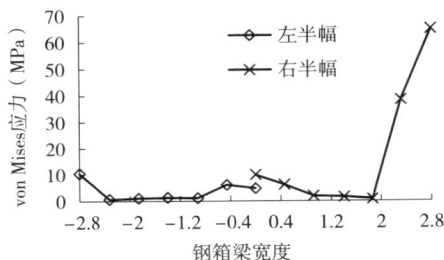

图 17-10　第 3 号支座处横截面底部应力分布曲线

17.5　本章结论

与传统桥梁断面不同，薄壁钢箱梁内力和应力沿截面横向呈现明显不均匀分布的特点。通过本章研究可以得出以下结论：

（1）位于曲线段的第 4、5 号桥墩弯矩相对较大，体现了弯桥主梁的弯扭耦合效应的影响。

（2）直线段（第 1、2 跨）的跨中横截面应力分布基本为对称的，但是曲线段（第 3 ～ 5 跨）的跨中横截面应力则表现出了非对称分布特征，并且第 4、5 跨跨中截面的底部应力比前面 3 跨的应力要高。

（3）各支座处横截面应力分布具有明显的非对称特点。以第 3 支座处横截面为例，右侧最大应力值超出左侧最大值的 6 倍以上。

第18章 汽车冲击荷载下自行车桥墩柱的受力变形分析

18.1 引言

城市自行车桥周边环境复杂,人流量多,且其线路长,被汽车撞击概率较大,一旦发生车桥碰撞,将严重威胁人身安全,影响城市交通的正常运行。因此,急需针对汽车撞击自行车桥的问题开展相关研究。关于计算汽车冲击荷载的常用方法包括拟静力法、质量-弹簧模型动力分析法、能量理论法、试验研究法[89]及数值分析法。其中采用非线性动力有限元程序对桥梁结构冲击响应问题进行时程分析的数值分析法是车桥碰撞问题动力分析的重要工具,如何水涛等(2012)[90]通过动力非线性有限元对超高罐车撞击钢箱梁桥和钢板梁桥的撞击试验进行数值模拟,分析不同桥型在超高车辆的撞击下的破坏模式,得出钢箱梁桥以整体变形为主,钢板梁桥以局部冲切变形为主的结论;王天(2015)[91]通过有限元模拟不同车速汽车产生冲击荷载对桥梁撞击的全过程,研究桥梁被撞后的动态变形及应力变化历程,同时对桥梁损伤程度进行评估;田力等(2016)[92][93]运用LS-DYNA软件建立精细化预应力箱形梁桥上部结构的三维分离式模型和车辆与桥梁上部结构的耦合模型,分析不同撞击位置、不同车速时,桥梁上部结构遭受超高车辆撞击的动态响应;崔堃鹏等(2013)[94]应用ANSYS软件模拟车辆以4种速度撞击桥墩全过程,获得撞击面撞击力时程及峰值,研究汽车撞击高速铁路桥墩瞬态撞击力特性。目前多数研究还是以分析不同撞击位置、不同车速情况下桥梁的动力响应为主,鲜见共同考虑车辆类型和撞击速度的相关报道,且对于撞击对象为自行车桥的研究没有涉及。

基于此,本章通过中美规范规定的设计公式计算获得不同车型及不同撞击速度对应的冲击荷载,基于保守原则,选定AASHTO规范作为本次加载依据,借助有限元软件SAP2000建立厦门市自行车桥的三维模型,模拟计算不同冲击荷载下桥墩剪力、弯矩和弹塑性响应,总结出一些对该类型桥梁设计和撞击研究有参考价值的结论。

18.2 汽车冲击荷载的取值

汽车冲击荷载以节点力荷载作为施加方式,节点力大小由车辆类型(质量参数)及撞击速度为参数根据设计公式计算求得。

18.2.1　车辆类型及撞击速度

汽车节点荷载的施加位置主要依据车辆类型有所变化，车辆主要可分为小汽车、轻型货车、中型货车和重型货车四类车型。不同车辆指标也不同，如小轿车重一般为 1.5t，冲击荷载施加高度为距墩底 0.6m 位置处；轻型货车重量典型值为 4.5t 左右，撞击部位高度为距墩底 0.8m；中型货车重量典型值为 12t，撞击部位高度为距墩底 1.2m；重型货车重量典型值为 30t，撞击部位高度为距墩底 1.3m，如表 18-1 所示。车辆的撞击速度主要可分为 40km/h、60km/h、80km/h、100km/h 和 120km/h 五类。

<table>
<tr><td colspan="5" align="center">主要车辆分类表　　　　　　　　　　　　　　　　表 18-1</td></tr>
<tr><td>车辆类型</td><td>小轿车</td><td>轻型货车</td><td>中型货车</td><td>重型货车（3 轴）</td></tr>
<tr><td>汽车质量（t）</td><td>1.5</td><td>4.5</td><td>12</td><td>30</td></tr>
<tr><td>撞击高度（m）</td><td>0.6</td><td>0.8</td><td>1.2</td><td>1.2</td></tr>
</table>

18.2.2　现有规范设计公式

18.2.2.1　美国 AASHTO 桥梁规范

美国联邦公路与运输协会推出的指南 AASHTO[95] 提出荷载碰撞导致的冲击荷载经验公式如下，可用于估算正面撞击刚性桥墩的等效静定荷载 P_s：

$$P_s = 0.98 \, (DWT)^{\frac{1}{2}} \left(\frac{v}{8} \right) \tag{18-1}$$

式中：P_s 为碰撞荷载等效静力荷载（MN）；DWT 为碰撞汽车的吨位（t）；v 为汽车的碰撞速度（m/s）。

18.2.2.2　我国铁路桥涵设计规范

我国铁路桥涵设计基本规范 [96] 未明确给出车辆撞击桥梁的撞击力设计公式，但规定船舶撞击桥梁墩台的撞击力定义为特殊荷载，具体公式如下：

$$F = \gamma v \sin \alpha \sqrt{\frac{W}{C_1 + C_2}} \tag{18-2}$$

式中：F 为撞击力（kN）；γ 为动能折减系数（$s/m^{\frac{1}{2}}$）；v 为船只或排筏撞击墩台时的速度（m/s）；α 为船只或排筏驶近方向与墩台撞击点处切线所成的夹角；W 为船只重或排筏重（kN）；C_1，C_2 为船只或排筏的弹性变形系数和墩台圬工的弹性变形系数。

18.2.3　两种设计公式计算的冲击荷载值对比

根据 13.2.1 和 13.2.2 的车辆参数和设计公式，按不同规范计算得到不同车型对应不同车速时冲击荷载的大小，如表 18-2、表 18-3 所示。

从表 18-2 和表 18-3 可以看出，AASHTO 规范中定义的冲击荷载远大于我国铁路桥涵规范中定义的冲击荷载值，ASSHTO 规范中规定的车辆撞击力为中国规范中规定数值的 8.5 倍左右。

AASHTO 不同车辆以不同速度撞击时的冲击荷载表（MN）　　　　表 18-2

速度（km/h）	小轿车	轻型货车	中型货车	重型货车
40	1.67	2.89	4.72	7.46
60	2.50	4.33	7.07	11.18
80	3.33	5.77	9.43	14.91
100	4.17	7.22	11.79	18.64
120	5.00	8.66	14.15	22.37

铁路桥涵设计规范不同车辆以不同速度撞击时的冲击荷载表（MN）　　　　表 18-3

速度（km/h）	小轿车	轻型货车	中型货车	重型货车
40	0.20	0.34	0.55	0.87
60	0.29	0.51	0.83	1.31
80	0.39	0.68	1.11	1.75
100	0.49	0.85	1.38	2.19
120	0.59	1.02	1.66	2.62

18.3　数值模型设计

借助有限元软件通过瞬态动力学及接触分析等方法精细化分析特定质量和速度的车辆撞击桥梁的全受力过程，限于篇幅，仍选取自行车桥第 21 联进行计算。

通过 13.2.3 中美规范冲击荷载结果值的对比，基于保守原则，最终选取 AASHTO 规范计算的冲击力作为计算工况的冲击荷载，共考虑 20 个模拟工况，如表 18-4 所示。

模拟工况　　　　表 18-4

编号	1 ~ 5	6 ~ 10	11 ~ 15	16 ~ 20
车辆类型	小轿车	轻型货车	中型货车	重型货车
撞击速度 （km/h）	10	10	10	10
	60	60	60	60
	80	80	80	80
	100	100	100	100
	120	120	120	120

18.4　计算结果分析

18.4.1　不同冲击荷载下桥墩剪力变化

水平剪力结果能够最直接地反映冲击荷载对桥梁的影响。小轿车和轻型货车以 40km/h ～ 120km/h 的速度撞击桥墩时水平剪力随时间变化曲线如图 18-1 所示。

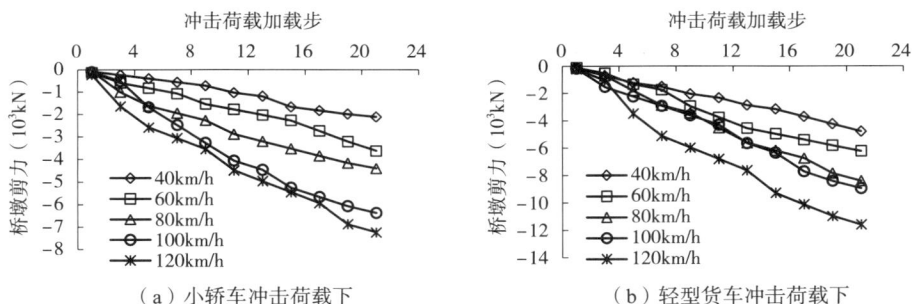

（a）小轿车冲击荷载下   （b）轻型货车冲击荷载下

图 18-1   小轿车和轻型货车冲击荷载下桥墩剪力随加载步变化曲线

从图 18-1 可以看出，不同速度下剪力变化曲线斜率随着荷载步的增加呈统一的减小趋势。抗剪刚度在加载过程中逐渐减小，其中 120km/h 有三段明显的斜率变化段，第 18 荷载步时斜率最小，该荷载步桥墩的抗剪刚度也最小，此时小轿车和轻型货车冲击荷载下对应的桥墩最大剪力分别为 7248kN 和 11612.8kN。整个过程中桥墩有部分区域进入非线性塑性变形阶段，整体上曲线趋于直线，说明仍然具有较好的抗剪刚度。

中型货车和重型货车以不同速度撞击桥墩时水平剪力随时间变化曲线见图 18-2（其中重型货车以 120km/h 速度撞击桥墩时，桥墩结构已较大范围进入塑性阶段，未得到收敛解，因此结果未列出）。

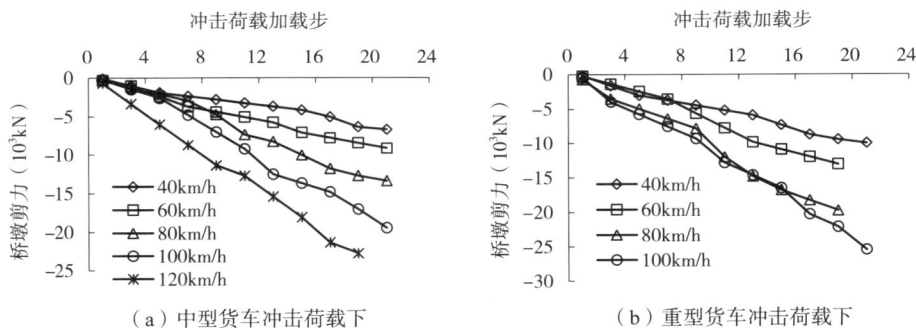

（a）中型货车冲击荷载下   （b）重型货车冲击荷载下

图 18-2   中型货车和重型货车冲击荷载工况下桥墩剪力随加载步变化曲线

由图 18-2 可知，桥墩剪力曲线斜率和抗剪刚度变化趋势同图 18-1，均表现为逐渐减小。中型货车以 120km/h 速度撞击时桥墩剪力有三段明显的斜率变化段，斜率最小发生于第 16 荷载步，此时抗剪刚度也最小，该荷载步桥墩最大剪力为 23450.1kN；重型货车以 100km/h 速度撞击时桥墩剪力有四段明显的斜率变化段，第 20 荷载步时斜率和抗剪刚度最小，桥墩最大剪力为 25467.0kN，其他不同撞击速度冲击荷载工况下，桥梁剪力随荷载步的变化曲线趋势同 100 km/h 的情况一致。

总体上速度小的曲线刚度衰减没有速度大的曲线衰减大，从侧面可以反映荷载越大，桥墩进入非线性的程度相对也越大，最终段的曲线斜率和初始曲线斜率比值也越小。

18.4.2　不同冲击荷载下桥墩底部弯矩变化

墩底弯矩是衡量车辆撞击力对桥墩影响的另一个重要指标。小轿车和轻型货车以 40km/h ~ 120km/h 的速度撞击桥墩时墩底弯矩随时间变化曲线如图 18-3 所示。

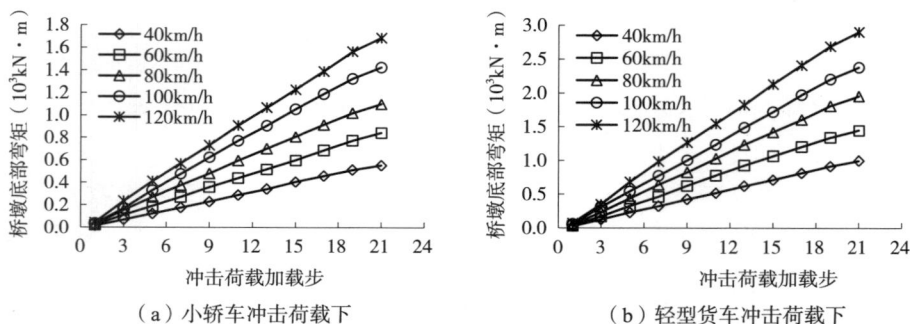

（a）小轿车冲击荷载下　　　　　　（b）轻型货车冲击荷载下

图 18-3　小轿车和轻型货车冲击荷载下桥墩弯矩随加载步变化曲线

从图 18-3 可以看出，随着撞击速度增大，桥墩底部弯矩逐渐增大，小轿车和轻型货车的变化情况相似；5 种撞击工况的桥墩底部弯矩变化曲线趋势基本一致。还可以看出，两种车型以 120km/h 撞击时，在端部斜率减小最为明显，第 20 荷载步时斜率最小，抗弯刚度也最小，此时小轿车和轻型货车对应的桥墩底部最大弯矩为 1684.3kN·m 和 2897.8kN·m。

中型货车及重型货车以不同速度撞击桥墩时墩底弯矩随时间变化曲线见图 18-4（其中重型货车以 120km/h 速度撞击桥墩时，桥墩受到整体性损伤而未得到收敛解）。

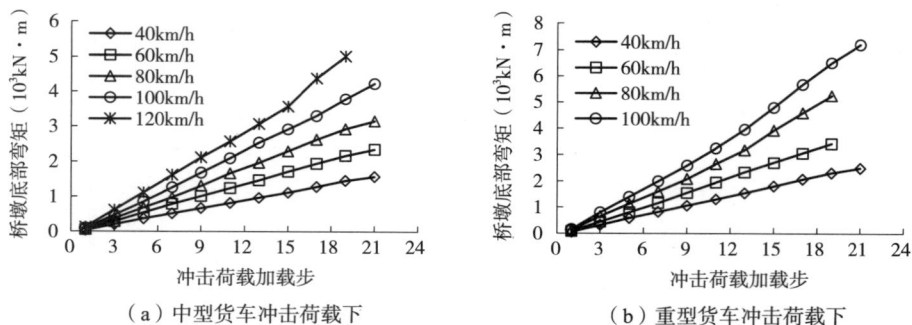

（a）中型货车冲击荷载下　　　　　　（b）重型货车冲击荷载下

图 18-4　中型货车和重型货车冲击荷载下桥墩弯矩随加载步变化曲线

由图 18-4 可知，桥墩底部弯矩变化曲线斜率随着荷载步的增加而逐渐减小。中型货车在 120km/h 冲击荷载下，斜率于第 15 荷载步出现明显突变；当重型货车以 100km/h 撞击时，第 20 荷载步下的斜率最小，此时桥墩抗弯刚度也最小。两种车型受不同速度撞击时桥墩底部对应的最大弯矩分别为 5312.3kN·m 和 7200.9kN·m，整个过程中桥墩有局部区域进入非线性塑性变形阶段，不同的是重型货车冲击下墩底弯矩变化形态带有一定的曲线特点，说明仍然具有较完整的抗弯刚度，但已经存在了一定的刚度折减。

总体上，相比于撞击速度大的撞击工况，撞击速度小的工况下的墩底弯矩变化曲线斜率减小幅度更不明显，曲线最终斜率和初始斜率的比值也越小。

18.4.3 不同冲击荷载下桥墩底部塑性变形

塑性转角是结构进入塑性的重要宏观指标，是能够从宏观角度衡量全截面的内力综合指标，可体现截面位置处的总体塑性发展情况。

小轿车以及轻型货车塑性转角随时间变化曲线如图 18-5 所示。

通过图 18-5 可知，小轿车及轻型货车以 40 ~ 120km/h 的不同速度撞击桥墩时，桥墩底部截面转角变形均未进入塑性状态。可见小轿车以及轻型货车以 120km/h 以内的速度撞击时不会对桥墩造成明显的损伤，整体桥墩仍保持为弹性状态。

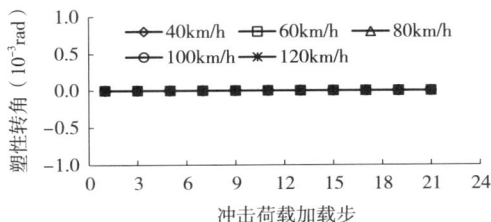

图 18-5　小轿车以及轻型货车塑性转角变化曲线

中型货车以 40 ~ 120km/h 的速度撞击时桥墩底部塑性转角变化曲线如图 18-6 所示。

从图 18-6 可以看出，车速为 40 ~ 80km/h 时，桥墩底部仍保持为弹性，从 100km/h 开始桥墩柱底转角变形开始进入塑性。100km/h 速度造成的冲击荷载在第 18 荷载步时开始进入塑性，整体塑性转角变形较小，最大值为 0.12E-3 弧度（rad）；120km/h 速度造成的冲击荷载在第 15 荷载步时开始进入塑性，整体塑性转角变形较小，最大值为 0.28E-3 弧度（rad）。桥墩整体上基本处于弹性，局部转角轻微进入塑性，但塑性转角相对较小，未有进一步的发展。整体桥墩的承载力仍处于上升阶段，当冲击荷载卸载后，塑性变形的残余量非常小，对桥梁整体承载力基本没有影响。

重型货车以不同速度撞击桥墩时，桥墩底部截面转角的塑性变形情况见图 18-7。

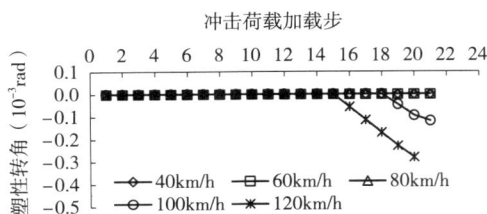

图 18-6　中型货车塑性转角变化曲线

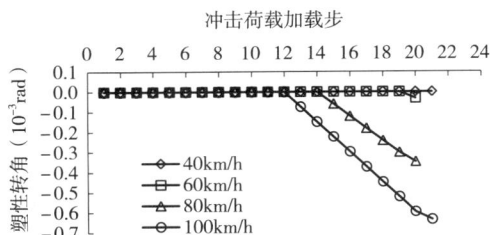

图 18-7　重型货车塑性转角变化曲线

由图 18-7 可知，车速在 40km/h 时冲击荷载作用下桥墩仍保持为弹性，但从 60km/h 开始桥墩柱底转角变形开始进入塑性。当撞击速度为 60km/h 时，桥墩底部于第 19 荷载步进入塑性，整体塑性转角变形很小，最大值为 32E-6 弧度（rad）；当撞击速度为

80km/h 时，在第 14 荷载步开始进入塑性，塑性转角最大值为 0.35E–3 弧度（rad）；以 100km/h 速度撞击的冲击荷载在第 12 荷载步开始进入塑性，塑性转角最大值为 0.64E–3 弧度（rad）；120km/h 速度造成的冲击荷载作用下的分析未有收敛的结果，因此 120km/h 速度造成的冲击荷载应引起足够重视，可能会对桥墩结构造成较大损伤，进一步影响桥梁结构的后期使用，应通过其他防撞措施严格限制此种荷载对桥梁造成破坏。

不同车辆撞击桥墩时的塑性铰分布情况如图 18-8 所示。

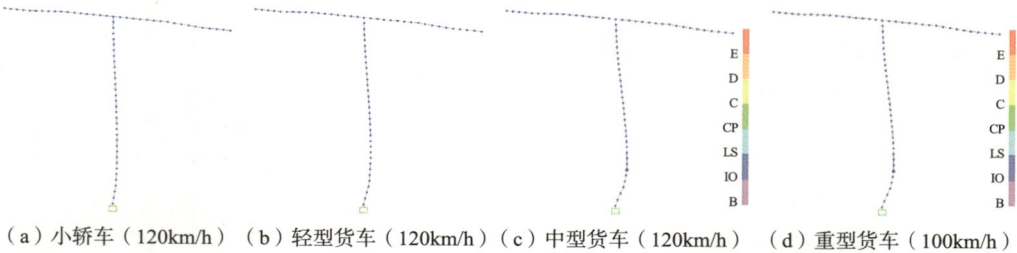

（a）小轿车（120km/h）　（b）轻型货车（120km/h）（c）中型货车（120km/h）　（d）重型货车（100km/h）

图 18-8　不同车辆撞击桥墩时的塑性铰分布情况

从图 18-8 可以看出，中、重型货车分别以 120km/h 和 100km/h 撞击时，桥墩主体结构均属于局部破坏，但未丧失整体承载力，塑性铰的颜色均表现为洋红色，结合颜色柱状图可以发现，所有塑性铰的塑性发展阶段处于 IO（立即使用）阶段，未发展至 LS（生命安全）或其他后续阶段（见图 18-9）。由此说明截面没有进一步塑性发展的趋势，整体承载力并未丧失，但需要对撞击部位的损伤进行评估。本次塑性铰分析过程中未得到重型货车以超过 120km/h 速度撞击时的收敛解，可见此种荷载工况会导致桥墩进入更大的塑性发展阶段，很可能导致桥梁整体性损伤，甚至发生桥梁坍塌。

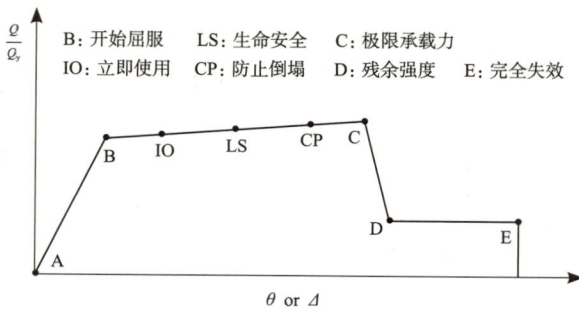

图 18-9　美国 FEMA356 规范[97] 规定的荷载变形曲线

18.5　本章结论

本章通过 AASHTO 规范设计公式确定不同车辆类型和撞击速度的汽车冲击荷载，建立自行车桥三维有限元模型，根据等效冲击荷载对桥梁结构进行非线性的静定分析，研究在等效冲击荷载作用下自行车桥桥墩的变形和受力特性，得到桥墩对象位移和内力分布情况，主要得到以下结论：

（1）不同国家规范规定的冲击荷载差别较大，我国规范规定桥梁冲击荷载要远小于美国规范的规定，实际设计时，建议采取美国荷载规范的数值作为补充验算时参考，以确保实际设计的安全。

（2）桥墩受小轿车冲击荷载作用时，小轿车以 40km/h ～ 120km/h 的速度撞击桥墩，桥梁下部结构桥墩均不会进入塑性状态，仅局部应力集中区域发生破坏，不会导致桥墩结构整体进入塑性状态，总体上桥墩仍保持弹性并处于安全状态。

（3）桥墩受轻型货车撞击时，除撞击部位的局部应力集中导致破坏外，桥墩整体仍处于弹性，不会导致桥墩主体结构的整体损伤，局部破坏根据实际情况进行适当修补即可。

（4）桥墩受中型货车冲击荷载作用时，不会导致桥墩失效，局部会有破坏发生。当桥墩受到 100km/h 以上的冲击荷载作用时局部进入塑性状态，最不利截面的最大塑性转角为 0.28E-3rad，整体塑性变形在可控范围内，不会导致桥墩的整体失效。

（5）桥墩受重型货车撞击时，当撞击速度在 100km/h 以下，不会引起桥墩失效；当桥墩受到 100km/h 的速度撞击时局部进入塑性状态，最不利截面的最大塑性转角为 0.64E-3rad，整体塑性变形在可控范围内，不会导致桥墩的整体失效；当重型货车以 120km/h 撞击桥墩时，桥墩结构已经有较大范围进入塑性阶段，导致有限元求解无法收敛，从侧面可以反映出，此种撞击力作用对桥梁结构造成较大的破坏，可能会直接影响桥梁的正常使用功能，甚至引起本桥跨段的桥梁坍塌，应该极力避免此类事故发生。

（6）本章对钢管混凝土桥墩模型作了一定的简化处理，将外表面的钢管通过面积和惯性矩等效为混凝土；仅从宏观上考虑全截面的内力在冲击作用下的响应，未考虑微观层面上混凝土或者钢管的微观局部塑性及失效情况，未考虑钢管和内部混凝土的粘结效应，未考虑撞击后钢材的塑性、韧性和混凝土之间的差别。因此，细部桥墩模型的建立有待进一步研究。

第 19 章　自行车桥的活荷载取值研究

19.1　引言

桥梁的结构设计非常复杂，且活荷载在空间和时间上具有极大随机性[98]。国内已有一些学者对常规桥梁活荷载开展研究，如马虎迎等（2015）[99]开发一种工字梁桥的活荷载剪力分布系数方程，并通过有限元现场测试评估验证该方程更利于桥梁设计；王赞芝等（2011）[100]通过计算抗弯惯矩修正系数和抗扭惯矩修正系数，探讨常见变截面连续箱梁桥活荷载内力增大系数计算方法；齐宏学等（2015）[101][102]以某三塔斜拉－自锚式悬索组合体系桥梁为背景，基于该桥梁结构特点选择合理的活载计算方法，通过非线性分析，研究活载作用下结构的受力情况。尽管关于桥梁活荷载研究成果较多，但未见涉及自行车桥活荷载取值的相关报道。与常规公路桥相比，自行车高架桥的活荷载比较小，荷载形式也比较单一，主要为自行车荷载。但由于自行车桥长度更长、桥面更薄、刚度更低，在自行车活荷载作用下的响应特征会有其自身特点，同时自行车桥活荷载的取值亦应与其结构特征相匹配，而不是仅考虑荷载本身的大小。因此，应针对自行车梁结构及自行车荷载的特点，确定与自行车高架桥自身结构特征相匹配的自行车活荷载取值。目前自行车高架桥在我国尚处于探索尝试的起步阶段，并没有专门的技术标准，只能参考《公路桥涵设计通用规范》[86]和《公路工程设计标准》[103]中的相关规定，以桥面上机动车道与非机动车道间设置永久性分隔带的非机动车道和非机动车专用桥为参考，根据桥面宽度的大小选取相应的桥面活荷载。

基于此，本章考虑自行车数量、设计车道数量、骑行速度及多车道荷载错位等影响因素，通过数值分析方法对各因素引起自行车桥梁结构挠度、内力和支座反力进行比较分析，最后提出钢箱梁自行车活荷载的取值建议，供结构设计和修订现行荷载规范时参考。

19.2　自行车桥的活荷载取值影响因素

自行车桥的活荷载较小，主要为自行车荷载，其对自行车桥面板不是一个满布的均布荷载，而是通过车轮轮压作用于自行车桥面板上的局部移动荷载，该荷载的大小和作用位置对自行车桥面板某个区域而言是随时间变化的。影响自行车桥活荷载取值的因素包括自行车数量、设计车道数量、骑行速度和不同车道的自行车荷载错位加载，其中自行车及设计车道的数量是主要影响因素。骑行速度会引起桥梁的受迫振动，但自行车重量和骑行速度相对较小，不会引起自行车同桥梁的共振效应，因此骑行速度的影响相对较小。不同自行车车道荷载可能发生错开加载的情况，将引起不同的车道荷载之间的相位差，从而导致移动荷载随时间发生变化，这种情况与对齐加载是不一样的。

19.3 数值模型设计

为研究桥梁挠度、内力和支座反力受力情况，借助有限元分析程序 SAP2000 进行影响面分析，以获取第 1 节所提的各个因素对桥梁结构的影响程度。限于篇幅，选取自行车桥第 21 联进行计算。

为充分考虑自行车桥在移动过程中对相邻跨内力的影响，根据本项目的跨度特点，以每 2.7m 布置一辆 2kN 自行车的车道荷载作为桥面活荷载的主要来源。模拟自行车桥前轮与后轮集中力为 1kN，自行车长 2m，自行车与自行车间距 2.7m，总长为 41m，以涵盖不同跨径满跨布载的情况。基于此，重点分析车道数量、骑行速度和多车道荷载错位加载等情况的不同对桥梁变形和内力的影响，共考虑 24 种计算荷载工况，如表 19-1 所示。

计算工况 表 19-1

编号	1 ~ 5	6 ~ 10	11 ~ 15	16 ~ 20	21 ~ 22	23 ~ 24
车道数量	1	2	3	4	2	3
骑行速度（km/h）	5 10 15 20 25	5 10 15 20 25	5 10 15 20 25	5 10 15 20 25	5 25	5 25
多车道荷载错位	无	无	无	无	有	有

19.4 计算结果分析

19.4.1 不同车道数量和骑行速度对桥梁挠度的影响

单列自行车不同骑行速度下（第 200 荷载子步）桥梁的挠度变化如图 19-1 所示。

从图 19-1 可以看出，5km/h 时第 200 子步荷载作用在第一跨，最大挠度为 1.68mm；10km/h 时第 200 子步荷载作用在第二跨和第三跨之间，最大挠度为 0.77mm；15km/h 时第 200 子步荷载作用在第三跨和第四跨之间，最大挠度为 0.77mm；20km/h 时第 200 子步荷载作用在第五跨，最大挠度为 3.92mm；25km/h 时第 200 子步荷载作用在第五跨，最大挠度为 5.6mm。从上述变形情况可知，在跨度相近的跨段中，弯桥段的变形最大，也反映出弯桥抗弯刚度较直桥段小。

15km/h 移动荷载作用不同自行车道数量下（第 200 荷载子步）桥梁的挠度变形情况和最大挠度值分别见图 19-2、表 19-2。

（a）5km/h 荷载作用　（b）10km/h 荷载作用　（c）15km/h 荷载作用

（d）20km/h 荷载作用　（e）25km/h 荷载作用

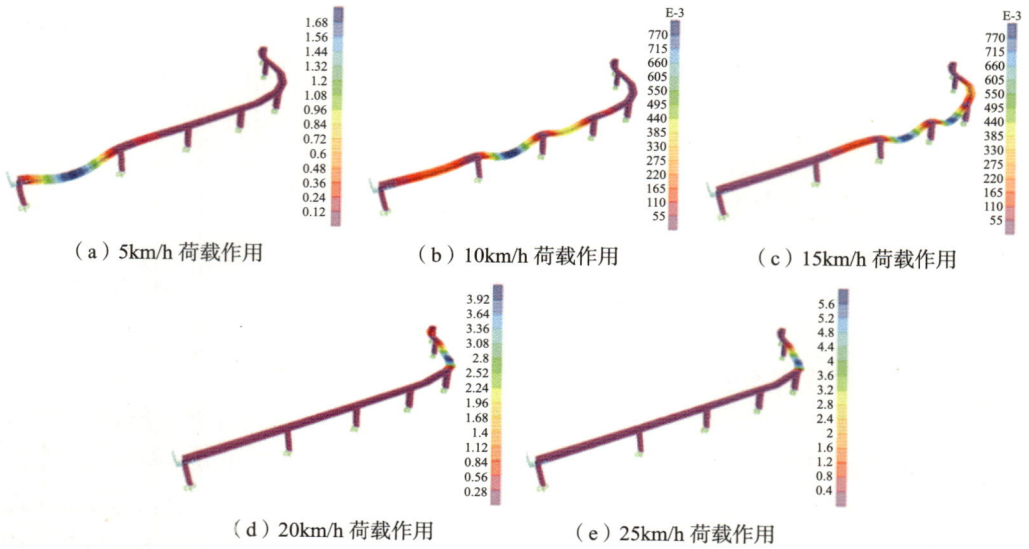

图 19-1　单列自行车不同骑行速度下桥梁的挠度变形图

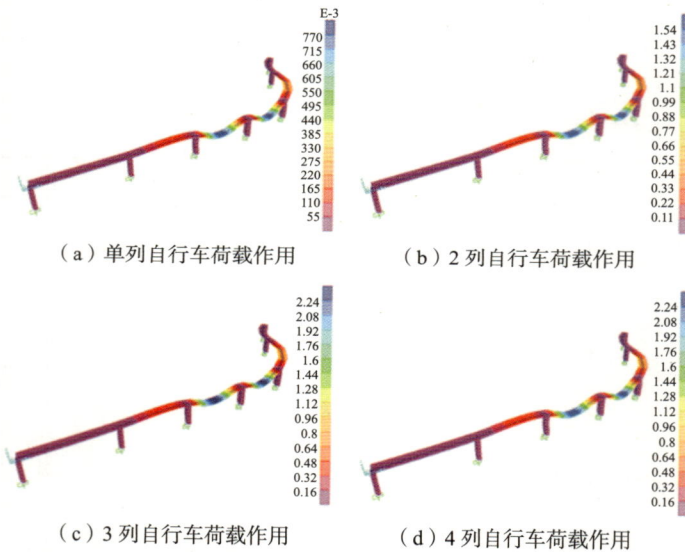

（a）单列自行车荷载作用　（b）2 列自行车荷载作用

（c）3 列自行车荷载作用　（d）4 列自行车荷载作用

图 19-2　15km/h 移动荷载作用不同自行车道数量下桥梁的挠度变形图

15km/h 移动荷载作用不同自行车道数量下桥梁的最大挠度 　　　　表 19-2

自行车车道数量	单列	2 列	3 列	4 列
最大挠度（mm）	0.77	1.54	2.24	3.08

　　从图 19-2 可以看出，无论单列自行车荷载作用在横断面中心线上的情况，还是多列自行车荷载根据中心线进行偏心加载的情况，桥梁的挠度均随着车道数量保持高度的线性变化。结合表 19-2 可知，不同自行车道荷载作用下桥梁结构的挠度有所不同，由于桥梁采取钢箱梁截面，其抗扭刚度较大，因此不同车道设置对自行车桥的挠度成线性比例发展，没有因自行车车道偏离桥梁中心线而导致扭转变形，进而导致挠度发生非线性的增长。

19.4.2　不同车道数量和骑行速度对桥梁内力的影响

桥梁结构的内力是考察自行车荷载响应的重要指标之一，现选取第三跨跨中作为内力取样点，分析第三跨跨中内力在不同车道数量以及不同车速作用下的变化规律。

单列自行车不同骑速荷载作用下第三跨跨中弯矩随时间变化曲线如图 19-3 所示。

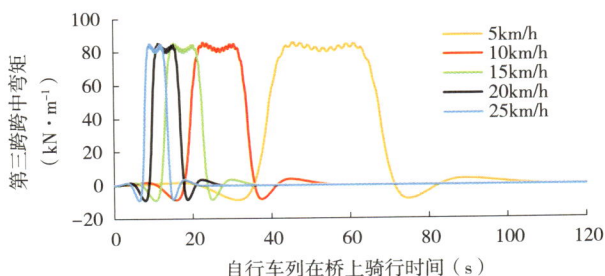

图 19-3　单列自行车不同速度作用下第三跨中弯矩图

由图 19-3 可知，不同骑行速度跨中弯矩最大值是一致的，保持在 84.5kN·m 左右，骑行速度仅影响最大弯矩的到达时刻。其中 5km/h 到达时刻最晚，发生在第 45.2s，对于其他骑行速度的情况，从 10km/h 到 25km/h，对应最大弯矩的到达时刻依次提早，最大弯矩最早发生在第 8.8s。

双车道至 4 车道下不同自行车移动荷载下的弯矩变化规律分别如图 19-4 ~ 图 19-6 所示。

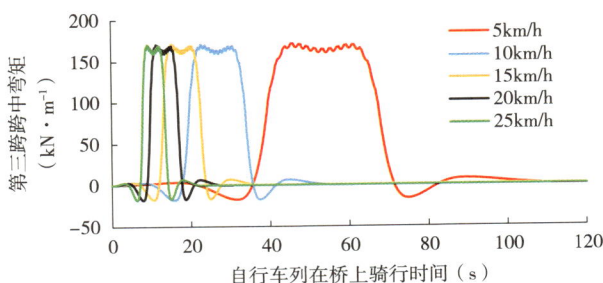

图 19-4　2 列自行车不同速度作用下第三跨中弯矩图

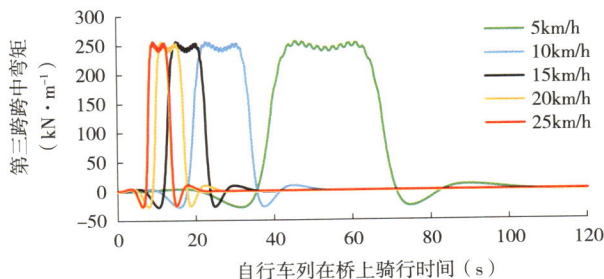

图 19-5　3 列自行车不同速度作用下第三跨中弯矩图

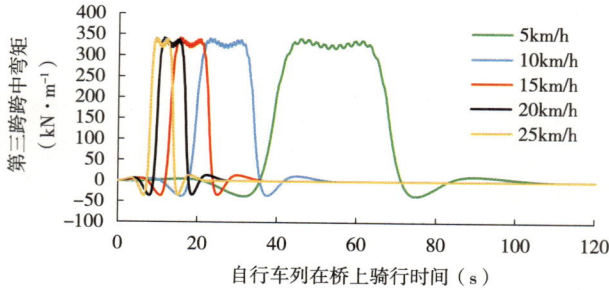

图 19-6 4列自行车不同速度作用下第三跨中弯矩图

从图 19-4 ~ 图 19-6 可以看出，多车道的弯矩变化规律同单车道的情况基本相同。弯矩极值基本不受骑行速度的影响，骑行速度仅影响最大弯矩的到达时间；另一方面，第三跨跨中弯矩最大值同自行车车道数量呈现明显线性关系，从单车道的 85kN·m 到双车道的 169kN·m，以及 3 车道的 256kN·m、4 车道的 341kN·m，最大弯矩值同车道数量保持线性增长的关系。由此可见桥梁的刚度较大，尤其是抗扭刚度较大，自行车的偏心效应在荷载弯矩响应方面表现不明显，最大弯矩始终同自行车车道数量为线性关系。

为更为明显地对比第三跨跨中弯矩同自行车车道的对应关系，图 19-7 给出了 25km/h 骑行速度对应单车道至 4 车道第三跨跨中弯矩随加载时间的变化曲线。

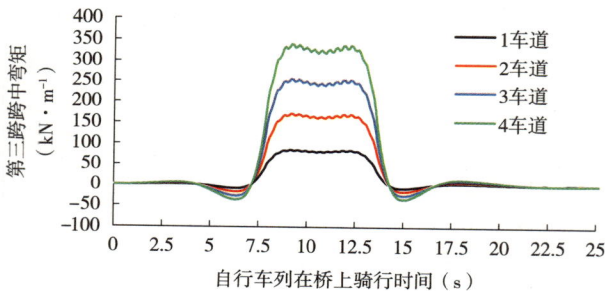

图 19-7 25km/h 骑行速度下第三跨中弯矩随车道数量变化曲线

由图 19-7 可知，单车道和多车道的曲线变化趋势保持高度的一致性。此外，第三跨跨中弯矩的大小同车道数量之间呈现线性正相关关系，可以发现弯矩的大小未受到车道偏心加载的影响，进而说明桥梁具有充分的抗扭刚度。

19.4.3 不同车道数量和骑行速度对桥梁支座的影响

支座反力作为衡量桥梁受力特点的另一个重要指标，现选取第 4 桥墩作为支座反力取样点，分析第 4 桥墩处支座反力在不同的车道荷载以及不同的车速作用下的变化规律。

单列自行车不同骑速荷载作用下第 4 桥墩处支座反力随时间变化曲线如图 19-8 所示。

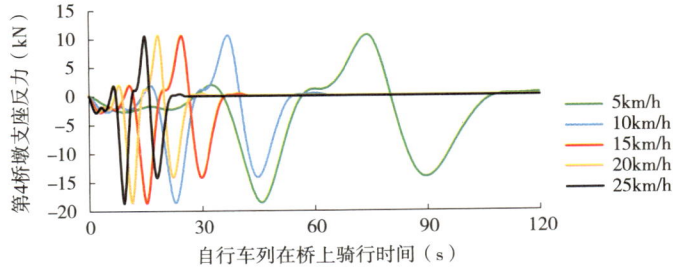

图 19-8　单列自行车不同速度作用下第 4 桥墩处支座反力图

从图 19-8 可以看出，不同的骑行速度下第 4 桥墩支座处支座反力最大值是基本相同的，最大值在 10.56 kN 左右，骑行速度仅影响最大反力到达的时刻，其中 5km/h 到达时刻最晚，发生在第 74.2s，其他的骑行速度时从 10km/h ～ 25km/h 对应的到达时刻依次提早，最早时刻发生在第 14.8s。

双车道至 4 车道的自行车荷载的规律分别如图 19-9 ～ 图 19-11 所示。

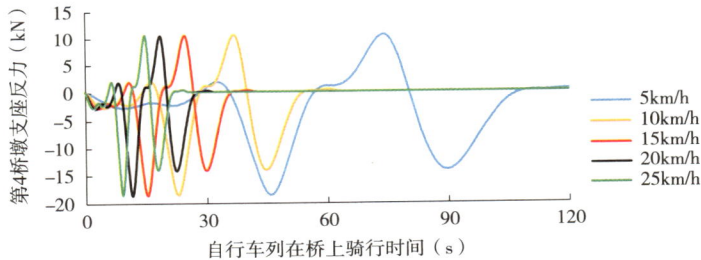

图 19-9　2 列自行车不同速度作用下第 4 桥墩处支座反力图

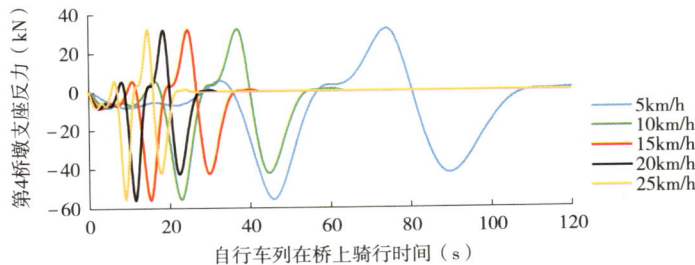

图 19-10　3 列自行车不同速度作用下第 4 桥墩处支座反力图

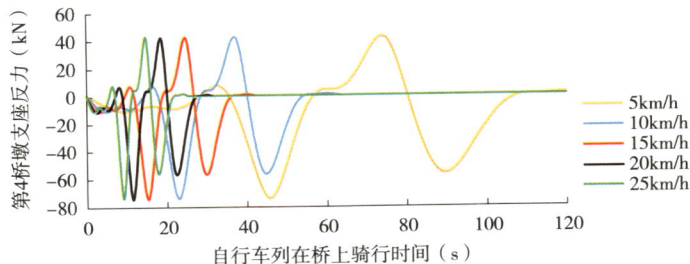

图 19-11　4 列自行车不同速度作用下第 4 桥墩处支座反力图

由图 19-9 ~ 图 19-11 可知，多车道的弯矩变化规律同单车道的第 4 桥墩处支座反力规律基本相同，基本不受骑行速度的影响，骑行速度仅影响最大支座反力的到达时间。不同的是第四桥墩处支座反力最大值同自行车车道的数量呈现出明显的线性关系，从单车道的 10.56kN、双车道的 21.12kN 以及 3 车道的 31.7kN 和 4 车道的 42.272kN，最大支座反力值同车道数量保持线性增长的关系，同上节中跨中弯矩变化趋势保持一致。

对比第 4 桥墩处支座反力同自行车车道的对应关系，图 19-12 给出了当骑行速度为 25km/h 时，对应的单车道至 4 车道等不同情况下，第 4 桥墩处支座反力随加载时间的变化曲线。

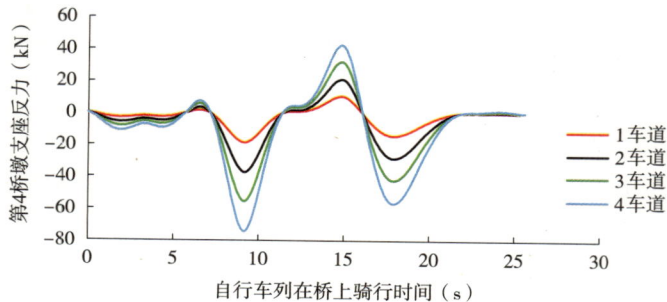

图 19-12　25km/h 骑行速度下第 4 桥墩处支座反力随车道数量变化曲线

从图 19-12 可以看出，单车道和多车道的曲线变化趋势明显一致，第 4 桥墩处支座反力的大小同车道数量之间呈现线性正相关关系。

19.4.4　多车道荷载错位对桥梁内力的影响

为精确研究错位加载的差别对桥梁内力的影响，通过在多车道自行车车列荷载作用下，分别施加对齐加载和不同车道错位加载两种不同形式的荷载，研究荷载错位导致的弯矩最大值的变化。现仍选取第三跨跨中弯矩作为研究对象，分别提取双车道和 3 车道在对齐加载和错位加载的情况下，桥梁跨中弯矩随时间的变化曲线。

5km/h 和 25km/h 速度作用下双车道荷载对齐（无错位）及错位加载的跨中弯矩和加载时间对比曲线分别如图 19-13 所示。

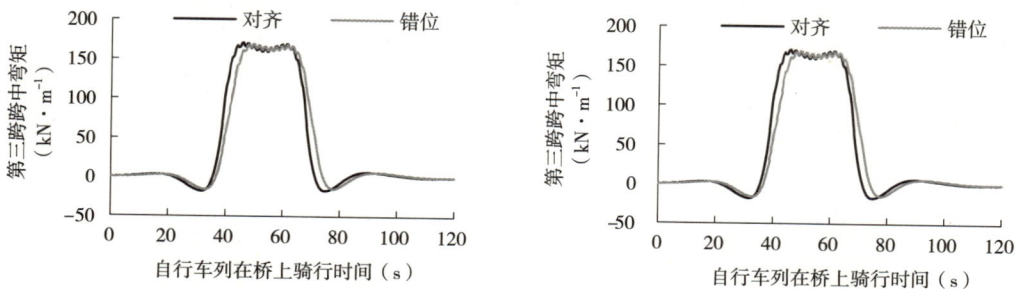

（a）双车道 5km/h 速度作用下第三跨中弯矩图　　　（b）双车道 25km/h 速度作用下第三跨中弯矩图

图 19-13　双车道不同速度作用下第三跨中弯矩图

从图 19-13（a）可以看出，无错位加载的情况弯矩最大值率先出现，较错位加载情况提前 3s，两者曲线的趋势基本一致，此时间差是车道之间荷载错位距离和当前速度的比值。荷载从最小值变化到最大值的区间内弯矩差别越来越大，当对齐荷载跨中弯矩达到最大值时，差别值达到最大，之后一直呈减小的趋势，卸载过程同加载的过程相反。从图 19-13（b）可以看出，25km/h 的情况曲线变化趋势基本同 5km/h 的曲线一致，但是由于骑行速度变大，两者之间的时间差变小，最大弯矩持续时间也比 5km/h 有很大的减小，所持续的时间为 5km/h 的 20% 左右。弯矩最大值方面，对齐荷载稍大于错位加载的情况，但两种工况的最大值差别很小，基本控制在 2% 以内。由图 19-13（a）可知，车道荷载对齐工况下第三跨跨中最大弯矩为 170.4kN·m，错位加载工况为 168.8kN·m，两者差别在 2% 以内。图 19-13（b）中车道荷载对齐工况下第三跨跨中最大弯矩为 170.6kN·m，错位加载工况为 168.7kN·m，两者差别也在 2% 以内。

5km/h 和 25km/h 速度作用下 3 车道荷载对齐及错位加载的跨中弯矩和加载时间对比曲线如图 19-14 所示。

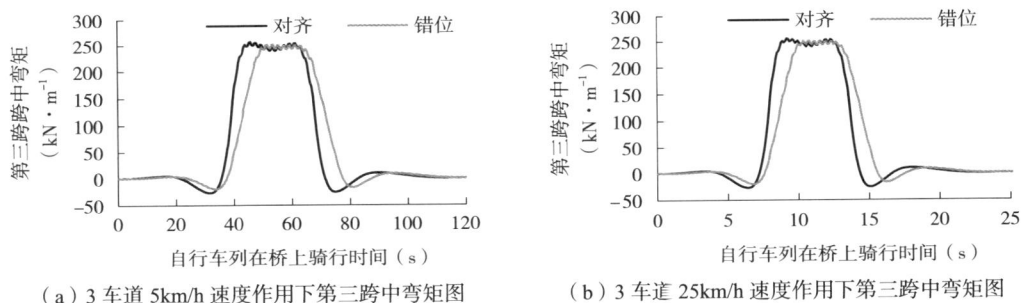

（a）3 车道 5km/h 速度作用下第三跨中弯矩图　（b）3 车道 25km/h 速度作用下第三跨中弯矩图

图 19-14　3 车道不同速度作用下第三跨中弯矩图

从图 19-14 可以看出，3 车道 5km/h 与 25km/h 速度作用下弯矩曲线的变化规律基本同图 19-13 一致。不同的是，5km/h 速度作用下对齐工况对应的第三跨跨中最大弯矩为 257.0kN·m，错位加载时为 250.2kN·m，两者差别在 3% 以内；25km/h 速度作用下对齐工况对应第三跨跨中最大弯矩为 255.9kN·m，错位加载时为 246.4kN·m，两者差别也在 3% 以内。

19.4.5　最大骑行速度下不同车道数量的内力包络结果分析

对于 3 列自行车道，当以 25km/h 速度骑行时，对应的桥梁整体弯矩包络结果如图 19-15 所示。

从图 19-15 可快速直观地看出 3 列自行车道（25km/h 速度骑行时）对应的桥梁全断面主弯矩包络结果，该结果直接反映了内力变化规律和趋势。其中深绿色阴影为最大正弯矩，浅绿色阴影为最大负弯矩，最不利内力出现位置以及对应的极值，均可作为设计桥梁活荷载标准值的重要参考。然而传统的影响线计算方法一次仅能够得到单元断面内力，无法一次性获取所有截面的最不利响应。

图 19-15　3 列车道 25km/h 移动荷载作用下桥梁整体弯矩包络图

19.5　本章结论

　　本章基于自行车桥活荷载的特点及影响因素，针对厦门空中自行车桥活荷载取值开展研究。采用全球著名有限元分析程序 SAP2000 建立第 21 联整体数值模型，考虑自行车车道数量、骑行速度以及多车道荷载作用下不同车道荷载之间的相位差等因素，通过计算 24 种荷载工况，总结各因素对钢箱梁自行车桥的影响规律，主要得出以下结论：

　　（1）由于自行车桥采取钢箱梁截面，其抗扭刚度较大，无论是桥梁的挠度、内力还是桥梁支座反力都同车道数量呈线性变化的规律，并未受到车道偏心加载影响而发生非线性增长。

　　（2）相同车道情况下自行车桥跨中弯矩和支座反力的最大值及其到达时刻都随着骑行速度变化而变化，但最大值变化幅度非常小，大致在 2% 以内，因此设计过程中考虑活荷载可以不计骑行速度对内力和支座反力的影响。

　　（3）无错位加载和错位加载工况下跨中弯矩随加载时间变化趋势基本一致，弯矩最大值出现时间前者较后者提前 3s，此时间差是车道之间荷载错位距离和当前速度的比值；前者弯矩最大值大于后者，但差别很小，基本控制在 2% ~ 3% 左右。

　　（4）内力包络图可作为桥梁自行车移动活荷载设计的标准值的重要参考。借助有限元强大的计算能力，通过穷举法能够对复杂桥梁进行准确而且精细的分析，不仅能够获取整个桥跨不同截面位置处桥梁内力最大和最小包络结果，以作为活荷载设计的重要参考，还能有效地判断不同形式荷载发生最不利内力响应的位置，以作为精细化计算活荷载的有效补充。

第 20 章　钢箱梁自行车桥的舒适度研究

20.1　引言

自行车桥建设除了需保证结构安全，还应注重骑行者通行舒适度的问题。若自行车骑行时桥梁产生大幅振动，会引起骑行者不适，甚至产生恐慌心理。国内已有一些学者针对桥梁通行舒适度问题开展研究，如李强等（2015）[104] 利用有限元软件建立某人行天桥三维模型，识别自振频率和结构阻尼，将实测数据和数值分析结果进行比对，合理评价该天桥的人行舒适度；施颖等（2017）[105] 以异形拱人行桥为研究背景，借助 Midas/Civil 有限元软件建立三维模型，参考德国标准 EN 03 中的舒适度评价方法，进行该桥的舒适度评价，并着手减振设计；王超（2018）[106] 根据某人行桥的大跨轻柔结构特点，分别采用现场实测和有限元模拟的方法对人行桥的振动特性和振动响应进行测试分析，采用 MTMD 减振系统对该桥进行振动控制，以满足对舒适度的设计要求；张雪松等（2018）[107] 通过动力时程分析以及对某异形景观桥振动特性的评定，确定了桥上人群动荷载，引入动载因子考虑人行荷载的高阶谐波分量，对全桥进行时程分析，计算加速度响应，并以此评定舒适度等级。尽管关于桥梁舒适度的研究成果很多，并没有专门的技术标准，也未见涉及自行车桥舒适度的相关报道。

基于此，本章以厦门自行车桥为案例背景，结合国内外规范对人行荷载模型进行设计，通过有限元分析方法考察 0 ~ 4Hz 频率范围内桥梁跨中加速度、速度和位移的动态响应，揭示不同桥跨之间动力响应的影响关系，以供结构设计和现行荷载规范修订作参考。

20.2　舒适度评价方法的确定

自行车桥舒适度的概念主要是针对骑行者而言。对自行车桥来说，行人也被允许上桥，因此本次主要聚焦在行人的角度对舒适度开展研究。当然骑自行车的人由于处在快速移动的状态，其对舒适度的感受与行人会有所差别，但此块不作为本次研究的重点。

目前国外在人行荷载模型的设计上，主要基于 2 本规范，分别为英国 BSI 5400[56] 及德国人行天桥设计指南 EN 03[108]。英国 BSI 5400 规范中规定，当桥梁基本自振频率 $f > 5Hz$ 时，可将行人动力荷载视为一个按常速沿上部结构主跨移动的脉冲点荷载；德国 EN03 规范给出的行人荷载考虑了竖向、纵向及横向荷载。经比较可知，英国 BSI 5400 荷载模型为单人荷载模型，而桥梁振动往往是由群体性荷载引起的大幅振动，德国 EN 03 中的荷载模型与本次研究情况更为接近，故采用后者作为设计人行荷载模型。

　　为量化行人对振动的主观感受，人们提出了各种舒适度指标，如位移、速度、加速度及其导数等，都可作为判断指标。目前国内外的舒适度指标并不统一，相对而言加速度指标较为常用，例如瑞典规范 Bro 2004[109]、英国 BSI 5400、ISO 10137 标准[110]及中国香港钢结构规范 2005[111] 均规定了最大加速度且都与频率相关，欧洲规范 EN 1990[112] 直接规定人行桥任意一点的竖向最大加速度不大于 $0.7\mathrm{m/s^2}$，水平向最大加速度不大于 $0.2\mathrm{m/s^2}$，德国 EN 03 则采取桥梁自振频率与行人承受的峰值加速度相结合的方法规定舒适度等级。

20.3　数值模型设计

　　为研究骑行者荷载激励作用下桥梁的动态响应，选取该自行车桥第 21 联（第 70 跨 ~ 第 74 跨），借助有限元分析程序 SAP2000，构建自行车桥三维壳体模型进行计算。
　　本次分析选取行人荷载激励作用下桥跨中的动力响应，分别考察动态响应分量中的位移、速度和加速度；同时研究位移和加速度在不同桥跨间的衰减情况，具体的稳态分析工况及荷载参数设置见表 20-1。

稳态分析对应工况表 表 20-1

工况名称	所属跨	考察频率范围（Hz）	子步频率增量（Hz）
工况 1	第 1 跨	0 ~ 50	0.5
工况 2	第 2 跨	0 ~ 50	0.5
工况 3	第 3 跨	0 ~ 50	0.5
工况 4	第 4 跨	0 ~ 50	0.5
工况 5	第 5 跨	0 ~ 50	0.5

20.4　桥梁结构动力特性

　　为研究动力响应规律和自行车桥的舒适度，有必要先考察该桥结构动力特性。计算得到的前 10 阶振动模态和振型图见表 20-2。各阶模态振型见图 20-1 所示。

自行车桥结构自振频率 表 20-2

振型阶数	理论频率（Hz）	振型特点描述
第 1 阶	3.448	竖向一阶正对称
第 2 阶	3.521	竖向一阶反对称
第 3 阶	4.854	局部（4 号和 5 号）竖向
第 4 阶	5.291	绕桥纵向一阶扭转
第 5 阶	5.714	局部绕桥纵向扭转
第 6 阶	7.752	竖向二阶反对称

续表

振型阶数	理论频率（Hz）	振型特点描述
第 7 阶	7.937	局部扭转和竖向
第 8 阶	9.009	二阶竖向正对称
第 9 阶	11.236	横桥向平动＋竖向
第 10 阶	15.152	横向平动＋绕纵向扭转

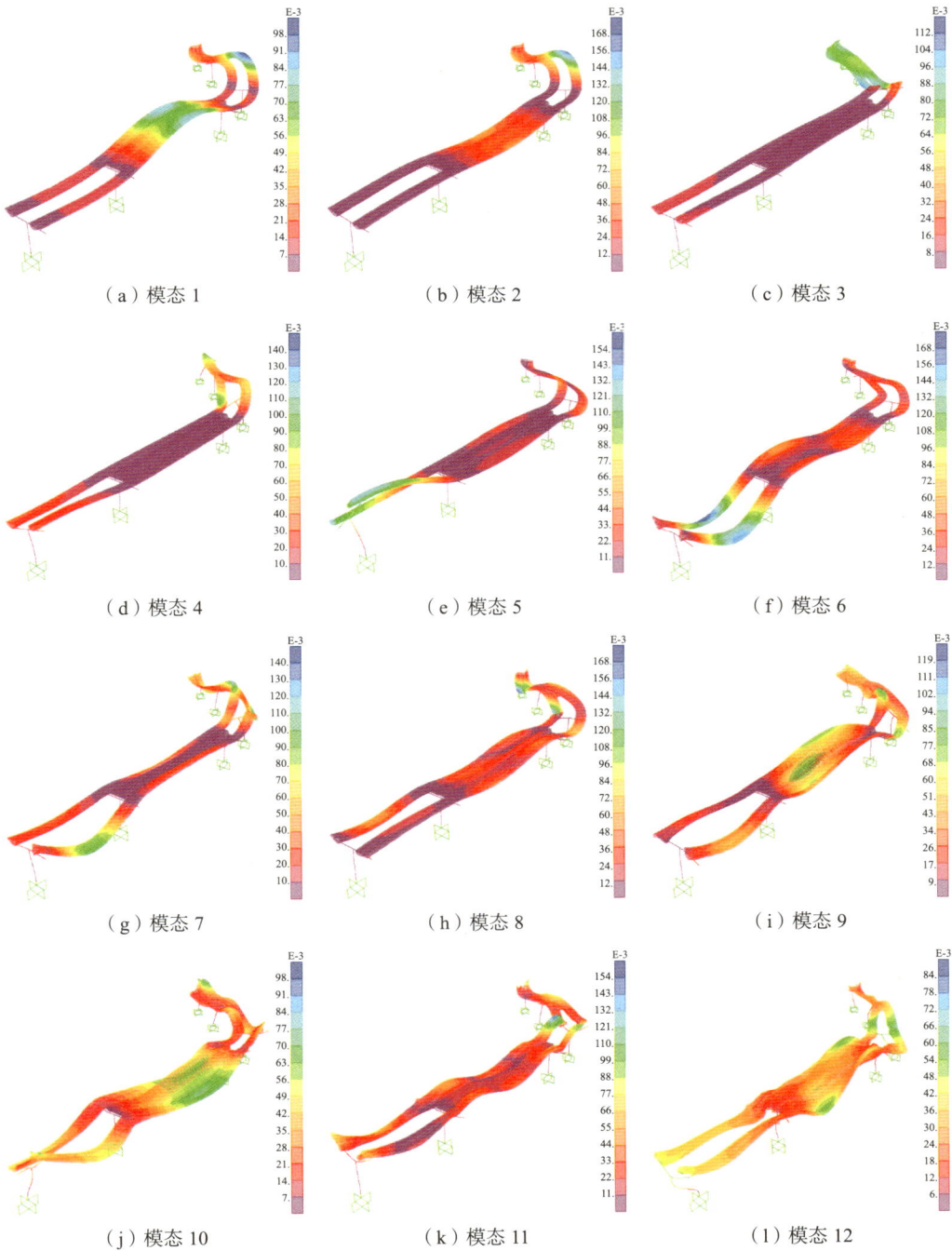

（a）模态 1　　　　　（b）模态 2　　　　　（c）模态 3

（d）模态 4　　　　　（e）模态 5　　　　　（f）模态 6

（g）模态 7　　　　　（h）模态 8　　　　　（i）模态 9

（j）模态 10　　　　　（k）模态 11　　　　　（l）模态 12

图 20-1　桥梁自振模态振型

结合表 20-2 和图 20-1 可以发现，1 阶模态为竖向 1 阶正对称模态，对应的模态频率为 3.448Hz；2 阶模态为竖向 1 阶反对称模态，对应的模态频率为 3.521Hz；3 阶模态为局部（4 号跨和 5 号跨）竖向模态，对应的模态频率为 4.854Hz；4 阶模态为绕桥纵向 1 阶扭转模态，对应的模态频率为 5.291Hz；5 阶模态为局部绕桥纵向扭转模态，对应的模态频率为 5.714Hz；6 阶模态为竖向 2 阶反对称模态，对应的模态频率为 7.752Hz；7 阶模态为局部扭转和竖向模态，对应的模态频率为 7.937Hz；8 阶模态为 2 阶竖向正对称模态，对应的模态频率为 9.009Hz；9 阶模态为横桥向平动＋竖向模态，对应的模态频率为 11.236Hz；10 阶模态为横向平动＋绕纵向扭转模态，对应的模态频率为 15.152Hz；11 阶模态为 3 阶竖向反对称模态，对应的模态频率为 17.544Hz；12 阶模态为纵向平动模态，对应的模态频率为 23.810Hz。

20.5　计算结果及分析

20.5.1　受迫振动跨内结果分析

20.5.1.1　加速度响应

根据桥梁结构动力特性，选取 0 ~ 4Hz 作为动力响应规律分析的频率范围。提取 2Hz 激励荷载作用下各跨的受迫振动加速度值，见表 20-3。

各跨在 2Hz 激励荷载下受迫振动加速度（mm·s^{-2}）　　表 20-3

方向	竖向	横桥向	顺桥向
第 1 跨	155.18	21.58	0.19
第 2 跨	128.63	0.66	1.04
第 3 跨	35.14	5.89	0.46
第 4 跨	181.79	7.59	9.82
第 5 跨	104.29	23.94	28.95

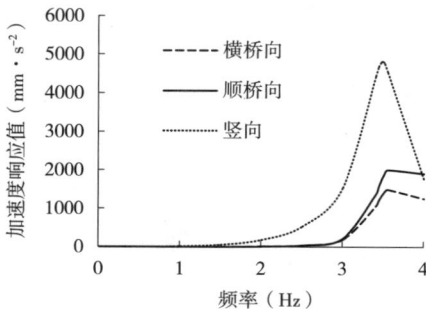

图 20-2　0 ~ 4Hz 激励荷载作用下第 4 跨受迫振动加速度随频率变化曲线

从表 20-3 可以看出，第 1 跨（分离直线段）和第 3 跨（分离曲线段）竖向振动响应值最大，横桥向振动响应其次，顺桥向振动响应最小；第 2 跨（整体直线段）、第 4 跨（曲线分叉段）和第 5 跨（单幅曲线段）则是竖向＞顺桥向＞横桥向。竖向各跨受迫振动加速度最大值为 181.79mm·s^{-2}，出现在第 4 跨，该跨受迫振动加速度随频率变化曲线见图 20-2；最小加速度发生在第 3 跨，最小值为 35.14mm·s^{-2}；横桥向和顺桥向最大受迫振动加速度分别为 23.94mm·s^{-2} 和 28.95mm·s^{-2}。

20.5.1.2　速度响应

2Hz 激励荷载作用下各跨的受迫振动速度值和 0 ~ 4Hz 激励荷载作用下第 4 跨受迫振动速度随频率变化曲线分布分别如表 20-4 和图 20-3 所示。

各跨在 2Hz 激励荷载下受迫振动速度（mm·s⁻¹）　　　　　　　　表 20-4

方向	竖向	横桥向	顺桥向
第 1 跨	12.29	1.71	0.015
第 2 跨	10.19	0.052	0.082
第 3 跨	2.78	0.47	0.037
第 4 跨	14.4	0.6	0.78
第 5 跨	8.26	1.9	2.29

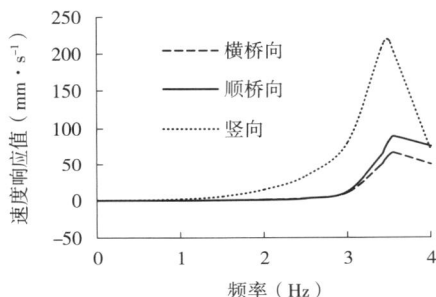

图 20-3　0 ~ 4Hz 激励荷载作用下第 4 跨受迫振动速度随频率变化曲线

由表 20-4 可知，竖向第 4 跨的受迫振动速度最大，第 3 跨最小，极值分别为 14.4mm·s⁻¹ 和 2.78mm·s⁻¹，同加速度响应情况一致。各个方向的受迫振动速度响应规律也同加速度的情况一致，第 1 跨和第 3 跨具体表现为竖向 > 横桥向 > 顺桥向，第 2 跨第 4 跨和第 5 跨则是竖向 > 顺桥向 > 横桥向。结合图 20-3 和图 20-2 可以发现，受迫振动速度随频率变化规律同加速度在趋势上基本一致。

20.5.1.3　位移响应

提取 2Hz 激励荷载作用下各跨的受迫振动速度值，见表 20-5。

各跨在 2Hz 激励荷载下受迫振动位移（mm）　　　　　　　　表 20-5

方向	竖向	横桥向	顺桥向
第 1 跨	0.97	0.14	0.0012
第 2 跨	0.81	0.0041	0.0065
第 3 跨	0.22	0.037	0.0029
第 4 跨	1.14	0.048	0.062
第 5 跨	0.65	0.15	0.18

从表 20-5 可知，各个桥跨在 2Hz 激励荷载下竖向受迫振动位移值从大到小的排序为第 4 跨 > 第 1 跨 > 第 2 跨 > 第 5 跨 > 第 3 跨，对应位移值依次为 1.14mm、0.97mm、0.81mm、

0.65mm 和 0.21mm。横桥向和顺桥向的位移值大约为竖向位移值的 0.51% ~ 27.69%。

20.5.2 受迫振动跨间结果分析

本节主要考察激励荷载在相邻跨之间的动力响应情况，分别从加速度和位移指标展开分析，揭示不同桥跨间动力响应的影响关系。从 7.5.1 节可以看出，在跨内的激励响应主要以竖向响应为主，因此本节主要研究不同跨度之间的竖向响应变化情况。

20.5.2.1 加速度响应

各跨在 2Hz 激励荷载作用下第 1 跨 ~ 第 5 跨的跨中受迫振动加速度响应情况，见表 20-6。

各跨激励荷载沿不同桥跨的振动加速度（mm·s⁻²） 表 20-6

激励跨 \ 响应跨	第 1 跨	第 2 跨	第 3 跨	第 4 跨	第 5 跨
第 1 跨	155.18	20.05	0.7	0.4	0.035
第 2 跨	15.81	128.63	8.56	4.47	1.01
第 3 跨	0.72	12.28	35.14	18.39	4.88
第 4 跨	0.37	6.28	20.92	181.79	71.62
第 5 跨	0.044	0.89	4.29	29.88	104.29

由表 20-6 可知，第 1 跨激励荷载作用下，该跨振动响应值最大，第 2 跨振动响应次之，第 3 跨 ~ 第 5 跨振动响应较第 1 跨和第 2 跨响应小很多，并随跨度依次减小。第 4 跨在 0 ~ 4Hz 激励荷载作用下各桥跨振动加速度变化形态如图 20-4 所示，当频率大于 3.4Hz 后，第 5 跨跨中的受迫振动加速度反超第 4 跨，并于 3.5Hz 位置处达到峰值。

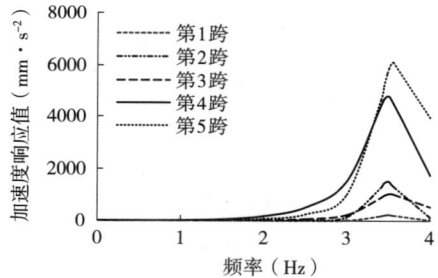

图 20-4 第 4 跨激励荷载作用在沿不同桥跨振动加速度随频率变化曲线

20.5.2.2 位移响应

各跨在 2Hz 激励荷载作用下第 1 跨 ~ 第 5 跨的跨中受迫振动位移响应和第 4 跨受 0 ~ 4Hz 激励荷载下各桥跨振动位移变化形态如表 20-7 和图 20-5 所示。

各跨激励荷载沿不同桥跨的振动位移（mm） 表 20-7

激励跨 \ 响应跨	第 1 跨	第 2 跨	第 3 跨	第 4 跨	第 5 跨
第 1 跨	0.97	0.13	0.0043	0.0025	0.00022
第 2 跨	0.099	0.81	0.054	0.028	0.0063
第 3 跨	0.0045	0.077	0.22	0.12	0.031
第 4 跨	0.0023	0.039	0.13	1.14	0.45
第 5 跨	0.00028	0.0056	0.027	0.19	0.65

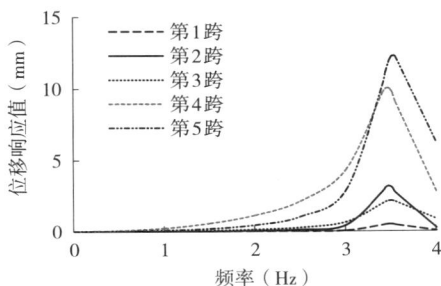

图 20-5　第 4 跨激励荷载作用在沿不同桥跨振动位移随频率变化曲线

从表 20-7 和图 20-5 可以看出，第 4 跨在 2Hz 激励荷载作用下的响应值为 1.14mm，第 5 跨振动响应其次，为 0.45mm，第 1 跨～第 3 跨振动响应较第 4 跨响应要小很多；当频率大于 3.4Hz 后，第 5 跨跨中的受迫振动位移大于第 4 跨，并于 3.5Hz 位置处达到峰值，最大值为 12.2mm。

20.6　本章结论

本章基于桥梁自身振动特点，针对厦门空中自行车桥舒适度展开研究。采用全球著名有限元分析程序 SAP2000 建立第 21 联整体数值模型，计算 0～50Hz 激励荷载作用下自行车桥加速度、速度和位移的响应情况，并进行受迫振动的稳态分析，主要得出以下结论：

（1）激励响应主要以竖向响应为主，横桥向和顺桥向的位移值大约为竖向位移值的 0.51%～27.69%；相邻跨受迫振动响应随跨度距离的增大依次减小。

（2）在 2Hz 激励荷载作用下，第 3 跨跨内的激励响应最小，因此在第 1 周期振型中第 3 跨的振型参与系数最小，其他桥跨激励荷载相当，有较一致的参与系数，这与第 1 阶模态振型相吻合，进一步论证稳态分析对模态的识别是高度吻合的。

（3）当第 1 模态频率为 3.45Hz 时，大于规范规定无需进行额外舒适度验算的要求，从加速度结果可知，无论是跨内的加速度响应结果，还是不同跨间的响应结果，均达到规范规定的舒适度要求，从侧面验证规范规定的合理性。

（4）由于当前国家规范在舒适度上未对速度有特殊要求，因此速度值仅作为参考，不作为舒适度评价指标。考虑到将速度指标作为加速度指标的有效参考，提取跨内的速度指标作为补充验算的指标。从结果上看，速度最大值为 14.4mm/s，且速度随频率变化规律同加速度在趋势上有较好的吻合。

第 21 章　连续弯箱梁的自行车桥地震动力响应研究

21.1　引言

自行车桥周边环境复杂，采用薄壁曲线形结构，曲线桥梁由于曲率的存在，上部结构的重心偏离桥墩，附加弯矩作用明显，同时存在扭矩，下部的钢管混凝土桥墩也处于压弯、剪、扭的复杂受力状态。在多维地震作用下，曲线桥梁由于不对称性而发生破坏甚至倒塌的可能性大大增加。国内已有一些学者就常规桥梁受地震荷载作用的动力响应进行探索，如梁师俊等（2018）[113] 以某高速公路预应力钢筋混凝土斜拉——连续梁组合桥为例，采用有限元法分析该桥在反应谱、一致激励、多点激励和行波效应作用下的地震响应；付立彬等（2018）[114] 借助 Midas/Civil 有限元软件，依托某高墩公路斜交桥梁工程，采用反应谱法和动力时程法计算 E2 地震作用下的响应规律，对比分析 2 种方法计算得到的内力和位移响应规律基本一致，响应最大值有所不同，总体而言，反应谱法计算所得结果偏安全；何江等（2018）[115] 分析大跨度桥梁墩—水耦合边界，基于反应谱理论计算大跨度桥梁结构承受的地震力最大值，得出多级地震响应曲线，分析其多级地震响应特征，并以某地六跨桥为例，以多级地震下桥梁的位移、剪力、弯矩等响应时程为指标进行分析；崔春义等（2017）[116] 以大连长山矮塔斜拉桥为背景，建立全桥大规模三维动力分析数值模型，对桥梁结构—桩基—地基相互作用体系分别进行地震反应谱分析、弹性和弹塑性动力时程分析，并综合评价桥梁结构体系抗震性能。尽管关于桥梁荷载研究成果较多，但未见涉及自行车桥的相关报道。另外，自行车高架桥在我国尚处于探索尝试的起步阶段，其地震响应分布规律仍需进一步探讨。

基于此，本章以中国首条薄壁弯箱梁自行车桥为工程背景，通过有限元程序 SAP2000 建立自行车桥的三维壳体有限元模型，在考虑 E1 和 E2 地震作用及不同加载方向的基础上，通过模拟地震荷载作用，揭示桥梁在不同地震波作用下桥梁变形、应力以及支反力的动力响应结果，总结出一些对该类型桥梁设计和抗震性能分析有参考价值的结论。

21.2　地震响应分析方法

由于地震作用是一个随机过程，充满着不确定性，导致地震响应分析中输入的地震动参数具有不确定性。根据随机理论发展了两种主要的地震响应的分析方法：一种是以地震运动为确定过程的地震反应分析方法；另一种是以地震运动为随机过程的概率地震反应分析方法。当前概率地震反应分析方法还不十分成熟，各国桥梁抗震设计规范中普遍采用的是确定性地震分析方法。

地震分析理论经过漫长的发展过程，确定性地震分析方法逐步建立并发展起来，早期通常采用简化的静力法，20 世纪 50 年代后根据动力学演化出拟静力法的反应谱理论出现并发展，近 20 年来又出现了根据动力学理论采用的动态时程分析法。对确定性地震响应分析，一般有两种分析方法——反应谱法和时程分析法。其中反应谱法采用地震加速度反应谱作为地震动的输入，时程分析法则采用地震动时程作为地震动的输入。

不同种类的桥梁抗震设防标准可根据规范要求按照表 21-1 中所列进行，表 21-1 列出甲、乙、丙、丁四种不同类型桥梁在多遇地震（E1）和罕遇地震（E2）作用下桥梁结构所处的性能水平。

桥梁抗震的设防标准考虑标准　　　　　　　　　　　　　　　　表 21-1

桥梁抗震设防分类	E1 地震作用		E2 地震作用	
	震后使用要求	损伤状态	震后使用要求	损伤状态
甲	立即使用	结构总体反应在弹性范围，基本无损伤	不需修复或进行简单修复可继续使用	可发生局部轻微损伤
乙	立即使用	结构总体反应在弹性范围，基本无损伤	经抢修可恢复使用，永久性修复后恢复正常运营功能	有限损伤
丙	立即使用	结构总体反应在弹性范围，基本无损伤	经临时加固，可供紧急救援车辆使用	不产生严重的结构损伤
丁	立即使用	结构总体反应在弹性范围，基本无损伤	—	不至倒塌

21.2.1　反应谱分析方法

反应谱法的理论是基于单质点体系推演得到近似解的理论，即将结构简化为单质点串联弹性杆计算体系，利用单自由度的反应谱理论进行求解分析，最终求得质点的等效地震力。

基于反应谱理论分析的基本流程为：按照多自由度体系的动力方程求解各阶频率及对应的模态振型，根据各个振型的周期从加速度反应谱中读取对应的谱加速度，从而计算出各阶振型作用在各节点的拟静定地震力，再将不同振型的作用结果通过振型组合方式进行组合，最终求出各阶振型地震作用下总反应的最大值。

21.2.2　时程分析方法

时程分析法是从给定的地震动输入出发，采用多节点多自由度的计算模型建立完整的动力学方程，采用逐步计算地震过程中每一瞬时桥梁的位移、速度和加速度响应，从而得出桥梁在地震作用下弹性和塑性阶段的内力变化及构件开裂、损坏、内力重分配的发展过程。

本次分析选择 Elcentro 波和兰州波两条有代表性的二类场地地震波，持续时间依次为 30s 和 16s，两组波的采样频率均为 50Hz，其中最大峰值加速度 Elcentro 波为

341.7mm·s^{-2}，兰州波为211.9mm·s^{-2}。另外通过人工地震波生成程序，输入符合本次桥梁场地的参数后生成人工波，对应的峰值加速度值为71.79mm·s^{-2}。对上述3条地震波进行频谱分析（即快速傅里叶变换——FFT），再转换为周期与加速度的函数，将转化后的曲线同规范设计反应谱对比，曲线图见图21-1。

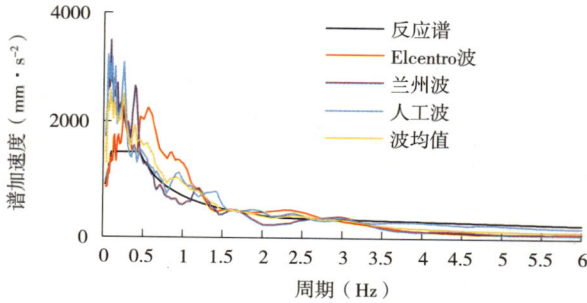

图21-1　地震波谱加速度同规范反应谱的对比曲线

从图21-1可以看出，在桥梁结构的敏感周期范围内，Elcentro波、兰州波和人工波对应的地震反应谱频谱曲线同反应谱误差在±20%以内，因此所选3条地震波均满足对应的频谱要求。

21.3　数值模型设计

为研究地震作用下桥梁位移、应力和支座反力变化情况，选取该自行车桥第21联（第70跨～第74跨），借助有限元分析程序SAP2000构建自行车桥三维壳体模型进行计算。

21.3.1　反应谱法计算工况

本次分析主要考虑E1和E2地震水准作用下反应谱工况结果，其中反应谱工况分为4个工况，分别为x方向和y方向2个方向的地震作用，其中反应谱对应的地震水准分别对应于多遇地震和罕遇地震，其中多遇地震对应的峰值加速度为0.205g，罕遇地震对应的峰值加速度为0.692g。每种地震水准均考虑x方向（顺桥向）和y方向（横桥向）2个方向。因此地震反应谱工况一共为4个对应的荷载工况，具体详情参见表21-2。

地震作用分析反应谱工况表以及工况对应的参数　　　　　　表21-2

工况编号	地震水准	最大峰值加速度	加载方向
1-1	E1	0.205g	x
1-2			y
1-3	E2	0.692g	x
1-4			y

21.3.2   时程分析法计算工况

本次时程分析同样也是考虑 E1 和 E2 地震水准，每个水准分别选取 3 条地震波进行分析，分别为 Elcentro 波、兰州波和人工波，相对应的地震波的峰值分别为 $341.7\text{mm} \cdot \text{s}^{-2}$、$211.9\text{mm} \cdot \text{s}^{-2}$ 和 $71.79\text{mm} \cdot \text{s}^{-2}$；每条地震波均考虑 x 方向和 y 方向。因此地震时程工况一共为 12 个对应的荷载工况，具体详情参见表 21-3，地震工况分析最小加载步为 0.02s。

地震作用分析时程工况表以及工况对应的参数   表 21-3

工况编号	地震水准	最大峰值加速度（cm/s²）	地震波函数	地震波函数峰值	加载方向
2-1	E1	55	Elcentro 波	341.7	x
2-2					y
2-3			兰州波	211.9	x
2-4					y
2-5			人工波	71.79	x
2-6					y
2-7	E2	310	Elcentro 波	341.7	x
2-8					y
2-9			兰州波	211.9	x
2-10					y
2-11			人工波	71.79	x
2-12					y

考虑到时程分析结果的数据量非常大，本次分析仅选取有代表性的点作为采样点。位移采样点见表 21-4，其中应力为单元对应采样点位置处的应力。本次分析选取采样点主要分为两大类，分别为跨中采样点和支座采样点，其中跨中采样点选取桥面平面处和桥梁跨中位置处的节点，支座采样点选择桥面平面处和支座所在位置交汇处。

时程分析工况结果采样点映射表   表 21-4

区域名称	位置名称	节点编号
端部采样点	1 号桥墩	260
	2 号桥墩	511
	3 号桥墩	537
	4 号桥墩	891
	5 号桥墩	1268
	6 号桥墩	2952
跨中采样点	1 号跨中	249
	2 号跨中	264
	3 号跨中	523
	4 号跨中	884
	5 号跨中	1259

续表

区域名称	位置名称	节点编号
支座采样点	1 号支座	2599
	2 号支座	2600
	3 号支座	2601
	4 号支座	2602
	5 号支座	2603
	6 号支座	2604

21.4　模态分析

模态分析作为后续反应谱和时程分析的基础，有必要先求解对应的模态结果。自行车桥前 3 阶振型结果见表 21-5。

自行车桥前 3 阶振型结果　　　　　　　　　　　　表 21-5

振型	周期（s）	频率（Hz）	x 轴方向质量参与系数	y 轴方向质量参与系数	z 轴方向质量参与系数	绕 z 轴方向质量参与系数
1 阶	0.29	3.448	0.002	0.007	0.25	0.015
2 阶	0.284	3.521	0.008	0.024	0.006	0.052
3 阶	0.206	4.854	0.061	0.13	0.015	0.24

从表 21-5 可知，桥梁第 1 阶、2 阶和 3 阶的主振型分别发生在 z 方向、绕 z 轴方向和 x 方向，其中第 1 阶 z 方向平动振型，其质量参与系数为 25%；第 2 阶为横截面方向扭转振型，其质量参与系数为 6.7%；第 3 阶为绕 z 轴方向扭转振型，其质量参与系数为 24%。

21.5　计算结果分析

21.5.1　地震作用下自行车桥位移分析

21.5.1.1　反应谱法计算结果

E1 和 E2 地震水准作用下自行车桥的最大位移及出现位置见表 21-6。

从表 21-6 可以看出，4 个工况下的最大位移量为 14mm，出现在横桥向作用时第 4 跨跨中的 z 方向；无论是横桥向作用或顺桥向的地震作用，还是 E1 或 E2 地震水准作用，位移计算结果均表现为 z 方向分量最大，且 z 方向分量极值均发生在第 4 跨（曲线分叉段）跨中位置。

地震作用下自行车桥最大位移及出现位置（单位：mm） 表 21-6

工况编号		1-1	1-3	1-2	1-4
x 方向分量	最大值	1.05	5.6	1.4	4.9
	出现位置	第 5 跨跨中			
y 方向分量	最大值	1.68	3.5	1.68	5.6
	出现位置	第 5 跨跨中			第 4 跨跨中
z 方向分量	最大值	2.38	8.4	2.92	14
	出现位置	第 4 跨跨中			

21.5.1.2 时程分析法计算结果

通过计算发现，E2 水准地震作用无明显的非线性过程，E2 水准响应曲线没有明显的附加阻尼滞后效应，因此 E2 的响应曲线和 E1 响应曲线随时间变化的趋势一致，E1 对应的最大时刻与 E2 相同。根据结果采样点映射表（表 21-4）输出的 E2 水准地震作用下自行车跨中和桥墩顶部位移计算结果见表 21-7 和表 21-8。

E2 水准地震作用下自行车桥跨中最大位移及发生时刻 表 21-7

工况编号		工况 2-7	工况 2-9	工况 2-11	工况 2-8	工况 2-10	工况 2-12
加载方向		x 方向			y 方向		
第 1 跨跨中	最大值（mm）	1.03	0.91	0.84	4.09	4.31	3.86
	发生时刻（s）	3.04	3.36	13.7	2.4	4.8	13.68
第 2 跨跨中	最大值（mm）	0.21	0.23	0.17	1.9	1.53	1.42
	发生时刻（s）	2.08	3.2	4.56	2.48	8.64	10.56
第 3 跨跨中	最大值（mm）	0.08	0.07	0.07	0.63	0.74	1
	发生时刻（s）	2.08	3.2	6.88	4.88	7.36	8.8
第 4 跨跨中	最大值（mm）	3.76	4	3.2	4.49	3.8	3.2
	发生时刻（s）	2.4	8.64	6.64	3.04	4.8	6.64
第 5 跨跨中	最大值（mm）	0.1	0.11	0.12	2.32	1.94	3.96
	发生时刻（s）	2.08	9.44	10.88	2.48	9.52	13.68

E2 水准地震作用下自行车桥桥墩顶部最大位移及发生时刻 表 21-8

工况编号		工况 2-7	工况 2-9	工况 2-11	工况 2-8	工况 2-10	工况 2-12
加载方向		x 方向			y 方向		
1 号桥墩顶部	最大值（mm）	0.23	0.18	0.22	2.39	2.58	2.3
	发生时刻（s）	2.08	3.2	9.12	2.4	8.64	10.56
2 号桥墩顶部	最大值（mm）	0.08	0.07	0.06	0.04	0.043	0.044
	发生时刻（s）	2.08	3.2	15.28	4.48	9.04	8.8
3 号桥墩顶部	最大值（mm）	0.06	0.058	0.06	0.038	0.048	0.046
	发生时刻（s）	2.08	4.72	12	2.48	9.68	8
4 号桥墩顶部	最大值（mm）	2.88	3.99	2.6	4.59	4.36	4.23
	发生时刻（s）	2.4	8.64	16.08	3.04	4.8	13.68
5 号桥墩顶部	最大值（mm）	0.1	0.14	0.14	3.8	3.01	2.9
	发生时刻（s）	2.08	9.44	10.88	2.48	9.52	13.12
6 号桥墩顶部	最大值（mm）	4.06	4.4	3.59	3.63	3.25	3.21
	发生时刻（s）	2.88	8.64	6.64	3.04	9.2	13.68

由表 21-7 和表 21-8 可知，横桥向和顺桥向地震作用下桥墩顶部出现最大位移的位置分别在 4 号桥墩顶部和 6 号桥墩顶部。E2 水准地震作用下自行车桥跨中最大位移为 4.49mm，桥墩顶部最大位移为 4.59mm，两者均发生在 y 方向的 Elcentro 地震波作用下 3.04s 时，且分别出现在第 4 跨（曲线分叉段）跨中和 4 号桥墩顶部，与反应谱法计算结果相同；其中，该工况下（工况 2-8）各桥墩顶部的最大位移值从大到小的排序为 4 号桥墩 > 5 号桥墩 > 6 号桥墩 > 1 号桥墩 > 2 号桥墩 > 3 号桥墩。

21.5.2　地震作用下自行车桥应力分析

21.5.2.1　反应谱法计算结果

壳体的应力分量较多，限于篇幅，本节以最大工作应力分量为例，x、y 方向 E1 和 E2 水准地震作用下最大工作应力分量变化情况见表 21-9。

地震作用下自行车桥最大工作应力（单位：MPa）　表 21-9

工况编号	1-1	1-3	1-2	1-4
最大值	8.4	28	15.4	49
出现位置	第 4 跨跨中			

从表 21-9 可以看出，在 x 方向 E1、E2 水准地震作用下应力最大值出现在第 4 跨的跨中位置，最大值分别为 8.4MPa 和 28MPa；同 x 加载方向一样，在 y 方向 E1、E2 水准地震作用下应力最大值也出现在第 4 跨（曲线分叉段）跨中位置，最大值分别为 15.4MPa 和 49MPa。

21.5.2.2　时程分析法计算结果

E2 水准地震作用下自行车跨中和桥墩顶部应力计算结果见表 21-10 和表 21-11。

E2 水准地震作用下自行车桥跨中最大应力及发生时刻　表 21-10

工况编号		工况 2-7	工况 2-9	工况 2-11	工况 2-8	工况 2-10	工况 2-12
加载方向		x 方向			y 方向		
第 1 跨跨中	最大值（MPa）	4.94	5.1	3.89	12.7	10	9.12
	发生时刻（s）	3.36	3.68	7.44	2.72	3.44	16.08
第 2 跨跨中	最大值（MPa）	3.55	3.3	2.38	5.32	2.63	4.12
	发生时刻（s）	2.48	3.44	13.04	2.64	6.56	15.68
第 3 跨跨中	最大值（MPa）	0.88	1.34	1.4	5.2	8.85	8.97
	发生时刻（s）	5.2	9.44	9.2	5.2	9.2	8.96
第 4 跨跨中	最大值（MPa）	9.96	10.93	8.91	8.03	8.77	8.6
	发生时刻（s）	2.72	3.44	4.32	3.36	3.68	4.56
第 5 跨跨中	最大值（MPa）	1.19	1.54	2.2	4.23	3.63	3.37
	发生时刻（s）	2.32	4.88	12.24	4.96	9.52	13.12

E2 水准地震作用下自行车桥各桥墩顶部最大应力及发生时刻　　表 21-11

工况编号		工况 2-7	工况 2-9	工况 2-11	工况 2-8	工况 2-10	工况 2-12
加载方向		x 方向			y 方向		
1 号桥墩顶部	最大值（MPa）	4.98	4.05	3.82	9.86	8.54	7.4
	发生时刻（s）	2.48	4.96	13.12	2.72	3.44	13.36
2 号桥墩顶部	最大值（MPa）	3.51	3.1	3.25	5.34	6.57	6.73
	发生时刻（s）	2.48	9.52	7.44	4.48	3.6	8
3 号桥墩顶部	最大值（MPa）	1.11	1.38	1.8	5.38	7.11	6.94
	发生时刻（s）	2.72	11.2	6.88	2.48	3.6	8.8
4 号桥墩顶部	最大值（MPa）	6.26	6.71	5.16	6.38	5.96	5.21
	发生时刻（s）	2.72	3.44	4.32	2.72	3.68	7.2
5 号桥墩顶部	最大值（MPa）	0.92	1.07	1.47	2.9	3	2.14
	发生时刻（s）	2.64	8.24	12.32	4.96	9.52	13.12
6 号桥墩顶部	最大值（MPa）	1.44	1.02	1.13	1.24	1.16	1.04
	发生时刻（s）	2.48	8.64	6.64	4.88	9.52	7.44

　　从表 21-10 和表 21-11 可以看出，E2 水准地震作用下自行车桥跨中最大应力值为 12.7MPa，桥墩顶部最大应力值为 9.86MPa，均发生于 y 方向 Elcentro 地震波作用下 2.72s 时，分别出现在第 1 跨跨中和 1 号桥墩顶部。顺桥向和横桥向地震作用下自行车桥跨中最大应力出现的位置分别为第 4 跨和第 1 跨，各桥墩顶部最大应力出现的位置分别为 4 号桥墩和 1 号桥墩。横桥向第 1 跨跨中 Elcentro 波、兰州波和人工波对应的应力最大值依次为 12.7MPa、10MPa 和 9.12MPa，发生在对应地震波作用下 2.72s、3.44s 和 16.08s 时；1 号桥墩顶部应力最大值依次为 9.86MPa、8.54MPa 和 7.4MPa，发生在对应地震波作用下的 2.72s、3.44s 和 13.36s 时。

21.5.3　地震作用下自行车桥支反力分析

21.5.3.1　反应谱法计算结果

　　x 方向和 y 方向分别对应的 E1 和 E2 水准地震作用下桥梁支座反力结果见表 21-12，支反力结果分为水平 x 方向和 y 方向 2 个分量，竖向力为 z 方向，本节分析主要以水平反应谱分析为主。

地震作用下自行车桥支座反力（单位：kN）　　表 21-12

位置	工况	x 方向分量	y 方向分量	z 方向分量
1 号桥墩	1-1	32.99	18.35	38.14
	1-3	111.37	61.95	128.73
	1-2	10.21	84.63	52.13
	1-4	34.47	285.67	175.97

续表

位置	工况	x 方向分量	y 方向分量	z 方向分量
2 号桥墩	1-1	462.75	131.08	47.83
	1-3	1562.05	442.48	161.44
	1-2	168.53	472.16	89.47
	1-4	568.88	1593.84	302.01
3 号桥墩	1-1	489.80	138.39	76.94
	1-3	1653.38	467.13	259.72
	1-2	142.20	459.95	81.55
	1-4	480.02	1552.61	275.27
4 号桥墩	1-1	39.98	28.89	56.99
	1-3	134.97	97.52	192.37
	1-2	35.40	74.94	83.24
	1-4	119.50	252.97	280.97
5 号桥墩	1-1	42.81	76.03	56.84
	1-3	144.50	256.64	191.88
	1-2	31.03	171.65	79.54
	1-4	104.73	579.43	268.50
6 号桥墩	1-1	71.38	67.37	32.46
	1-3	240.95	227.41	109.59
	1-2	59.44	101.31	48.17
	1-4	200.64	341.97	162.60

从表 21-12 可以看出，x 方向的最大支反力发生在 x 方向 E2 水准地震作用下的 3 号桥墩处，最大值为 1653.38kN；y 方向的最大支反力发生在 y 方向 E2 水准地震作用下的 2 号桥墩处，最大值为 1593.84kN；z 方向的最大支反力发生在 z 方向 E2 水准地震作用下的 2 号桥墩处，最大值为 302.01kN，根据支反力的大小可以看出桥墩在地震作用下以剪力为主，因水平变形导致偏心后产生弯矩，并最终导致 z 方向支反力发生重分布，进而影响竖向支反力的大小，相对剪力而言，竖向支反力相对较小。

21.5.3.2　时程分析法计算结果

E2 水准地震作用下自行车桥墩顶部支座反力计算结果见表 21-13。

E2 水准地震作用下自行车桥各桥墩顶部最大支座反力及发生时刻　　表 21-13

工况编号		工况 2-7	工况 2-9	工况 2-11	工况 2-8	工况 2-10	工况 2-12
加载方向		x 方向			y 方向		
1 号桥墩顶部	最大值（kN）	65.8	90.48	102.3	277.7	218.5	238.5
	发生时刻（s）	2.08	3.76	10.88	2.48	9.04	6.8
2 号桥墩顶部	最大值（kN）	147.6	170.7	142	107.9	118.7	111.6
	发生时刻（s）	2.08	3.52	6.88	4.48	4.64	8.8

工况编号		工况 2-7	工况 2-9	工况 2-11	工况 2-8	工况 2-10	工况 2-12
3 号桥墩顶部	最大值（kN）	196.1	192.9	155.4	122.3	129.8	120.4
	发生时刻（s）	2.08	3.52	12	4.48	9.04	8.8
4 号桥墩顶部	最大值（kN）	108.97	132.9	83.6	237.3	222.8	211.1
	发生时刻（s）	2.48	3.52	4.56	2.24	9.04	15.28
5 号桥墩顶部	最大值（kN）	124.75	132.1	126.3	438.9	392.2	421.1
	发生时刻（s）	2.48	8.64	6.64	2.48	6.32	16.08
6 号桥墩顶部	最大值（kN）	245.4	277.2	201.3	257.8	250.2	239.4
	发生时刻（s）	2.48	3.52	6.64	2.08	4.64	4.58

由表 21-13 可知，x 方向对应的 E2 水准地震作用下最大支座反力均出现在 6 号桥墩顶部，y 方向则出现在 5 号桥墩顶部，最大支座反力值为 438.9kN，发生在 y 方向对应的 Elcentro 地震波作用下（工况 2-8）的 2.48s 时；该工况下各桥墩顶部的支座反力值从大到小的排序为 5 号桥墩 > 6 号桥墩 > 1 号桥墩 > 4 号桥墩 > 3 号桥墩 > 2 号桥墩，对应的各个桥墩支反力最大值为 438.9kN > 257.8kN > 277.7kN > 237.3kN > 122.3kN > 107.9kN。

21.6　本章结论

本章采用反应谱分析法和时程分析法对厦门自行车桥地震荷载下的受力性能开展研究。选择第 21 联，采用有限元分析程序 SAP2000 建立整体数值模型，考虑 E1 和 E2 地震水准作用，每种地震作用均考虑顺桥向和横桥向，计算在不同的地震作用下桥梁结构在跨中和支座位置的动态响应，分别针对位移、应力和支反力这 3 项关键指标逐一分析，主要得出以下结论：

（1）无论是横桥向作用或顺桥向的地震作用，还是 E1 或 E2 地震水准作用，位移计算结果均表现为 z 方向分量最大，且 z 方向分量极值均发生在第 4 跨（曲线分叉段）跨中位置。

（2）桥墩在地震作用下以剪力为主，因水平变形导致偏心后产生弯矩，并最终导致 z 方向支反力发生重分布，进而影响竖向支反力的大小，相对剪力而言，竖向支反力相对较小。

（3）E1 和 E2 地震水准响应情况随时间的变化趋势基本一致，未出现位移变化滞后的现象，在 E2 水准地震作用过程中桥梁无明显阻尼比变化，也无明显塑性耗能的情况。因此可以判断在 E2 水准地震作用时，桥梁结构整体仍基本处于弹性状态，基本没有塑性耗能导致的变形滞后的现象。

（4）反应谱法计算得到的响应包络值相对 3 条不同地震时程计算结果的峰值要大。由于反应谱分析是基于规范规定具有一定的保证率，因此计算结果偏大；而时程分析法采用的地震波具有较强离散性，能得到随时间变化的趋势信息，但计算结果仅代表输入地震波对应的响应。因此在实际桥梁抗震分析过程中需要综合考虑两者的分析结果，从而能够更准确地得到桥梁在地震作用下的响应情况。

综上所述，该自行车桥在罕遇地震作用下仍处于弹性状态，桥梁结构整体满足设定的各类性能指标。

第五篇

建设管理篇

第22章　EPC总承包管理模式在市政公用
工程的应用

22.1　EPC总承包管理模式的应用概况

EPC（Engineering Procurement Construction）总承包管理模式是指业主选择一家总承包商，或者总承包联营体负责整个工程项目的设计、设备和材料的采购、施工以及试运行的全过程、全方位的总承包任务[131]。EPC工程总承包的出现是一个逐步发展的过程。最初以建筑贸易的形式出现，建筑物特点表现为施工技术简单、结构单一，由建筑工匠设计、施工；在随后的发展过程中，建筑物功能开始多样化。工业革命期间，建筑和设计复杂化、系统化，这使得建筑设计和施工形成了2个独立的领域，因此出现了一系列设计频繁变更、责任划分不清等缺点。到1970年出现了CM（Construction Management）承包模式，即从建设工程的开始阶段，业主方就选择具有施工经验的CM单位（咨询单位建设开发公司、施工总承包公司等）参与到工程实施中，该模式克服了以上缺点，但并没有从本质上改变设计和施工相分离的状态。20世纪90年代，设计、施工一体化系统化趋势日渐显露[130]。目前，世界上越来越多的投资项目中，业主开始采用EPC总承包的建设方式，出现了如鲁姆斯公司、柏克德公司等世界著名的EPC公司等。

1984年9月，国务院印发《关于改革建筑行业和基本建设管理体制若干问题的暂行规定》，首次提出建立工程总承包企业的设想；1987年4月，国家计委印发《关于设计单位进行工程建设总承包试点的有关问题的通知》，确定了12家工程建设总承包试点单位；1992年11月，建设部颁发《设计单位进行工程总承包资格管理的有关规定》，明确工程总承包资质等级；1997年11月，全国人大颁发《中华人民共和国建筑法》，明确工程总承包的法律地位；1999年8月，建设部印发《关于推进大型工程设计单位创建国际型工程公司的指导意见》，提出国际型工程公司应具工程总承包的能力；2003年2月，建设部印发《关于培育发展工程总承包和工程项目管理企业的指导意见》，提出积极推行工程总承包，同时废止工程总承包企业资格证书；2008年在国际金融危机的影响下，中国EPC企业更加重视项目的质量和效益，开始谋求业务的转型升级，很多企业不断进行新模式的探索；2014年7月，住建部印发《关于推进建筑业发展和改革的若干意见》，倡导工程建设项目上采用工程总承包模式，鼓励有实力的工程设计和施工企业开展工程总承包业务，明确工程总承包合同中涵盖的设计、施工业务可以不再通过公开招标方式确定分包单位；2016年5月，住房建乡建设部印发《关于进一步推进工程总承包发展若干意见》[132]，明确提出大力推进工程总承包，对工程总承包企业和项目经理基本条件、评标办法、计价方式、分段图审报建备案、施工许可证、总分包管理等环节提出明确指导意见；2017 年 2 月，国务院办公厅印发《关于促进建筑业持续健康发展的意见》[133]，明确要求加快推行工程总承包，按照总承包负总责的原则，落实工程总承包单位在工程质量安全、进度控制、成本管理等方面的责任；2017 年 5 月 4 日，住房建乡建设部发布《建设项目工程总承包管理规范》[134] 为国家标准，自 2018 年 1 月 1 日起实施。

自 20 世纪 80 年代工程总承包引入我国发展至今已有近 30 年的历史，工程总承包在不断发展的过程中取得了丰硕的成果。在近 30 多年的发展过程中，我国的勘察设计、施工企业根据业主的不同需要，从单一设计、简单施工逐步向工程总承包发展，用多种不同的方式开展工程总承包和项目管理服务。通过开展工程总承包，使企业的生产组织方式发生了深刻的变化，并带动了建筑业产业结构的调整。

目前国内工程总承包发展历程主要体现在以下三个方面：（1）工程总承包市场开始形成，行业推广面不断扩大；（2）境外工程总承包营业额大幅增长；（3）一些企业生产组织方式的变革和产业结构的调整。为适应国际承包工程的形势需要，我国工程承包企业不断创新承包模式，积极向高端市场迈进。

22.2　市政公用工程的特点

21 世纪初期，我国国民经济始终保持着迅猛发展的劲头，城市化进程也日趋加快，市政公用工程在城市建设中的地位和作用越来越突出。市政公用工程项目主要包括道路、桥梁、轨道交通、管道工程以及城市园林绿化工程等。与其他工程建设项目相比，市政公用工程不仅具备一次性、不可复制等工程建设项目共有的属性，还具有以下特点[135]：

22.2.1　公益性
市政公用工程绝大部分都是为广大人民群众服务的公益项目，而且大部分都由政府全部或部分投资建设，所以建设过程中执行的标准更高，承担的道德和社会责任更大。

22.2.2　复杂性
市政公用工程涉及专业较多，如道路、桥梁、轨道交通、管道工程、园林绿化等，项目非常复杂。

22.2.3　不确定性
市政公用工程建设受天气状况、周边环境、社会关系等的影响较大，存在较大的不确定性，因此项目的风险较大。

22.2.4　管理难度大
市政公用工程项目建设周期长、参建方较多，劳务队伍的技术水平和个人素质也参差不齐，实施过程中的组织管理存在着很大的困难。

鉴于上述特点，大力推广市政公用工程的设计 – 采购 – 施工（EPC）总承包模式，有利于项目实施过程中设计、采购、施工的有效衔接，提高项目实施效益[135]。

22.3　厦门市云顶路自行车道示范段工程难点

（1）全国首个自行车桥工程，无经验可借鉴

该工程为全国首条自行车高架桥，采用 EPC 投资方式建设。因此，无论是管理模式，还是设计、施工技术，均无经验可借鉴，需要自主探索创新建设技术。

（2）体量大，建设工期短

自行车快速道设计为装配式钢桥，用钢量达 30000t，工程任务重，项目特点决定无法大面积进行流水作业。由于 2017 年在厦门召开金砖五国领导人会议，为了尽快完成工程任务，需从设计阶段压缩时间，并尽快启动施工，在施工过程中逐步优化设计，使设计及施工交叉同步推进。

（3）施工环境复杂

自行车钢桥施工涉及钢构件的水平运输、空中吊装及安装，在既有 BRT 高架桥下施工，作业空间有限，且施工期间 BRT 需正常运营，因此施工难度大。

（4）社会影响大，关注度高

施工期间备受市民的关注，较多人由于好奇而围观，增加施工安全控制难度。

第 23 章　以施工企业为核心的 EPC 总承包模式探索

23.1　建立以施工企业为核心的 EPC 承包模式的必要性

23.1.1　适应国内市场需求

在国内，采用 EPC 模式承包的工程项目逐渐增多，因而市场上对 EPC 型工程承包企业的需求也逐渐增大。特别是国内新型城镇化进程中，大量的基础设施建设项目都开始采用 EPC 模式，这就需要施工企业调整思路、构建承接 EPC 项目的能力，才能适应国内庞大的市场需求，在竞争中占领先机[136]。

23.1.2　与国际接轨的需要

FIDIC 于 1999 年推出的四本合同包括：施工合同条件（适合于设计施工平行承包）；设计施工合同条件（适合于 D-B 模式承包）；设计、采购、施工平行承包；设计、采购、建造、交钥匙工程合同条件（适合于 EPC 模式承包）。因此，发达国家 EPC 承包模式发展较早也较为成熟。据美国设计 - 建造学会的预测报告显示，建筑市场上 EPC 模式承包合同的份额已从 1995 年的 25% 上升到 2005 年的 45%，于 2007 年则达到 50%，也就是说有接近一半的建设项目采用 EPC 模式[137]。国内施工企业逐步走出国门，在发达国家和发展中国家承担大量的施工任务，其中包括大量援建、贷款垫资的 EPC 项目，表明国际建筑市场已普遍采用 EPC 总承包模式。随着我国"一带一路"倡议的实施，国内的施工企业要想立足国内市场、开拓国际市场，就必须具备成熟的工程总承包能力，否则无法适应国际合作和贯彻落实"走出去"战略的需要[138]。

23.1.3　与大型施工企业自身发展方向相适应

现阶段，我们的建设市场已经逐步走向规范和成熟，市场竞争越来越激烈，大型企业应拓宽发展思路，逐步摆脱单一施工功能，向包含投资、设计、勘察、施工、咨询等综合能力的集团型企业发展，早日构建成熟完善的 EPC 项目承包能力。这也符合国家对大型施工企业发展方向的指导与规划意见[136]。

23.2　推广以施工企业为核心的 EPC 承包模式的意义

目前，我国主要采用的是设计 - 招标 - 施工的传统模式，由业主委托设计单位完成施工图设计后，进行施工招标选择施工单位。这种发包模式的优点是适应了追求"标准化"和"高效率"的社会化大分工的趋势，但这种分离的组织生产方式越来越成为发包方、设计方和施工方之间推诿责任的根源和阻碍行业创新的障碍。工程的设计、采购、施工建设被分成了三个独立的部分，造成工程建设各阶段的脱节，影响工程建设的顺利进行。采用 EPC 总承包模式使项目风险转移更彻底，使业主省心、放心、安心。对于 EPC 总承包商而言，签订 EPC 总承包合同后，所有的工程质量、进度和成本集于一身，只有在招投标期间做好项目策划，将设计、采购和施工的控制与协调作为项目策划重点，在实施过程中统筹规划并发挥好以下几方面的自身优势，才能实现工程的顺利完成 [135]。

（1）自身具备较明显的优势

以施工为龙头的 EPC 总承包公司对该专业工艺技术、设备性能质量、主要设备厂家情况、施工队伍素质较为了解，拥有经验丰富的管理队伍，且形成一套科学的管理模式。因此，可以在设计、采购、施工、试运行全过程利用自身技术和管理优势，使工程质量、投资、进度、安全等得到很好的控制。

（2）设计、采购和施工深度交叉，降低工程造价

设计阶段是对工程造价影响最大的环节，约占 90% 左右。如果能将采购、施工与设计深度交叉，在设计阶段采取相应的优化设计或限额设计，可以较好地降低工程造价。

（3）EPC 总承包方式可缩短建设周期，提高工程质量

在设计阶段从施工的角度考虑，推广采用四新技术，有利于保证工程质量并加快工进度；设计方案在施工过程中根据实际情况和条件不断优化；EPC 总承包单位直接与设备供应商签订供货合同，以缩短工期；利用 BIM 进行施工技术交底和施工模拟，选择最优的施工方案，提高施工现场作业效率；结合 RFID 技术存储建筑信息模型并实时跟踪完善，保证项目全寿命周期的数据完整。

（4）EPC 总承包使项目的风险转移更彻底

EPC 总承包单位是在给定技术参数或设计方案的前提下通过招标确定的。EPC 总承包合同现按 FIDIC 条款常采用固定总价合同或综合单价合同。对于采用固定总价合同较多，优点是投资费用一目了然，风险转移给 EPC 总承包方，对于难以确定工程界面的合同（如路网、管线等工程），综合单价合同也能够控制工程总投资。

第 24 章　项目管理模式

24.1　业主方的管理模式

24.1.1　管理模式

业主与监理单位、EPC 总承包单位分别有合同关系，监理单位受业主委托对 EPC 总承包单位进行监管（图 24-1）。为充分发挥 EPC 总承包单位的管理优势和业主对工程建设过程的控制，业主职能的定位应当避免两个极端，即对 EPC 总承包单位干预过多或完全放手不管。按照 EPC 方式的基本思想，业主对工程建设过程进行适度控制，并全力支持和推进工程进展，以取得项目建设预期的效果。

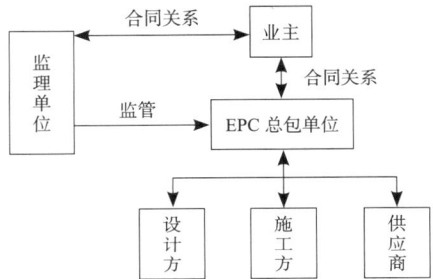

图 24-1　三方关系图

业主成立项目部，除履行总承包合同规定的各项义务外需履行以下职能：

（1）对建设过程实施监督。按照 EPC 总承包合同及其附件规定的内容和程序，对工程的总体进度、质量、建设水平（设计、设备等）实施过程监督，保证完成合同及其技术附件规定的内容和工作，及时了解和掌握工程存在问题和进展情况，同时避免对工程具体细节的操作和干预，充分发挥总承包方的能动性和管理优势，使业主在整个建设过程中对自己的投资始终保持信心。

（2）协调项目内外部的关系。协调 EPC 总承包单位与政府有关部门、项目相关单位、生产单位的关系，协调与外围相关工程的接口，营造良好的建设环境，保证建设过程符合国家和地方法律法规的规定，实现建设和生产过程的顺利衔接，推进项目建设有序进行。

（3）为总承包单位和施工单位服务。利用业主项目部的"地主"优势，充分调动各种资源，支持和帮助总承包单位和施工单位进行工程建设，使他们能够全身心地投入到工程建设中，为缩短工程工期，业主早日受益创造有利条件。

24.1.2　对 EPC 总承包单位的管理

EPC 总承包模式使业主和总承包商有了共同的利益和目标，其关系不应对立而应建立在协作和共赢的基础上。在自行车桥工程实施初期，EPC 总承包单位就提出了"干一个项目，树一座丰碑，交一方朋友"的理念，得到了业主方的理解和认同，共同形成了建立一支团结和谐"大管理团队"的思想，双方优势互补，共同努力实现项目建设的各项目标。

　　双方由于自身利益的需求不可避免地会产生各种矛盾，在沟通和理解的基础上，尽量从体制上避免矛盾带来的负面影响。一方面，通过协商，在招标、设计变更、工程变化等容易产生矛盾的环节共同制定一系列共同遵守的具体的操作方法，以合同和制度的约束避免和化解矛盾；另一方面，业主项目部主动在工地树立总承包方管理的权威，双方在针对某一问题决策前主动与对方沟通，对外呈现出团结、和谐的项目管理形象。沟通和团结在推动工程进展、保证项目成功上起到了至关重要的作用。

24.1.3　过程管理

　　为加大对项目的掌控力度，业主项目部针对现场情况采取了一系列措施和办法：

　　（1）完善项目管理制度，强化"三方"管理。编制相关工程管理方面的制度，其中就材料、质量、进度、投资安全以及现场文明施工，职业健康方面都有了翔实的依据，从而使总承包方在项目管理领域有章可依。强化业主、监理、EPC 总承包单位"三方"管理模式，实现"每天、每周、每月"有检查、有整改、有监督、有考核、有总结、有部署的局面，有力推进项目建设[139]。

　　（2）完善"三个"工程管理体系，突出业主方项目管理。紧紧围绕进度、质量和安全，逐步建立质量管理控制体系、工程建设管理体系和施工现场安全管理体系"三个"工程管理体系，强化对 EPC 总承包方和施工方的过程管理，淡化了传统 EPC 总承包中质量管理受"他人控制"现象，引入"以我为主"的管理理念，确保项目建设安全、有序、高效地向前推进。

　　（3）推行巡视制，及时协调解决施工现场出现的问题。即从高管、中层、管理人员每日必须到现场巡视及处理问题的闭环过程，及时协调现场以利于穿插施工，抓抢施工作业面，及时整改安全隐患，把安全隐患消灭在萌芽状态。

　　（4）实行"双重准入制"，严把施工人员进场关和施工质量关。即对特种上岗人员进场后，对关键部位和重要工序施工时，上岗人员除报验上岗证书外，还要进行现场考试，由业主方签发上岗证后方可进场作业。

　　（5）适时开展形式多样的劳动竞赛，确保节点按时完工。即根据项目设计、设备能满足一定时期内施工需要时，对关键线路上的主要节点明确划定责任，配套制定相应的考核办法即节点的奖励权重分配，从而使相关各方能责任到人，杜绝推诿扯皮，抢抓机遇保工期。

　　（6）开展"日清日结"制，强化过程管理、确保施工质量进度。该制度的实施与项目会战时配套使用，每日一评价，每日一总结，下班之前必须落实到当日工作中。

　　（7）探索项目建设期引入市场化管理，激活各方的积极性，促进项目建设。面对空中自行车桥工程建设经验少，工程建设时间紧、任务重等诸多不利因素，借鉴生产单位市场化管理经验，遵循市场规律，把市场机制和价值规律引入到项目建设中，建立对施工单位、监理公司项目建设考核体系，激发各方面积极性，有力推动项目建设技术创新和管理创新。

24.2 监理方的管理模式

EPC 模式下的监理工作与传统模式相比，对监理的业务能力要求更高，主要体现在监理任务延伸到设计阶段，因此，除了传统的"四控两管一协调"外，还应提高设计理解和辨别能力，对项目建设进行全过程监理。

24.2.1 监理组织模式

在总结以往工程监理经验的基础上，结合当前项目无经验可借鉴、建设工期短、施工环境复杂、体量大、社会影响力大、关注度高等特点，监理单位探索和摸索出了一种以组织协调为中心、以质量控制、进度控制、资金控制为目标的监理模式（图 24-2）。

组织协调涉及与业主、EPC 总承包单

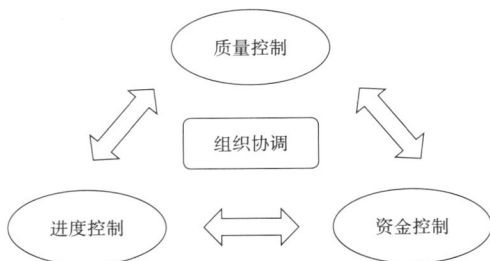

图 24-2 以组织协调为中心的监理模式

位等多方关系，它贯穿于工程建设的全过程，贯穿于监理活动的全过程。监理单位要熟悉组织协调的基本内容和要求，掌握完成组织协调监理工作的技能，在监理实务中紧紧抓住以组织协调为中心，积极主动地协调项目有关各方的建设关系，抓住监理工作的重点，搞清监理的关键点，紧紧围绕组织协调这个中心，以三控（质量控制、进度控制、资金控制）为目标来开展监理工作。在具体的监理工作需要组织协调的对象很多，如图24-3 所示。

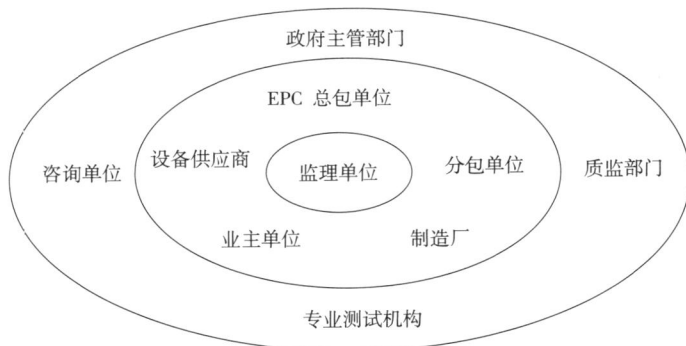

图 24-3 监理工作组织协调的对象

例如，当设计方案的概算结果超过投资估算结果时，监理方要与业主沟通，也要与EPC 总承包单位进行协调，既要满足业主对项目功能和使用的要求，又要力求费用不超过限定的投资额度。当工程建设进度延迟，监理方就要与总承包单位进行协调，或增加人员投入，或修改实施计划，确保项目的如期完成。当发现 EPC 总承包单位的管理人员不称职并影响工程控制目标实现时，监理方要与 EPC 总承包单位进行协调，调整力量。

24.2.2 管控措施和方法

EPC 模式下工程监理工作的主要管控措施和方法：

（1）组织控制的措施和方法

传统模式下的工程项目，设计单位由业主单独委托，与施工单位具有相对独立性，而在 EPC 模式下，设计与施工为一个总承包单位中的两个部分。监理单位需正确区分二者的工作行为。在组织控制的措施和方法上，建立与设计、施工相对应的项目监理机构职能部门，完善职责分工及有关制度，落实对设计和施工的控制责任，确保设计目标和施工目标的统一性。总监对业主负责，并对 EPC 总承包单位进行管理；总承包单位对业主及总监负责，同时对联合体各成员单位进行管理；总承包单位与业主的沟通，主要通过监理进行协调。项目总监每周定时组织参建各方召开例会，并根据各阶段要求组织召开各项专题会议，包括吊装方案审查、交通疏导协调、进度管理、体验段施工、首件验收、分部验收等专题会。每次会议均要求项目参建各方主要领导参会，确保及时解决项目存在的各方面问题，并集思广益、积极推进项目管理。

（2）技术控制的措施和方法

传统模式下的工程项目，施工过程中需设计单位解决的问题，需要由施工单位提请业主协调设计单位解决。而在 EPC 模式下，此种情况只需总承包单位内部协调解决。这种便利性也往往会造成总承包单位为施工考虑而随意变更设计，工程监理单位需正确甄别设计变更的真实性，正确分析设计变更的目的。在技术控制的措施和方法上，认真审核设计图纸，了解设计图纸的设计意图和技术要求；严格审查施工组织设计及施工方案是否能够实现设计意图和技术要求；确保设计变更有利于工程施工的合理性，而不是出于施工便利而降低设计的安全度和可靠性。为制定切实可行的工程施工进度计划，参建各方积极交流、密切配合，通过熟悉设计图纸、施工组织设计等技术文件，以会议的形式明确完成各分部工程的时间节点，形成切实可行的进度管理计划，监理工程师据此及时纠偏，确保关键线路工作顺利完成。

（3）经济控制的措施和方法

传统模式下的工程项目，设计和施工分属两个不同的层面，有独立的经济合同，各自利益独享的原则不会使二者为了追求效益最大化而形成统一。而在 EPC 模式下，因为设计和施工是统一的整体，总承包单位为了追求效益最大化，会通过提高设计标准来谋求施工高成本带来的效益。工程监理单位需在一定范围内合理控制工程造价，在经济控制的措施和方法上，应围绕业主对工程质量的目标，在设计阶段推行限额设计和优化设计，在招标投标阶段，则要合理确定标底及合同价。

24.3 EPC 总承包管理模式

24.3.1 EPC 项目组织架构

厦门市自行车桥项目施工工期紧，施工任务重，通过采用 EPC 联合体管理模式，集成"央企＋地方龙头企业"的优势，对项目进行统一管理，使项目进度、成本、质量目标等各方面进行有效把控，实现一加一大于二的效果。在 EPC 联合体内，成员各方基本利益及目标一致，施工过程中融合了各自不同的企业文化，相互信任、相互尊重和资源共享，通过有效的沟通交流，使设计、采购和施工有机结合，保证项目目标实现。本工程由中交第三航务工程局有限公司、中建钢构有限公司以及厦门市市政设计院三家单位组成联合体，对项目进行统一管理。项目组织架构如图 24-4 所示。

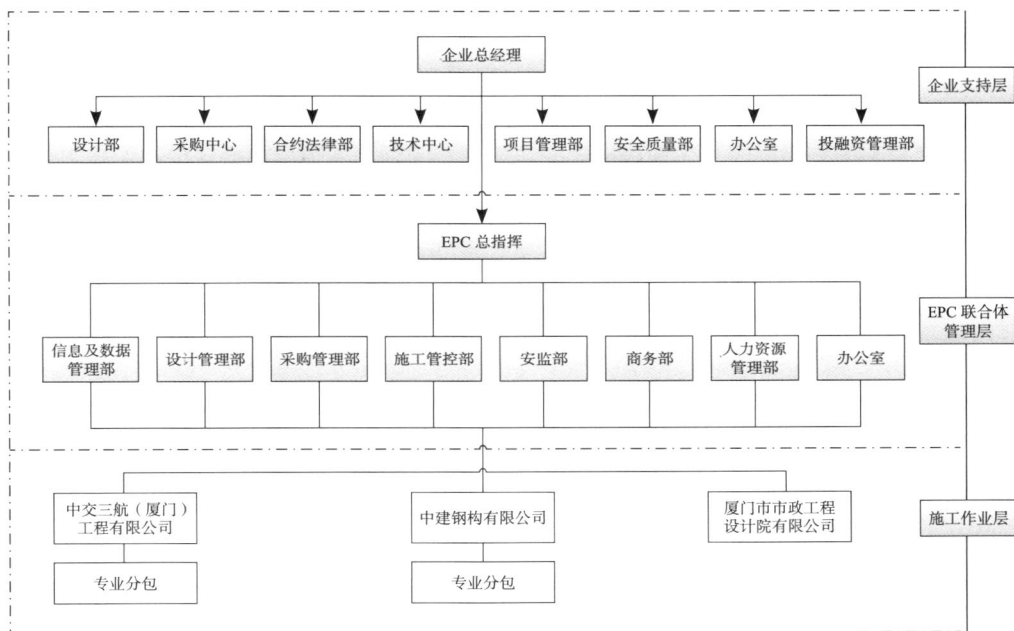

图 24-4　项目组织架构图

24.3.2　EPC 总承包单位分工

三家单位根据各自公司的发展战略侧重点和比较竞争优势各不相同，通过联合使各方充分发挥各自的特长，强强联合，优势互补，充分发挥设计单位和施工单位各自的优势。不同公司的发展历史、专业领域和规模的不同，其核心竞争力有着较大的差异。中交第三航务工程局有限公司在厦门属于地方龙头企业，参建过厦门多项市政工程，对于地方的政策、经济环境以及地方资源有较大的优势；中建钢构有限公司是中国最大的钢结构企业、国家高新技术企业，隶属于世界 500 强中国建筑股份有限公司，承建了一大批体量大、难度高、工期紧的标志性建筑，拥有钢结构施工的核心技术。联合体根据自身特点作出的内部职责分工明确，中交第三航务工程局有限公司作为施工总承包方，中建钢构有限公司负责统筹钢结构施工，厦门市政工程设计院有限公司负责设计。通过组建优势互补型工程承包联合体，成员间分工协作，使各方拥有的优质资源组合形成合力，取得比其他对手更为有利的竞争地位，这也是设计、采购和施工一体化工程建设总承包项目最为广泛采用的联合体组建模式。

第 25 章　项目质量管理

25.1　项目设计阶段质量控制措施

设计质量控制，是项目质量控制的龙头，是设计阶段质量控制最重要的关口，对于工程的整体质量起着决定性作用。EPC 总承包模式使得设计方和施工方的沟通联系更为紧密，更便于施工方及时发现设计的不尽完美之处，设计方也最大限度地参与到施工现场当中，起到督促施工方实现设计意图，达到技术标准，预见和处理设计、施工各环节的问题，保证项目质量。

（1）审查设计方案，设计方案应符合合同中规定的或初步设计批准的主要技术原则，设计方案优化，材料、设备选型合理。

（2）设计图纸清晰、尺寸准确；控制专业之间的会审和会签，避免错、漏、碰、撞和重复设计。

（3）控制设计变更的质量，督促设计人员将图纸审查意见，逐条落实到设计变更中，杜绝不合理设计变更的发生。

25.2　钢结构制造单位选择

该工程总用钢量较大，1~4 工区拟选用位于湖北武汉、江苏江阴和四川成都三大钢结构制造基地进行加工，5~6 工区选用位于厦门的制造基地，四大制造基地的产能均能满足该工程钢结构制造供应。

25.3　钢结构加工与制作

该工程弯弧板较多，弯弧板的加工对于工艺要求较高，构件精度质量的控制较难，且了解到制造厂具备弯弧板加工条件的不多，大部分都是委外加工，增加了材料的来回转运时间。设计方和施工方经过多次讨论，最终采取以直代曲的制造工艺，减少制造厂委外材料转运的时间，同时构件的制造质量也能得到有效把控，确保了构件加工的进度及质量。

25.4　项目施工阶段的质量控制

施工阶段发生设计差错、设计方案不合理或设备选型不合理时，EPC 总承包单位及时反馈信息，分析原因，快速处置，避免本工程和其他工程类似问题再次发生。设计单位也经常对工地进行检查，及时发现施工中由于理解错误导致产生的误差，并及时纠偏，保证施工质量。本项目施工阶段的质量控制举措主要体现在以下4个方面：

（1）原设计指示标牌，字体过小，颜色不明显，指示效果较差，样品制作后施工方及时通知设计方进行调整，确保了设计质量。

（2）原单向车道设计了中间车道标线，实施过程中发现净宽2.5m再画线的话视觉上压抑且杂乱，因此同各方协商后取消了单向车道标线设置。

（3）栏杆底座焊缝间隙设计本应采用原子灰填缝，设计方在施工现场检查中发现施工方部分采用玻璃胶，该产品在工程应用中易脱落，耐久性不好，后期会导致栏杆底座进水潮湿进而锈蚀，因此设计的督促和紧密配合在工程质量的把控上至关重要。

（4）该项目施工条件苛刻，安装环境复杂，起吊作业过程中吊机需要站在沥青路面上施工，路面下方市政管线分布密集，且作业周边存在高压电线，施工过程中容易发生触电事故，道路两旁绿化带可能对吊装产生遮挡，对吊装作业产生极大的障碍。采用的解决措施如下：

①细化施工方案，分析每一次吊装作业点吊装工况，制定最优施工方法，确保每一处施工方法的合理性及可行性；

②桩基础施工过程中，根据现场周边条件以及施工经验，优化绿化迁移工作量，最大限度减小对绿化的影响；

③与设计单位沟通协调，对桥梁沿线的市政管网进行摸底排查，并在工况分析过程中紧密结合，确保汽车吊起吊过程中的站位位置避开市政管网，对于起重量过大的吊装工况，在汽车吊支腿下方设置路基箱以及枕木，对正压力进行扩散分布，保证地基承载力满足要求，不发生路面破坏、管道破裂等现象；

④提前对沿线高压线进行分析，对给施工产生重大影响的位置提出合理的迁移方案，并提交市政部门规划迁移，保证施工过程中不发生触电事故。

⑤吊装施工时，避开车流、人流高峰期，尽量安排在晚上23：00～早上5：00时段进行施工，并在吊装施工过程中，在前后路口安排安全交通协管员对车辆及人流进行疏通，确保吊装过程安全，如图25-1所示。

（a）现场图1　　　　　　　　　（b）现场图2

图25-1　钢箱梁吊装现场图

第 26 章　项目进度管理

在云顶路自行车道工程的规划初期,综合考虑各方面因素,按常规模式下施工工期至少需要 10 个月,才能完成项目的建设并投入使用。因工程沿线交通繁忙,为最大限度地减少对沿线交通、居民的影响,2016 年 8 月 13 日召开专题会议,明确 2017 年 1 月 20 日工程竣工。为保证目标的实现,EPC 总承包提前介入设计阶段优化,逐一梳理各项施工重难点,结合 EPC 总承包模式的优势和企业自身的综合实力,最终按计划实现工期目标。

26.1　施工方提前介入深化设计

常规的设计模式是设计单位完成该图纸初步设计后交由承包商,但这往往达不到施工所需的图纸深度,常常需要承包商完成进一步深化设计后才能用于指导施工,这种设计实施模式不仅不符合工程项目通过一体化管理提升效益的要求,而且在一定程度上增加了承包商对设计管理和协调的难度,影响工程施工进度。EPC 总承包项目由于施工方提前介入,大大缩短的设计周期,提高了设计质量。

(1)结构设计提前介入建筑设计

在著名的丹麦桥梁建筑公司 Dissing + Weitling 进行建筑设计的过程中,厦门市政工程设计院就提前参与介入建筑设计,保证施工图设计进度。在项目结构设计和钢结构深化设计过程中,中建钢构有限公司也介入进行联合办公,大大提高了设计质量。

(2)结构设计与深化设计的同步进行

施工方的深化设计团队进驻设计院,提前与设计方就钢材选择、防腐涂装工艺、桥梁断面形式、板厚尺寸、焊接加工及安装施工可行性等进行探讨比选,在保证结构安全、美观、经济的前提下,选择最适合制作加工安装的结构方案,避免总承包单位因不能完全理解设计方案的意图与内涵,造成设计上的理解偏差,从而带来设计的不合理与返工。因此,项目的设计出图工作不仅在 2 个月内按时完成,而且减少了后期返工带来的工期影响,为实现项目的整体工期目标提供了有力保障。比如,施工方的设计团队通过对市场的调查了解,建议设计将钢材材质由 Q345C 优化为 Q345B,以确保市场钢材的及时供给,保证设计材料以及设计节点的合理性和实施性,保证材料的市场供给进度。

26.2　设计与施工深度交叉

本项目的设计与施工深度交叉主要体现在以下 4 方面：

（1）上部结构构件的制作和加工提前进行

为提高项目的主观能动性，该工程在项目初期和设计时便考虑到采购和施工的影响。该工程施工图绘制前期，设计单位确定构件截面形式后，于 2016 年 8 月 30 日即开始了第一批材料的采购工作，在设计进行的同时同步进行材料采购，材料采购周期大大提前，将材料采购对工期的影响降至最小。在后续项目进展过程中，施工方可以实时跟踪了解设计出图情况，要求深化设计先提出平台、梯坡道所需材料清单，第一时间采购平台、梯坡道构件等材料，有效保障构件制造材料的供应。

（2）下部基础工程提前进行

工程设计根据实际施工需要，先行提供全桥基础设计施工图，施工方先行钻探，如遇不可实施处，则及时调整桩位或者线位，避免后续施工返工。

（3）设计人员深入现场及时协调解决问题

在工程施工过程中，难免会出现一些与实地相冲突问题，这些问题若不能第一时间得到有效解决，将可能大大影响项目建设的进度，导致工期与原计划不符。该工程设计人员深入一线，对于现场出现的问题，施工单位能与设计部门第一时间进行有效沟通及解决，及时进行同步优化和调整设计。如在工程栏杆施工过程中，设计人员发现栏杆设计不合理，需要及时优化时，如果按照传统模式，需要施工方向监理方提出变更申请单，待设计方修改设计再由业主方批复等多层复杂的流程。而在 EPC 总承包模式的运作下，施工方直接与设计人员对接，在满足设计要求下进行优化修改，一步到位化解问题，大大减少了多层复杂流程所需要的时间，同时也减少了业主的协调量，提高了效率。

（4）简化工程变更流程，加快工程进度

在施工阶段的设计变更中，施工方参与设计变更优化的过程，缩短变更流程及时间，确保项目整体工期进度得到满足。如在后期停车平台因结构形式必须进行优化，而平台的构件已全部加工制造完成，才发现实地无法安装，后经 EPC 总承包方内部协调，对现场的构件进行修改，既节约工程造价，又保证工程顺利完成。

综上所述，EPC 总承包模式在设计、采购与施工的各个阶段的深度交叉及相互交融，有效避免传统管理的缺陷，在保证合理周期的前提下，使各项工作的实施更加高效，从而节省总体工期。

26.3　资源保障

资源保障是项目顺利开展、平稳进行的主要前提，该项目总承包单位通过资源整合，在确定项目范围定义、工作分解结构、里程碑计划和进度计划的同时，对合同和技术规范进行进一步的研究，同时对市场、价格、施工条件、环境进行深入调查和分析，为工程顺利进行提供了强有力的资源保障。

（1）精选管理队伍和施工班组

EPC总承包商从各公司抽调专业水平较高、管理能力较强的技术骨干组成项目管理团队，对工程进行统一管理，同时也方便各方之间工作的协调及交流。而现场的施工班组也是经过公司层层审核，从之前合作过的施工队伍中挑选有施工经验、信誉良好的队伍参与该项目，通过合理的组织管理确保工期节点目标的实现。

（2）引入新型吊装设备

本工程除了引进大型设备汽车吊、随车吊外，还引进钢结构吊装领域的新型吊装设备——折臂吊，如图26-1所示，成功克服构件重量大、施工路况复杂、施工空间狭小等困难，提升夜间施工效率。通过施工前期对市场进行充分考察、调研，发现厦门本地折臂吊资源仅有6台，无法满足现场需求时，从其他省直接调用10台设备至厦门，解决了折臂吊不足的问题，保证工程顺利完成。

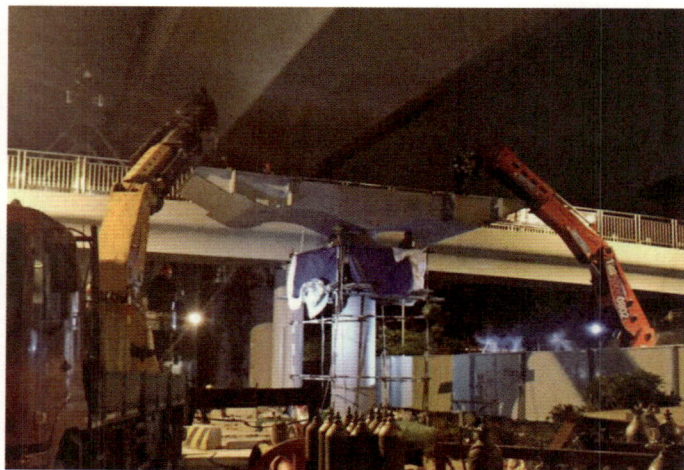

图26-1　折臂吊进行盖梁吊装

（3）钢结构的制造、加工及运输

本工程钢构件体量大，要求制造周期短，为了保证构件生产，中交第三航务工程局有限公司开辟厦门2处、龙岩1处、泉州1处共4个加工场地；中建钢构有限公司则将制作任务分配给华南、华中、华东、西部4大制造基地生产制作，成功化解了构件制造时间短、体量大的难题，缩短了制造周期。受《超限运输车辆行驶公路管理规定》的限制，运输公司无法承揽超宽钢板的运输，为了确保钢材的及时供给，中建钢构有限公司自行安排物流车辆赴钢材厂进行超宽钢板的运输，解决运输政策变化带来的运输困难等问题，保证了构件的制造周期，使工期目标顺利实现。

综上所述，在项目施工前期及施工过程中，EPC总承包各方充分发挥各自资源优势，同时对资源进行整合利用，保障了项目工作的高效开展与实施，确保了工期目标的实现。

第 27 章　项目成本管理

在项目建设中，工程项目成本管理与控制涉及建设工程项目的各个环节，贯穿了项目建设中设计优化、物资供应、施工管理、施工技术、劳动力和施工设备合理配置、分配制度、运输等全过程。在本工程管理中，以成本控制为基本点，把"低成本竞争，高品质管理"贯穿于建设施工的全过程，树立全部、全员、全过程的控制管理理念。在各个阶段的成本控制上，重点从定额测算、标准化管理、制度执行、可控费用管理等方面入手，力求最佳管理成效。

27.1　设计阶段成本控制

工程设计的费用往往只占最终产品成本的 5% 左右，但是设计阶段确定的设备材料购置费一般占到工程总造价的 60% 从上。一般在初步设计阶段工艺方案、设备选型及参数已基本确定，影响项目投资的可能性为 75% ~ 95%；在技术设计阶段，影响项目投资的可能性为 35% ~ 75%；在施工图设计阶段，影响项目投资的可能性为 15% ~ 35%。显然设计是控制工程成本的决定性因素，为有效地控制成本，针对设计阶段出现的一些问题，采取多方面的有效措施，把好设计关，实现对工程造价的有效控制。

EPC 模式给项目整体带来的造价成本优化相当可观，该项目由原预估造价 5.8 亿元优化至 5.2 亿元。招标费用、大量材料采购成本、厂房标准化生产成本及施工方案成本优化降低幅度约 9%，管理模式人工成本降低幅度约 5%，整体上大幅度降低了工程成本，提升了工程效益。

27.1.1　优化设计方案

设计人员在设计前，十分重视资料的收集工作，充分了解项目建议书、可行性研究报告的内容、水文、工程地质条件、场地周围环境、地形、地貌、工艺设备选型、建筑空间和平面、建筑材料和性能，努力提高设计工作深度，优化设计方案。

（1）钢材的优化

总承包单位经过不断的实验与计算，结合以往厦门类似工程经验，建议将原 Q345C 钢材优化为 Q345B，经设计计算复核，该钢材可以适应厦门环境要求，且为材料采购费用控制创造了有利的条件，缩短了采购周期 10 天，节省材料成本约 300 万元。

（2）桩顶标高的调整

该工程某一桩基顶面遇一煤气管道，煤气管道平面侵入桩位 20cm，但未侵入墩柱的位置。由于周边用地限制，无法调整桩位及迁改煤气管道，经设计方与施工方研究讨论，决定将桩顶标高降到煤气管以下，确保桩基可以施工，同时采取措施保护煤气管后焊接墩柱钢管。此举既保证了施工质量，又把对施工工期的影响降到最低，同时也节省了管线迁移的费用。

27.1.2　满足使用功能，实行限额设计

所谓限额设计，就是按照批复的可行性研究报告和投资估算控制初步设计，按照批复的初步设计总概算控制施工图设计和施工图预算，同时各专业要按合理的投资比例来优化设计，总造价控制在限额内。EPC 总承包工程的限额设计是根据已签订的 EPC 合同额，对各设计专业下达细化后的设计限额工程量，使各专业精细化设计，严格控制实际工程量与合同工程量的偏差，当发生偏差时要进行深刻的分析，尽量优化设计，保证投资控制在限额投资范围内。若是由于第三方原因发生设计变更或超出合同范围的工程内容时，要及时提出索赔和费用申请以保证投资的完整性。

加强设计变更管理，实行目标成本动态跟踪的手段。一般来说，功能调整和设计变更是不可避免的。设计变更是指为了完善工程设计、优化设计成果、纠正设计错误、保证施工质量及满足现场条件变化而对设计文件进行的补充或修改。设计变更发生在不同阶段其损失费用也不相同，变更发生得越早，损失越小。如果在设计阶段变更，则只需修改设计图纸，损失有限；如果在采购阶段变更，不仅需要修改图纸，而且设备材料还须重新采购，可能会影响施工进度，损失较大；若设计变更发生在施工阶段，除上述费用外，已施工的工程还需拆除，变更损失重大。因此若有变更发生应该尽早把设计变更控制在设计阶段初期，在进行变更前，要用先算账后变更的办法解决，对变更前后所产生的费用要进行对比分析，根据损失的程度进行控制选择。

在项目实施的过程中要加强目标成本动态跟踪，实行设计变更与现场签证的月度汇总，通过挣得值分析法进行分析，及时调整和更新后期进度控制和费用成本控制。如在 P55 号钢柱桩基按照设计位置在施工过程中由于遇到较硬岩层，桩基施工难以达到设计深度，需要设计修改结构形式。此项设计变更由于不能变更钢柱位置，最终设计取消该钢柱，将原位置修改为混凝土承台形式，承台顶部预埋埋件与钢箱梁橡胶支座连接。对于此次取消钢柱变更，不仅取消钢柱，同时需要修改相对应的 L17 联钢盖梁及 L17-1 端头结构形式以保证与混凝土承台衔接。此次变更增加深化修改量，同时影响制造进度，造成该部位工期滞后 15 天以上。此类变更影响由 EPC 联合体内部消化，并不对总工期产生影响，业主无需承担此风险。

27.2　采购阶段成本控制

27.2.1　引进先进设备

在设备选型上，该项目采用现场吊装设备资源共享策略，及时补充调用各类吊装设

备，通过多次研讨后，选择引进折臂吊等新兴吊装设备，在节省吊装时间的同时，也减少项目设备的投入使用。

27.2.2　优化采购流程

根据 EPC 模式特点，业主仅仅需要进行一次性招标，无需再对设计单独招标，既减少招标费用，也精简管理模式。EPC 模式下由承包方从一开始就对项目进行优化设计，充分发挥设计、采购、施工各阶段的合理交叉和充分协调，由此降低管理与运行成本，提升投资效益。在工程建设过程中避免人员与资金的浪费，使资金、技术、管理各个环节更加紧密，各专业的专业化程度得以提高。如该项目所需国外设计方、特殊材料供应商等，皆无需业主进行招标，总承包单位在项目开始阶段就已编制出详细的招标计划，得到业主认可后，只需按计划按部就班进行入场即可。业主在项目建设期间只需投入较少的管理者进行过程监控即可，避免管理人员的稀释，节省管理费用。

27.3　施工阶段成本控制

EPC 项目施工阶段是专业性、实践性很强的一个阶段，基于工程建设领域专业化分工的需要，EPC 总承包项目中普遍存在分包现象，总承包商完成工程设计和主要设备、材料采购，根据工程性质和特点通过招投标选择确定最优的施工分包商进行专业施工分包。施工阶段周期长，涉及的问题较多，是设计、采购及项目管理的集中体现，各项工作中存在的问题在施工阶段会大量地暴露出来，如果不能妥善解决存在的问题，项目的质量将难以保证，工程进度也可能会拖延，投资就会失控。细化施工管理，制定详细计划，严格控制施工阶段的成本也是实现 EPC 总承包利润的主要环节。

27.3.1　内部招标，择优选择施工班组

项目开工初期，根据施工组织和施工方案确定分包范围并进行分包策划，做好分包工程询价、分包资源组织。在施工阶段，采用招标制度，择优选择分包队伍。分包合同签订后，认真审查施工单位编制的网络图，认真做好施工队伍组织设计方案的论证工作。对施工方案要从技术上、经济上进行分析对比，从中选出最能合理利用人力、物力、财力资源的方案。

27.3.2　健全设计变更、工程签证审批制度

设计变更费用控制的主要办法是建立项目变更程序，要求设计人员在出变更之前，必须进行工程量及造价增减分析。若是设计原因造成的变更需经原设计单位同意并及时解决问题，尽量将问题消灭在施工前，将损失降到最低；若是涉及业主的原因而发生的变更必须等业主批准后才能实施，实施后应及时向业主提出索赔；如变更后工程造价突破总概算，必须报经原审批部口审查同意，进行概算调整。

27.3.3　优化费用支出制度

施工费用作为项目直接费用所占成本比例较大，科学的支出计划是项目控制成本的一大手段。以往传统项目中，往往因分包商较多不易协调而导致成本不易控制，如何科学地规划支付分包款，在既能保障现场进度的同时，亦能牢牢抓住成本成为一个常见的问题。而在 EPC 模式架构下，业主下仅有一家总承包商，简化了付款手续，业主也能根据总承包的各项情况指标决定成本支出，最大限度地从总体上控制每月成本。如该项目总承包商每月需按规定编制本月所需付款内容，制作付款计划，每条每项需量价分明。而业主方则成立专门的付款计划小组，从材料、设备、施工每个环节严格审核付款，保证了付款科学逻辑，符合现场切实需求，防止超付现象发生，从总体上最大程度控制了每月成本支出。

27.4　制定完善的制度

制度建设是成本控制运行良好的首要环节。成本控制中最重要的制度是定额管理制度、预算管理制度和费用报审制度等。从制度建设运行出发，明确各项责任人，找准位置，使之操作可行。在工作实践中，定额管理是成本控制基础工作的核心。建立限额领料制度、控制材料成本、建立工程分包制度、控制分包成本等都要依赖定额制度。同时，定额也是成本预测、决策、核算、分析、分配的主要依据，是成本控制工作的重中之重。

标准化工作是促使项目管理各项管理工作达到合理化、规范化、高效化和成功进行成本控制的基本前提。在成本控制过程中，计量、价格、质量、数据等实现标准化极为重要。没有统一计量标准，基础数据不准确，那就无法获取准确成本信息，更无从谈控制，标准价格是成本控制运行的基本保证，成本控制是质量控制下的成本控制，没有质量标准，成本控制就会失去方向，也谈不上成本控制。质量是产品的灵魂，没有质量，再低的成本也是徒劳的。制定成本数据的采集过程，项目部各部门都要明晰各自承担的成本数据采集报送的责任，规范成本核算方式，明确成本的计算方法，做到成本数据按时计量，及时入账，数据便于传输，实现信息共享，每月项目经理部由项目经理主持定期召开经营成本分析会，做到成本核算结果准确无误。将可控费用管理落到实处，将可以人为进行调控的如材料用量、机物料消耗量、材料进价、办公费、差旅费、运输费、资金占用费等可控费进行合理的控制，实现可控费用优质合理的配置。

第 28 章　项目风险管理

EPC 合同模式下，总承包商的工作范围包括设计、采购及施工，直至最后竣工，并在交付业主时能够立即运行。因此项目管理中风险控制和防范成了重中之重。面对风险问题项目部应采取积极有效的应对防范措施。首先认真分析和识别所有风险源，对风险来源、风险特征、风险成因，以及对项目管理的要求进行全面分析后形成风险报告，为风险控制和处理做好预案。

28.1　EPC 模式下总承包商的风险分析

在 EPC 模式下，业主与总承包商承担的风险也是不同的，一些在传统承包模式中本应由业主所承担的风险在 EPC 项目中转移至总承包商，这更加大了总承包商的风险，具体表现如下：

（1）EPC 合同中总承包商承担的风险范围明显扩大。在传统承包模式下，业主的风险大致包括：政治风险（如战争、军事政变等）、社会风险（如内乱、罢工等）、经济风险（如汇率变动、通货膨胀、经济萧条等）、法律风险（如法律法规制度变更等）、自然风险等，其余风险由总承包商承担，此外，业主还要承担出现的不可抗力风险。而在国际咨询工程师联合会（FIDIC）银皮书对 EPC 合同的规定中，除政治风险、社会风险和不可抗力的直接损失仍由业主承担外，总承包商承担的风险范围明显扩大，表现在：①总承包商承担了全部"设计风险"和"外部自然力的风险"；②总承包商承担了原由业主承担的经济风险；③承包商承担了所有"不可预见的困难"发生时的风险。由此可见，总承包商所承担的风险明显增大[140]。

（2）项目定义不准确造成合同文本缺陷的风险由总承包商承担。一般情况下，业主会提出项目的预期目标、功能要求和设计标准的准确性，但如果由于业主对上述内容的定义不准确造成合同文件存在定义用词含糊、意思表达不清，以及合同条款遗漏导致 EPC 合同的责权利界定不清楚、合同条款内容不严谨、不完善所引起的风险，则由总承包商承担。

（3）不完善信息的风险由总承包商承担。在 EPC 项目中，业主应为承包商提供项目现场资料和地质水文等方面的资料，其应对资料的准确性负责，但是在实践中，由于业主提供的资料不准确，而总承包商没有经过认真核查所导致的风险是由总承包商承担的，相当于总承包商承担了业主提供错误信息的风险。

通过以上对 EPC 总承包项目风险特征的描述、国内 EPC 模式下项目所特有的风险以及总承包商所承担风险的分析可以看出，对于总承包商来说，其承担 EPC 项目所面临的风险较大。因此如何有效地识别风险，进行准确的风险评估并采取及时有效的应对措施予以防范，对于总承包商来说具有非常重要的意义。

28.2　EPC 总承包项目风险的应对策略

结合项目不同的实施阶段，采取相应的措施控制风险，具体如下：

28.2.1　投标报价阶段

EPC 总承包商的风险管理应及早开始，这样就可以花费较低的成本，对项目风险做到有效的控制。有经验的承包商在决定投标之前，应对业主欲发包的项目进行长期的跟踪，收集基础资料，使自己在有限的投标期限内对项目风险做出尽可能充分的分析判断；对招标文件反复推敲，明确发包方的重点，报价时根据竞标的压力、付款方式及工程难易程度等确定投标报价[141]。

28.2.2　设计阶段

设计阶段在 EPC 管理上，重点突破图纸设计难题，从源头减少项目实施风险。针对该工程涉及的专业多、接口复杂的设计特点，加大技术力量投入，加强了各建设方的沟通和协调，在项目前期及时解决图纸相关问题，组织各方对设计图纸的审图和消化，优化设计方案，确保可实施性。对项目中存在的规划调整、交叉施工等制约因素都进行较好的处理，做到严把住设计源头关，防患于未然。

由于设计失误或设计专业间标高、尺寸等细节不一致，或施工单位在图纸核对方面不细致，出现大量的设计变更，很容易造成返工现象，甚至造成大量的预制件报废，导致经济损失。因此，在内部管理上要做到明确设计责任，制定可行的奖罚制度，避免不必要的设计变更。

28.2.3　施工阶段

总承包单位制定科学、合理的施工网络计划，编制风险预警报告，根据项目建设阶段性重点工作，通过定期召开项目专题会、项目进度推进会、项目协调会、设立倒计时牌等多种形式，时刻提醒着所有参建人员，并先后组织劳动竞赛活动，确保进度。同时鉴于该项目的特殊性，在安全和质量管理上，将监理作为项目部的延伸，发挥其在项目上的技术和管理作用。

本工程为市政项目，在既有线路上施工，属于露天的公共场所，道路行驶车辆、行人多，施工安全防护难度大。在安全管理上，强调各家参建单位管理力量的投入，特别是在现场安装、临时用电等易发生安全事故的重要环节上加强重点防范。安全防护措施主要包括防护栏杆、立杆式安全绳、垂直通道、操作平台、焊接操作架（钢箱梁边缘部位焊接时，可在操作平台上铺垫防火岩棉，以达到接火的目的）、移动式围挡（或水马）和安全警示标识等，如图 28-1 所示。

（a）钢结构施工安全防护措施布置

（b）移动式围挡

（c）固定式护栏

（d）护栏

图 28-1　安全防护措施

第 29 章 项目合同管理

工程合同管理是项目建设过程中最为重要的工作，对参建各方都至关重要。当总承包合同签订后，业主唯一能有效约束总承包单位的手段和依据就是总承包合同。业主作为合同的发包方，在项目前期的准备必须充分，合同的制定务必精细，对业主来说这个阶段是至关重要的。在项目核准后，业主要做好大环境的充分调研和外部协调工作，在此基础上起草要求明确、责任清晰、范围准确、严密完整的合同条款和技术规范书，这是 EPC 总承包是否能顺利进行的基础和关键。以往需要签订的数十份、数百份乃至数千份的合同，要集中在一份总承包合同中，合同双方的各种约定都要集中予以体现，总承包合同不仅需要在"技术规范书""最低性能要求"中将业主对该项目的设计思路与功能要求、最低性能指标等明确表示出来，还需要有一个条款系统、完整的商务合同，将 EPC 总承包的范围、承包商与业主及监理单位的管理分工、项目的工期与质量和安健环目标以及相应的考核奖罚办法、合同价与调整办法、款额支护办法等商务条款约定好 [142]。

29.1 与业主之间的合同管理

在 EPC 总承包合同文本的准备和签署过程中，一般情况下，总承包商很少有时间过多地和业主进行详细谈判，为了避免或减少项目执行过程中一些不必要的损失和麻烦，总承包商与业主之间的主合同内容应做到"三个化"，即规范化、细节化、严谨化。

在 EPC 项目执行过程中，处理好与业主各方关系，对于工程的进行以及合同内容的完成等方面显得尤为重要。项目执行中，很多问题是人为制造的，因此，如何与业主各方沟通成了一个重要课题。在与业主各方沟通的时候也要做到三化，即合理化、技巧化、高效化 [143]。

29.2 与分包商之间的合同管理

作为总承包商不可避免地要与多个分包商打交道。与分包商之间的合同管理主要包括分包合同管理、工程进度款管理、成本控制（变更和索赔／反索赔处理）3 个方面。分包合同管理不同于 EPC 主合同，分包合同没有固定的模式与格式。由于总承包商向业主总负责，分包商的任何不良行为须由总承包商承担后果或者连带责任，因此分包合同大都以 EPC 主合同为基础，再加入一些限制条款[143]。分包商既独立于总承包却又依附于总承包，分包商完成的工作情况直接关系到整个工程的进行情况，其重要性不言而喻。为了保证 EPC 工程的顺利实施，总承包商必须对分包合同进行合理有效的全过程、系统性、动态性管理。

29.3 自身的内部管理

首先合同管理强调全过程管理。即从最初业主与总承包商的接洽、投标报价、合同签订、合同实施到最后项目完成，合同管理渗透到项目进程的各个阶段。其次，合同管理强调全员管理。EPC 总承包合同涉及设计、采购、施工、试运行管理等方方面面。合同管理的参与人并非仅限于合同管理部门，而是囊括了所有的项目参与人。

总承包商要先让项目部全员熟悉合同条款和各自分管或负责的合同内容，避免出现盲目执行项目或者盲目听从业主要求。在熟悉了合同条款、内容的基础上，根据合同要求，尽早编制各自负责的完成合同责任的相关文件和程序，同时与业主各方进行预先沟通确认，以保证合同执行的效率性。在履行合同义务的同时，也要做好总承包商内部的程序文件，完善自身的项目管理制度，提高项目管理水平，以便通过做项目达到自身的锻炼和成长，尽快达到 EPC 工程公司的管理水平。为了做好自身的内部管理，也要做到三化，即全员化、程序化、和谐化[143]。

第 30 章 项目信息化管理

在 EPC 项目各阶段全方位、全过程、一体化利用信息技术，特别是网络、远程通信、多媒体、数据库等基础技术，推行以工程数据库和三维模型设计为主的集成化设计系统，以网络计划技术为主的进度管理系统，以物资流和数据库为主线的、以资金流和工作流为核心的项目管理系统，以群件和 Web 技术为基础的项目协同工作平台，是提高工程总承包项目管理水平的重要手段和基础，也是提高设计质量和水平、降低固定资产投入、缩短基建周期的重要方面。总体上讲，EPC 总承包项目管理信息化建设应坚持集成化和协同化的发展方向。

30.1 设计阶段中的 BIM 应用

30.1.1 BIM 模型的建立

空中自行车桥在 BRT 桥下建设，而且周边是非常复杂的建筑物及城市道路，如图 30-1 所示。采用 BIM 技术建立三维模型，使桥梁从传统的二维平面转为三维空间，不仅有利于自行车桥与 BRT 的碰撞检测，减少设计错误，而且有利于施工技术交底，缩短工期，提高施工质量。由于自行车桥结构形状较为复杂，因此建模存在以下难点：①存在整体式、分离式以及过渡段钢箱梁三种类型；②与横向人行天桥结合的部分较为复杂；③与既有 BRT 及车站距离较近的路段较为复杂；④与停车平台连接的部分较为复杂；⑤部分采用异形桥墩。三维建模主要内容包括自行车桥桩基、承台、墩柱和主梁结构等。模型中的信息含构件名称、材质要求、制作方法以及与相关构建的逻辑关系。

（a）云顶路与仙岳路交叉处自行车专用道效果图　（b）洪文 BRT 站沿线自行车专用道效果图　（c）照明效果图

图 30-1　云顶路自行车专用道效果图

30.1.1.1 桩基、承台和墩柱模型

基于公制常规模型族将桩基、承台和墩柱作为一个整体创建。采用实例参数，保证桩长、墩柱高度能按需变化。由于花瓶墩渐变段部分难以在"公制常规模型族"建立，

212

采用"基于公制体量族"建立,再与标准段拼接,如图 30-2 所示。

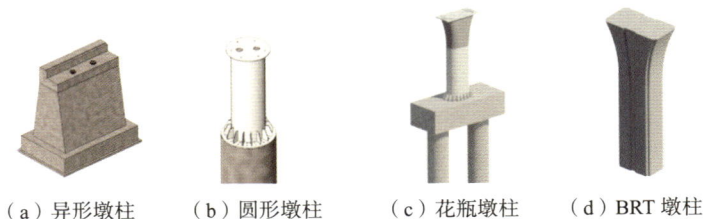

（a）异形墩柱　　　（b）圆形墩柱　　　（c）花瓶墩柱　　　（d）BRT 墩柱

图 30-2　桥墩模型图

30.1.1.2　整体式钢箱梁模型

以第 17 联为例,如图 30-3 所示,利用"内建模型",放样出标准断面。放样时分别进行 2 次,一次是以"顶板、底板、中心腹板和外侧腹板"为轮廓;另一次是以"底部的装饰板"为轮廓;接着在内建模型中,将中间与两侧的横隔板放样后再阵列。

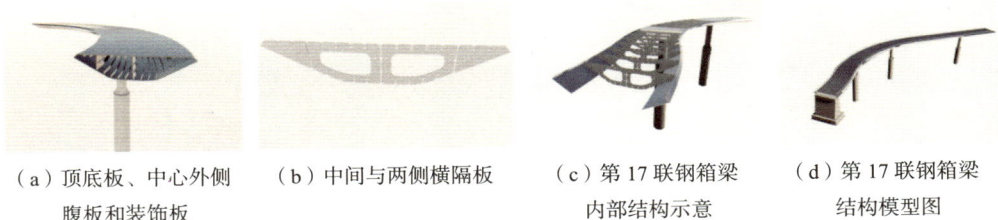

（a）顶底板、中心外侧　　（b）中间与两侧横隔板　　（c）第 17 联钢箱梁　　（d）第 17 联钢箱梁
　　腹板和装饰板　　　　　　　　　　　　　　　　　　　内部结构示意　　　　　结构模型图

图 30-3　整体式钢箱梁构造图

30.1.1.3　分离式钢箱梁模型

以第 21 联为例,新建分离式标准断面的左右两侧"轮廓族",分别在内建模型中放样。中间横隔板和外侧隔板同整体式钢箱梁的建模方法,如图 30-4 所示。

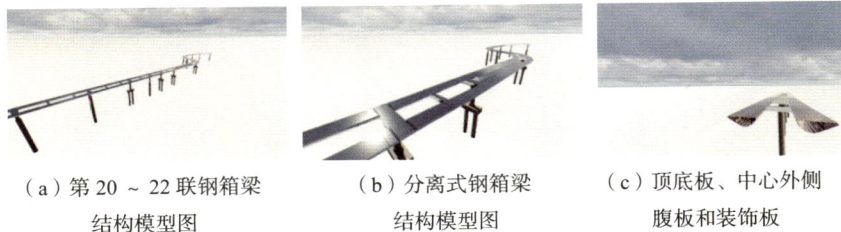

（a）第 20 ~ 22 联钢箱梁　　　（b）分离式钢箱梁　　　（c）顶底板、中心外侧
　　结构模型图　　　　　　　　　　结构模型图　　　　　　腹板和装饰板

图 30-4　分离式钢箱梁构造图

30.1.1.4　钢盖梁模型

首先以纵断面图的钢箱梁顶标高连成参照平面,通过"基于线的常规模型族"建立钢盖梁;再通过右视图导入横断面,前视图导入纵断面;利用拉伸命令将分离式和整体式的钢盖梁的顶板、底板、腹板、横隔板、装饰板等一并建立完整,如图 30-5 所示。

30.1.1.5　牛腿模型

以第 19 联为例，建立分离式标准断面的牛腿族，由于桥面坡度为 2.499%，因此采用基于线的常规模型创建，如图 30-6 所示。

（a）整体式钢盖梁　　（b）分离式钢盖梁

图 30-5　钢盖梁模型图

（a）线框模式下的牛腿　（b）真实模式下的牛腿

图 30-6　牛腿模型图

30.1.1.6　横隔板模型

以整体式钢箱梁为例，通过"自适应族"快速创建横隔板步骤，具体表达如下：

（1）先利用自适应族或体量族作出三维路径，即钢箱梁顶面的中心线；接着再新建一个自适应钢片族，注意在属性中应勾选出"基于工作平面"以及"总是垂直"条目栏，如图 30-7 所示。

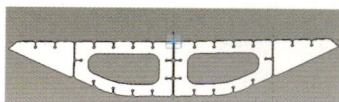

（a）自适应族属性栏参数设置　　（b）整体式钢箱梁横隔板示意图

图 30-7　"自适应族"–横隔板创建步骤 1

（2）如图 30-8 将自适应族–钢片，放置在自适应点对应的工作平面上。

（3）将路径按照钢片的间距分割出若干个点，再进行重复命令，如图 30-9 所示。

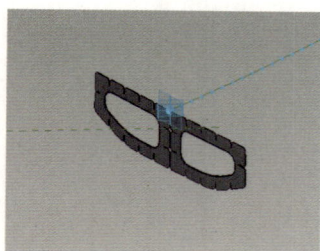

图 30-8　钢片放置示意图

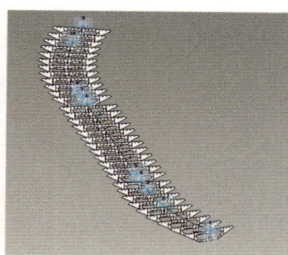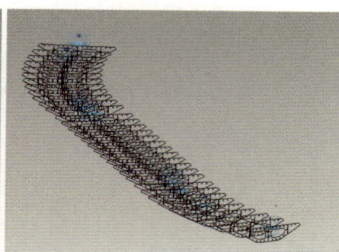

（a）示意图 1　　　　（b）示意图 2

图 30-9　阵列后的钢片示意图

30.1.1.7　渐变过渡段模型

以第 21 联的渐变过渡段为例，该段不仅立面和平面存在着坡度和弧度变化，还存在着整体式断面渐变（图 30-10）和分离式断面渐变（图 30-11），以及整体式断面过渡到分离式断面的情况，如图 30-12 所示。具体建模要点如下：

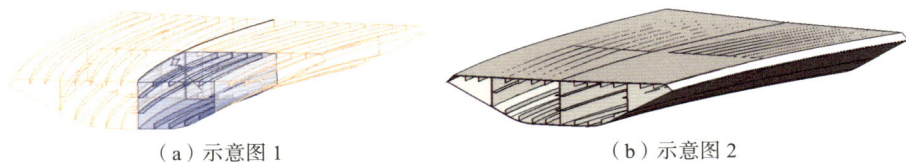

（a）示意图 1　　　　　　　　　（b）示意图 2

图 30-10　整体式断面渐变

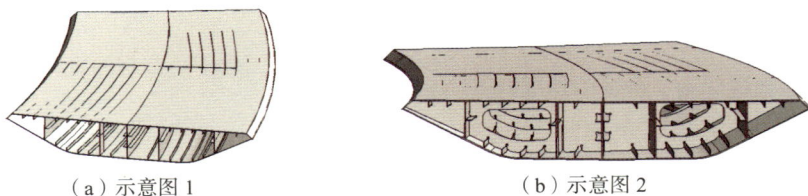

（a）示意图 1　　　　　　　　　（b）示意图 2

图 30-11　分离式断面渐变

（1）由于桥面高低差和钢箱梁的横断面存在渐变段，钢箱梁的底板、顶板、腹板及装饰板将在内建模型中通过创建"放样融合"实现。基于有倾斜度的工作平面，画出曲线路径，路径头尾用 2 种横断面表示。

（2）在渐变段中的隔板则要换一种方法。先将隔板在不开洞的情况下放样（画出洞轮廓）再阵列，调整轮廓。

（3）在做放样融合时，由于 Revit 目前不支持几个环环相扣的轮廓融合。因此，换一种思路，先做出外轮廓和内轮廓，将外轮廓放样融合，将内轮廓"空心放样融合"，从而做出钢箱梁的底板、顶板、腹板以及装饰板；接着利用放样融合做出横隔板、中隔板、外侧隔板，再用空心放样融合将隔板的洞掏出；最后建立空心放样将隔板拆分成一片片的钢板。

（4）针对渐变段与分离式钢箱梁衔接部分的系梁可用基于线的常规模型创建。为保证模型的美观，最好将分离式钢箱梁分左右两边建模。

（5）分离段至渐变段建模方法简单许多，分别以各自分离段路径一次性放样即可，不需要用到融合，这是因为其横断面不存在改变，变的只是距离中心路径的宽度。

30.1.1.8　忠仑公园人行天桥模型

利用常规公制模型创建忠仑公园人行天桥引桥牛腿（图 30-13），拼接好牛腿、盖梁及与楼梯相连接的盖梁；再进行标准段的放样，以及中间隔板的

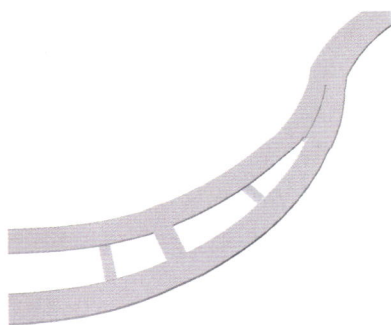

图 30-12　第 21 联的渐变过渡段模型示意图

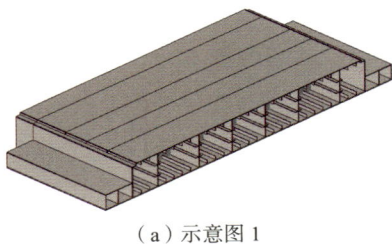

（a）示意图 1

（b）示意图 2

图 30-13　忠仑公园引桥牛腿模型图

阵列，如图 30-14 所示。

30.1.1.9　BRT 桥梁模型

通过创建常规轮廓族与拉伸功能创建 BRT 桥梁模型，两者位置关系如图 30-15 所示。

30.1.1.10　建模要点

BIM 建模要点可概括为：①基于工作面利用公制常规模型族建立桥墩，增加其限制条件，设置桩底标高；定好钢箱梁标高，调整桥墩顶标高；最后通过预先建立好的辅助线设定出参照平面，自动调整桩长和承台厚度。②利用公制轮廓族，绘制路径实现钢箱梁拼装。③采用放样融合创建族，解决不同截面的钢箱梁；再通过创建有坡度的工作平面放置不同截面之间的衔接段。④在做放样融合的时候，遇到工作平面有坡度时，应在族里新建一个工作平面,再测量出新旧 2 个参照平面的高差。

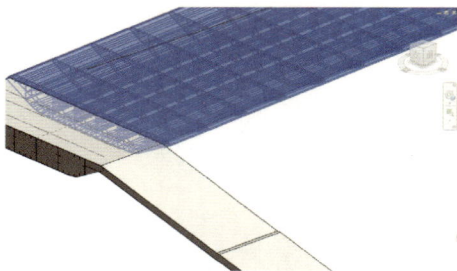

图 30-14　楼梯连接处模型图

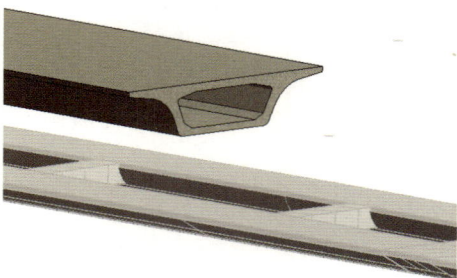

图 30-15　既有 BRT 与自行车桥模型图

于是，将族放入软件中时，基于工作平面下偏移的距离为此高差。⑤在赋予族材质参数的时候，应关联其中组成构件。⑥坡度不一样的钢箱梁，就要制作不一样的族。

30.1.2　设计方案优化

在设计阶段，基于 BIM 技术进行设计方案优化。如果设计人员采用传统的设计方式，则需要不断地对图纸进行修改，找到存在的问题，并予以解决。传统的设计方法不仅浪费时间，并且很难发现图纸存在的问题，导致施工人员在施工中出现问题。而采用 BIM 技术，转变传统的设计方式，工作人员可以发现设计中不合理的部分，优化设计，减少施工阶段的设计变更与返工，避免设计原因导致的工程进度延误。在计算机辅助建筑设计中，将 BIM 技术应用其中，原有的图纸信息将以立体化模型的方式展现出来。设计师根据该模型可快速发现问题，并在此基础上做好修改和调整工作。由于系统中的数据为共存状态，当设计信息变更时，其他数据会自动进行调整，无需对所有数据进行计算、处理，更改和调整的效率极高。

由于自行车快速道部分是沿 BRT 桥两侧双幅布置，因此在设计时应严格控制自行车桥的标高，满足其净空条件。在设计方案时，无法基于二维的图纸进行优化。此时利用 BIM 技术，可以通过三维模型可视化确定自行车桥的标高。具体如下：基于 Revit 建模软件，依次建立 BRT 和自行车桥的三维模型；利用软件直接测出自行车桥与既有 BRT 桥的标高，针对不满足设计要求的位置进行优化，如图 30-16 所示。

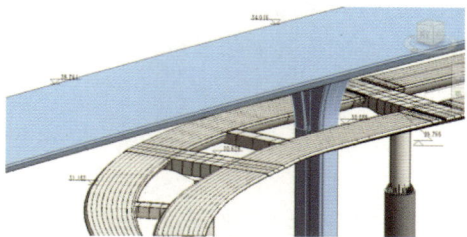

图 30-16　空中自行车桥与 BRT 三维关系图

30.1.3 碰撞分析

项目 3D 建模和模型设计审查阶段，设计团队运用 BIM 技术将平面图纸转化为三维可视化模型，同时在同一个中心文件中建立模型，协同设计过程中通过直接观察、专业软件分析等方式发现并纠正各种设计问题。如利用 Navisworks 软件一键式查找模型中的碰撞，辅以专业审图人员读图记录，并进行反馈修改完善，简单高效。Navisworks 碰撞检测示意图如图 30-17 所示。

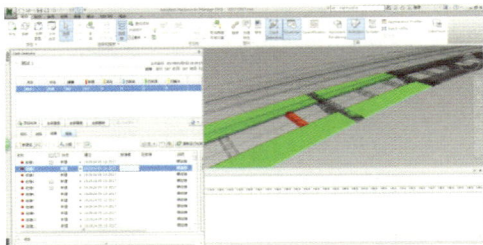

图 30-17　Navisworks 碰撞检测示意图

30.2　基于 BIM 的施工进度管理

在工程项目进度管理中引用 BIM 技术，可以加强管理者的进度控制能力、减少工程延误的风险，并能够节约施工时间。利用 BIM 技术模拟施工过程，施工人员可以有效分析复杂过程的施工工序是否合理，同时将三维模型和进度计划结合起来，实现基于时间维度的施工进度模拟和控制。BIM 可以为 EPC 自行车桥工程项目提供较好的施工管理方案，优化和控制整个施工过程，有效提高施工管理水平。

在钢箱梁拼装和吊装施工过程中，基于 BIM 的动态施工管理发挥其各项功能，如在钢梁施工过程中进行动态实时进度管控，对钢梁构件制造、运输、存储、架设等工序进行全方位、多尺度施工模拟，可以有效地提高施工效率，精确计划，减少返工。通过建立 BIM 模型，结合施工方案，可以进行施工工序的动态模拟，为施工工作的顺利开展起到很好的技术指导作用，便于提前和项目部人员进行技术交底。鉴于在其他项目上取得的效果，利用建立好的 BIM 模型，结合施工方案，将对每次的施工工况做个提前的动态模拟，及早发现问题，优化方案，减少返工。

现以吊装施工过程为例介绍 Navisworks 动画模拟的方法：首先导入已设计的 Project 进度计划，将自行车桥三维模型与进度计划进行关联，形成 4D 施工信息模型；其次，对整个施工过程进行可视化模拟，展示自行车桥施工工序，支持动态的施工进度管理；最后，对重要施工工序和工法转换进行模拟与优化，获得最理想的施工方案，并制作施工动画与图片。

30.2.1 对象集

30.2.1.1 选择集

选择集是静态的项目组，用于保存需要对其定期执行某项操作（如隐藏对象、更改透明度等）的一组对象。选择集仅存储一组项目以便稍后进行检索。不存在智能功能来支持此集，如果自行车桥模型完全发生更改，再次调用选择集时仍会选择相同项目（假定它们在模型中仍可用）。

30.2.1.2　搜索集

搜索集是动态的项目组，它们与选择集的工作方式类似，只是它们保存搜索条件而不是选择结果，因此可以在以后当自行车桥模型更改时再次运行搜索。搜索集的功能更为强大，并且可以节省时间，尤其是 CAD 文件不断更新和修订的情况。此外，搜索集还可以导出，并与其他用户共享。

在"选择树"面板中可以看到很多由我们在 Revit 中创建的元素所组成的集合，Navisworks 按每一个标高所包含的元素组成一个集合，每个集合下面又按族类别组成不同的集合。"选择树"面板中的集合是 Navisworks 自动读取 Revit 文件系统生成的，所以在"选择树"面板中无法对这些集合进行修改，而是要在"集合"面板中重新修改"选择树"中的集合，如图 30-18 所示。

图 30-18　"选择树"面板示意图

"集合"窗口是一个可固定窗口，其中显示 Navisworks 文件中可用的选择集和搜索集。"集合"主要包含以下选项：

（1）新建文件夹。在选定项目的上方创建文件夹。

（2）添加当前选择。将当前选择在列表中另存为新选择集。此集包含当前选定的所有几何图形。

（3）添加当前搜索。将当前搜索在列表中另存为搜索集。此集包含当前的搜索条件。

（4）可见性。如果选定搜索集或选择集中的几何图形处于隐藏状态，则可以使用此选项使其可见。

（5）添加注释。为选定的项目打开"添加注释"对话框。

（6）排序。按字母顺序对"集合"窗口的内容排序。

30.2.2　"TimeLiner"进度模拟

"TimeLiner"工具可以向 Navisworks 中添加四维进度模拟。"TimeLiner"从多种格式的数据源导入进度后，使用模型中的对象连接进度中的任务以创建四维模拟，这能够看到在模型上的进度模拟效果，并将计划日期与实际日期相比较。"TimeLiner"还能够基于模拟的结果导出图像和动画。如果模型或进度更改，"TimeLiner"将自动更新模拟，如图 30-19 所示。具体步骤如下：

（1）创建施工任务。创建和管理项目任务，显示进度中以表格格式列出所有的任务。创建施工任务有三种方式：①采用一次一个任务的方式手动创建；②基于"选择树"或者选择集和搜索集中的对象结构自动创建；③基于添加到"TimeLiner"中的数据源自动创建。

（2）安排工期。创建完任务后，紧随着再输入各施工任务的计划开始时间和计划结束时间。

（3）附着对象构件。选择相应的建筑对象，并选择"附着当前选择"。

（4）配置任务类型参数，确定任务的类型。针对本次自行车桥吊装施工，配置"从无到有"和"BRT"2 个任务类型与施工任务相匹配，如图 30-20 所示。

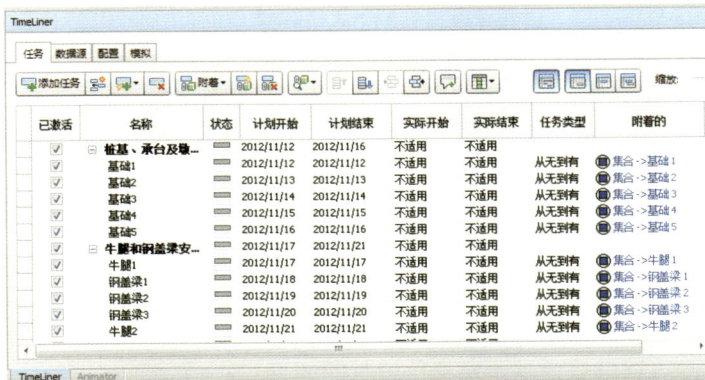

图 30-19　"TimeLiner"工具的四维进度模拟图

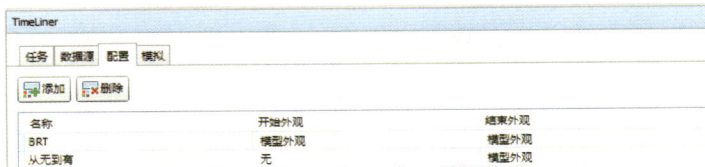

图 30-20　配置任务类型图

（5）建立 Animator 动画，与任务关联。选择 Animator 中定义的动画集或场景，如图 30-21 所示；列集中选择"扩展"，或通过自定义，选择脚本、动画、动画行为。

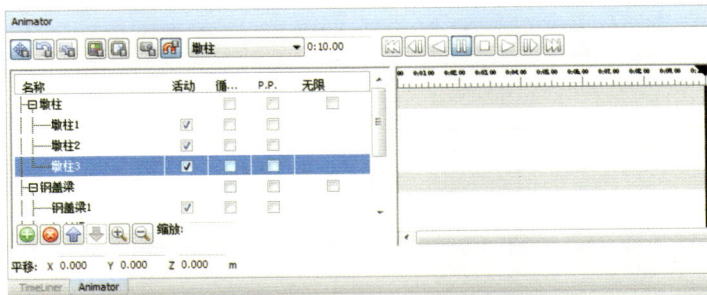

图 30-21　定义 Animator 动画操作图

（6）设置"动画行为"。选择动画在该任务期间的播放方式有三种：①缩放—动画持续时间与任务持续时间匹配。这是默认设置。②匹配开始—动画在任务开始时开始。如果动画的运行超过了"TimeLiner"模拟的结尾，则动画的结尾将被截断。③匹配结束—动画开始的时间足够早，以便动画能够与任务同时结束。如果动画的开始时间早于

"TimeLiner"模拟的开始时间，则动画的开头将被截断。

30.2.3　施工模拟前的参数设置

施工模拟设置的参数分为六部分，如图 30-22 所示。具体说明如下：

（1）开始/结束时间。设置动画的开始时间和结束时间，可以替代运行模拟的开始日期和结束日期。通过选中"替代开始/结束日期"复选框可启用日期框，从中选择开始日期和结束日期。通过执行此操作，可模拟整个项目中较小的子部分。上述日期将显示在"模拟"选项卡中，而这些日期也将在导出动画时使用。

（2）时间间隔。如图 30-23 所示，设置要在使用播放控件执行模拟时使用的"时间间隔大小"。时间间隔大小既可以设置为整个模拟持续时间的百分比，也可以设置为绝对的天数或周数等。使用下拉列表可以选择间隔单位，然后通过上箭头按钮和下箭头按钮增加或减小间隔大小。时间间隔中正在处理的所有任务可以高亮显示，通过选中"以时间间隔显示全部任务"复选框，并假设将"时间间隔大小"设置为 5 天，此时会将这 5 天之内所有已处理的任务（包括在时间间隔范围内开始和结束的任务）设置为它们在"场景视图"中的"开始外观"，"模拟"滑块将通过在滑块下绘制一条蓝线来显示此操作，如果取消选中此复选框，则在时间间隔范围内开始和结束的任务不会以此种方式高亮显示。同时，在"场景视图"中的高亮显示需要与当前日期重叠才可实现。

（3）回放持续时间。定义整个模拟的总体"重放时间"（从模拟开始一直播放到模拟结束所需的时间）。使用向上和向下箭头按钮可以增加或减少持续时间（以秒为单位），也可以直接在此字段中输入持续时间。

（4）文本的属性定义。如图 30-24 所示，定义是否应在"场景视图"中覆盖当前模拟日期，以及覆盖后此日期是应显示在屏幕的顶部还是底部。从下拉列表中选择"无"（不显示覆盖文字）、"顶部"（在窗口顶部显示文字）或"底部"（在窗口底部显示文字）。

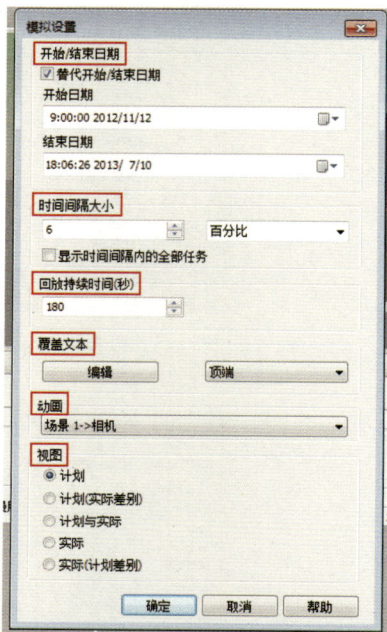

图 30-22　模拟设置参数图

图 30-23　模拟设置时间间隔参数图

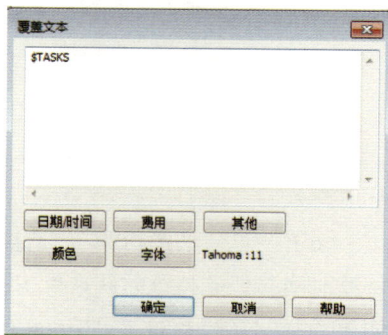

图 30-24　模拟设置覆盖文本参数图

（5）动画链接。即设置进度链接的动画。在进度链接动画的设置上，主要包括以下三种类型：①无链接，将不播放视点动画或相机动画；②保存的视点动画，将进度链接到当前选定的视点或视点动画；③场景，"相机"将进度链接到选定动画场景中的相机动画，如图 30-25 所示。

图 30-25　模拟设置动画参数图

（6）视图。选择所需要时视图模拟。

30.2.4　导出施工动画

首先进行施工模拟演示，再设置导出动画时的相关参数，如图 30-26 所示。

图 30-26　导出动画参数设置图

30.3　基于 BIM 的工程安全管理

将 BIM 技术运用到工程项目的施工安全管理中，可以为项目安全管理提供更多的思路、方法和技术支持，进而提高项目安全管理水平，从而避免或者减少项目实施过程中的安全事故及其带来的损失。

30.3.1　安全防护安装模拟与 3D 漫游

安全防护工作会随着施工工作的进展和工序的插入而变化，应以动态的思路进行全过程监管方有成效。推行安全防护标准化，结合所采用的防护形式和材料等要求，将有针对性的防护方案信息输入以建立构件库，即可形成安全防护专业模型。同时，此模型除了可以提取可视图片外，还可形成更为直观形象的 3D 漫游动画，可用于安全方案编制、技术交底和培训教育等，更有利于防护监管和查缺补漏。

30.3.2　现场平面管理

在传统项目管理方法下，现场施工难度大，生产效率极低，且工序穿插施工所带来的各项安全隐患危险源等级高。利用 BIM 建模技术建立虚拟施工模型和几何模型，可对施工方案进行实时交互的仿真模拟，进而优化施工方案，尤其是对各种机械活动范围与周边建筑物和构筑物的碰撞分析、各种场地的规模和动态规划、道路通行可行性和消防要求等方面可能发生的安全隐患进行辨别调整。在桥梁工程施工中，

图 30-27　整幅吊装示意图

特别是本工程采用的预制拼装技术，施工现场将会出现多种机械设备的调用。因此，利用 BIM 技术预先在模型中进行场地布置，如图 30-27 所示，进一步在模型中真实地反映各机具之间的空间位置关系，将会为作业面的顺利铺开提供非常有效的仿真模拟。

30.3.3　安全专项方案编制和优化

（1）专项方案中的关键节点和关键工序，尤其是难以用文字叙述或 CAD 图纸展示的部分，可以通过 BIM 模型实现三维可视化展示，更直观、更形象。

（2）可通过虚拟施工模拟检验安全专项方案编制的实用性，尽可能地提前暴露方案在实施过程中的不可预见的安全隐患，并提前进行处理。

（3）构件转运、高空作业和起重安装等设计机械施工专项方案中，利用 BIM 技术不仅可以对其运行过程中某一时间点对空间的占有情况（工作运转覆盖半径、危险区域等），及现场相关人员、机械、物体的相对和绝对关系进行关联展示，也可以将整个运行作业的全部空间边界占有和相关碰撞等方面进行展示并形成报告，因此可以对过程中的不安全因素和隐患进行排查、辨识，以利于方案的优化和调整。

30.3.4　三维可视化安全技术交底

BIM 技术的应用，可以为安全技术交底带来方式方法上的变化。通过 3D 模型提取图片、3D 动态漫游、虚拟施工动画等方式进行交底，以更为直观、可懂、可操作的交底方式，完全地颠覆了原有书面文字外加 CAD 图片的方式，让工人更加容易了解安全操作过程和注意事项，增加安全防范意识，交底效果更加明显。

30.4　EPC 模式下信息化的应用价值及推广意义

30.4.1　EPC 模式下信息化的应用价值

近年来，随着国际工程承包市场的发展，EPC 总承包模式得到越来越广泛的应用。对技术含量高、各部分联系密切的项目，业主往往希望由一家承包商一体化完成项目的设计、采购、施工和试运行。大型工程项目多采用 EPC 总承包模式，在给业主和承包商带来了较高的综合效益的同时，也对项目管理程序和手段（尤其是项目信息的集成化管理）提出了更高的要求，因为工程项目建设的成功与否在很大程度上取决于项目实施过程中，参与各方之间信息交流的透明性和时效性是否能得到满足。工程管理领域的许多问题，如成本的增加、工期的延误等都与项目组织中的信息交流问题有关。传统工程管理组织中信息内容的缺失、扭曲，以及传递过程的延误和信息获得成本过高等问题，严重阻碍了项目参与各方的信息交流和沟通，也给基于 BIM 的工程项目管理预留了广阔的空间。把 EPC 项目生命周期所产生的大量图纸、报表数据融入考虑了时间维度、费用维度的 4D、5D 模型中，利用虚拟现实技术辅助工程设计、采购、施工、试运行等诸多环节，整合业主、EPC 总承包商、分包商、供应商等各方的信息，增强项目信息的共享和互动。在 EPC 模式下，信息化的加入可以实现合理配置、提高效率、节约成本、减少风险和提高建设管理的流畅度。EPC 模式下信息化的应用价值主要可概括为三点：①协同设计，直观展现；②动态采购，接口管理；③整合现场，精益施工[144]。

30.4.2　EPC 模式下信息化的推广意义

（1）转变 EPC 项目的交付模式

BIM 建筑信息模型是工程项目实体与功能特征的数字化表达，其应用贯穿于整个建设项目的全生命周期。BIM 技术的应用能够打破 EPC 项目交付模式受制于 CAD 技术的窘境，如项目管理流程过于冗余、延伸度不足等问题。BIM 技术的应用可以利用总承包商对设计和施工的管理职能，通过总承包商顶层设计 BIM 技术流程，极大地方便了建筑信息的传递[145]。

（2）减少 EPC 总承包工程的风险

我国正在进行着世界上最大规模的基础设施建设，工程结构形式愈加复杂，工程管理的系统化和集成化程度越来越高，超大型的 EPC 总承包项目层出不穷。这些项目的各参与方作为利益共同体的同时，也面临着巨大的投资风险、技术风险和管理风险，而BIM 技术的应用从根本上解决了 EPC 总承包工程各阶段（设计、施工、采购）和各专业系统间的信息断层问题，全面提高了工程管理的信息化水平和应用效果，能有效减少这些风险的发生[146]。可以说，未来国内广泛应用 BIM 技术进行总承包项目管理的这个趋势是必然的，其前景也被业内普遍看好。

（3）实现 EPC 项目中参与方的共赢

在设计施工一体化总承包模式下，设计与施工作为一个有机结合的整体，设计方可以运用 BIM 技术从工程的根本上提高设计产品的质量指标和性能，提高生产管理的效率，并且可以通过模型模拟及设计优化来降低后续的施工预期成本，进而提高施工方在实施阶段的利润率，相应地也可以给设计方带来常规设计费以外的收入分成。施工方则是在设计方的技术支持下，在具体实施之前降低施工的可见成本，提高企业的利润预期，在总承包一体化模式下设计方和施工方均可通过 BIM 技术的运用来实现双赢。

参考文献

[1] Rafter David.Sustainable Transportation Planning and the Dublin Transportation Initiative. European Planning Studies. 1996，2.

[2] Kyeil Kim.A Transportation Planning Model for State Highway Management：A Decision Support System Methodology to Achieve Sustainable Development（Dissertation of Ph.D）Virginia Tech.1998.

[3] Chris Bradshaw. Green Transportation Hierarchy：A Guide for Personal and Public Decision-making[R/OL]. http://www.sierraclub.org/sprawl/articles/trips.asp.

[4] 沈添财 . 绿色交通与空气质量的改善 [J]. 城市交通，2001.

[5] 张学孔 . 永续发展与绿色交通 [C]// 全国公路环保与景观技术研讨会 . 2003.

[6] 杨晓光，白玉，严海，等 . 城市绿色交通发展研究 [J]. 建设科技，2009（17）：34-37.

[7] 何玉宏 . 城市绿色交通论 [M]. 光明日报出版社，2016.

[8] 杨帆 . 中国绿色货运行动助推 "绿色交通" [J]. 交通世界：运输，2014（7）：106-107.

[9] Chien，S.and Schonfeld，P.Joint optimization of a rail transit line and its feeder bus system. Journal of Advanced Transportation. 1998，2：253 ~ 284.

[10] Ajyoshit，Shihinichim，Takau. The Benefit Evaluation of Urban Transportation Improvements with Computable Urban Economic Model[C]，Shanghai Institute of Traffic Engineering. A Better Urban Transportation for the New Century：1999 Shanghai International Symposium in Urban Transportation Proceedings.Shanghai：Tongji University Press，1999，8：72 ~ 99.

[11] Rafter David.Sustainable Transportation Planning and the Dublin Transportation Initiative. European Planning Studies.1996，2.

[12] 吴昊灵，袁振洲，田钧方，等 . 基于绿色交通理念的生态新区交通规划与实践 [J]. 城市发展研究，2014，21（02）：106-111.

[13] 黄石鼎 . 境外发展公交优先政策的经验与启示 [J]. 湖南行政学院学报，2008（3）：20-22.

[14] 黄肇义，杨东援 . 国外生态城市建设实例 [J]. 国外城市规划，2001，3：35.

[15] 高扬，郭长宝，刘欣 . 库里蒂巴市的公共交通 [J]. 国外公交，2003，10（4）：33-36.

[16] Transport for London. 2003b. Impacts Monitoring，First Annual Report [Online]. Available at：www.tfl.gov.uk/roadusers/congestioncharging/6722. aspx#2[Accessed：2 Aug 2015].

[17] 何佳远 . 兰州市绿色交通城市构建策略研究 [D]. 兰州大学，2018.

[18] 王莹莹 . 城市绿色交通发展对策研究 [D]. 长安大学，2015.

[19] 过秀成,孔哲,叶茂 . 大城市绿色交通技术政策体系研究 [J]. 现代城市研究,2010,26（4）:5-9.

[20] 王梅力 . 基于可持续发展理论的绿色交通综合评价研究 [D]. 重庆交通大学，2016.

[21] 许梦莹.基于绿色交通的城市交通规划方法改进研究 [D].南京林业大学，2013.

[22] 中华人民共和国交通运输部.2015 绿色交通发展报告 [M].人民交通出版社，2017.

[23] 德国技术合作公司（GTZ）.可持续发展的交通——发展中城市政策制定者资料手册 [M].钱振东，陆振波，译.北京：人民交通出版社，2005

[24] SUSAN L. H. The Davis Bicycle Studies：Why do I bicycle but my neighbor doesn't [J]. Acess，2011（39）：16-21.

[25] Alliance for Biking & Walking[R]. Bicycling and Walking in the United States Benchmarking Report（2007，2010，2012）

[26] Ministry of Transport，Public Works，and Water Management. The Dutch Bicycle Master Plan[R]. Netherlands：Hague，1999.

[27] Danish Ministry of Transport. Promoting Safer Cycling：A Strategy[R]. Denmark：Copenhagen，2000.

[28] German Federal Ministry of Transport. Ride your Bike：National Bicycle Plan[R]. German：Berlin，2002.

[29] JOHN P，RALPH B. Cycling for Everyone Lessons from Europe[J]. Transportation Research Record，2008：58-65.

[30] 李伟，步行和自行车交通规划与实践 [M].北京：知识出版社，2009.

[31] Pucher J，Buehler R. Making Cycling Irresistible：Lessons from the Netherlands，Denmark and Germany [J]. Transport Reviews，2008，28（4）：495-528.

[32] Netherlands Ministry of Transport. Passenger Kilometers of Cycling and Fatality Rates（data gathered directly from the ministry of transport）[M]. Ministry of Transport，Public Works，and Water Management，2007.

[33] City of Copenhagen Technical and Environmental Administration. Eco-Metropolis Our Vision for Copenhagen[EB/OL].2015[2017-11-20].http://kk.sites.itera.dk/apps/kk_pub2/pdf/674_CFbnhMePZr.pdf.

[34] The City of Copenhagen Technical and Environmental Administration Mobility and Urban Space. The Bicycle Account 2014[R]. Copenhagen：The City of Copenhagen Technical and Environmental Administration，2015.

[35] The City of Copenhagen Technical and Environmental Administration Traffic Department. Good，Better，Best：The City of Copenhagen's Bicycle Strategy 2011-2025[R]. Copenhagen：The City of Copenhagen Technical and Environmental Administration Traffic Department，2011.

[36] Germany. Bicycle Use Trends in Germany[R/OL]. 2010. [2017-11-20]. http://www.fietsberaad.nl/library/repository/bestanden/cye_a-01_bicycle-use-trends.pdf.

[37] 李茁，施微娜.德国弗莱堡自行车交通系统的建设与管理 [J].城乡建设，2015，（12）：79-81.

[38] 徐循初.关于确定城市交通方式结构的研究 [J].城市规划汇刊，2003，（01）：13-15+95.

[39] 国务院.国务院关于加强城市基础设施建设的意见 [EB/OL].（2013-09-06）[2017-11-20].http://www.gov.cn/zwgk/2013-09/16/content_2489070.htm.

[40] 中共中央、国务院关于进一步加强城市规划建设管理工作的若干意见 [EB/OL]. 中发（2016）6 号 .（2016-02-06）[2019-2-15]. http://www.gov.cn/zhengce/2016-02/21/content_5044367.htm.

[41] 熊文，黎晴，邵勇，等 . 向世界级城市学习：天津市滨海新区 CBD 慢行交通规划 [J]. 城市交通，2012，10（1）：38-53.

[42] 杭州市城市规划设计研究院 . 杭州市公共自行车交通系统发展专项规划 [R]. 2010.

[43] 深圳市交通运输委员会，深圳市福田区人民政府 . 福田中心区及周边片区慢行系统规划 [EB/OL].（2015-01-30）[2017-11-20]. http://www.docin.com/p-1046766796.html.

[44] 汤諹 . 城市政策对上海的自行车发展及骑行的影响 [A]. 中国城市规划学会 . 城乡治理与规划改革——2014 中国城市规划年会论文集（05 城市交通规划）[C]. 中国城市规划学会，2014：15.

[45] 黄江锋，杨熙宇，石天罡，等 . 基于都市活力重塑的"平赛合一"自行车绿道创新性研究——以上海市长宁区西部自行车绿道为例 [J]. 江苏城市规划，2016（09）：16-22.

[46] 徐建刚 . 低碳视角下城市交通出行空间环境的创新设计 . 城市交通 . 2010，8（6）：54-60.

[47] 北京市人民政府办公厅 . 北京市"十三五"时期重大基础设施发展规划 [EB/OL].（2016-09-02）[2018-12-05]. http://zhengwu.beijing.gov.cn/gh/dt/t1449303.htm.

[48] 厦门市人民政府 . 厦门市 2017 年国民经济和社会发展统计公报 [EB/OL].（2018-03-22）[2019-2-15].http://www.xm.gov.cn/zfxxgk/xxgkznml/gmzgan/tjgb/201803/t20180323_1862832.htm.

[49] 厦门市绿道与慢行系统总体规划简要介绍 [EB/OL].（2013-05-28）[2019-2-15]. http://gh.xm.gov.cn/zfxxgk/zfxxgkml/ghcg/201506/t20150605_1440791.htm.

[50] 厦门市人民政府 . 美丽厦门战略规划（2016）[Z]. 厦门：厦门市人民政府，2016.

[51] Highway Design Manual-Chapter 1000 Bicycle Transportation Design[S].

[52] Handbook for Cycle-friendly Design[S].

[53] Principles for the standards and the design of the Cycle Superhighways[S].

[54] Design Manual for Bicycle Traffic[S].

[55] CJJ 37-2016. 城市道路工程设计规范 [S].

[56] British Standards Institution（BSI）. British standard specification for loads：BSI 5400[S]. London：Steel Concrete and Composite Bridges，1978.

[57] DBJ/T 13-194-2014. 福建省绿道规划建设标准 [S].

[58] 牛俊武，郭楠楠，马文涛 . 不同曲率半径对高墩大跨径连续刚构桥抗震性能影响分析 [J]. 公路，2011（9）：137-141.

[59] 宋国华，霍达，罗玲，等 . 非线性函数法研究曲率对弯箱梁桥的影响 [J]. 铁道建筑，2011（12）：23-25.

[60] 宋国华，王东炜，刘小芳 . 曲率半径对曲线箱梁桥模态及振型方向因子的影响 [J]. 公路工程，2015，40（4）：6-9.

[61] 孙珂，张延庆 . 基于位移影响线曲率的小半径弯桥损伤识别 [J]. 浙江大学学报（工学版），2016，50（4）：727-734.

[62] 陈淮，颜浩杰，李杰，等 . 曲率半径变化对高墩大跨连续刚构桥静力性能的影响 [J]. 铁道科

学与工程学报，2013，10（1）：6-10.

[63] 王艳，陈淮，李杰. 曲率半径和墩高对大跨刚构桥自振特性及抗震性能的影响分析 [J]. 世界桥梁，2014（3）：65-70.

[64] 吴婷，蒋昌兵. 曲率半径变化对曲线梁桥结构变形的影响分析 [J]. 城市道桥与防洪，2011（9）：60-62.

[65] 李杰，周明坤，陈淮. 双薄壁高墩曲线多跨连续刚构桥自振特性分析 [J]. 郑州大学学报（理学版），2015，47（2）：109-114.

[66] 康小方，方诗圣，张利，等. 静风荷载下的大跨度斜拉桥稳定性分析 [J]. 合肥工业大学学报：自然科学版，2012，35（5）：652-656.

[67] 司敏，陈波，刘元志，等. 斜拉人行桥多维脉动风荷载模拟研究 [J]. 武汉理工大学学报，2014，36（8）：82-87.

[68] 张建龙，骆佐龙，董峰辉，等. 高风速区钢箱梁桥施工过程抗风稳定性分析 [J]. 科技导报，2015，33（1）：75-80.

[69] 邱奕龙，张龙，陈百奔，等. 高墩大跨径连续刚构弯桥施工及运营期稳定性分析 [J]. 施工技术，2017，46（S2）：841-845.

[70] 郑一峰，赵群，暴伟，等. 大跨径刚构连续梁桥悬臂施工阶段抗风性能 [J]. 吉林大学学报（工学版），2018，48（2）：466-472.

[71] 李俊峰. 基于有限元法的大跨度索桥钢结构受力分析 [J]. 公路工程，2018，43（02）：215-219.

[72] Hans R..Experience with the new European wind load code[J].Journal of wind Engineering and Industrial Aerodynamics，1996.65，243-260.

[73] Solari G.Kareem A.On the formulation of ASCE7-95 gust effect factor[J].Journal of Wind Engineering and Industrial Aerodynamics，1998.77-78，673-684.

[74] Tamura Y.，Kawai H.，Uematsu Y.etc.Wind load and wind induced response estimations in the Recommendations for loads on Buildings[J]，AM 1993.Journal of Engineering Structures，1996.18（6）：399-411.

[75] Kijewski，Kareem.Dynamic wind effects：a comparative study of provisions in codes and standards with wind tunnel data[J].Wind and Structures，1998.1（1），77-109.

[76] Dan Lungu，Pieter Van Gelder，Romeo Trandafir. Comparative study of Eurocode 1，ISO and ASCE procedures for calculating wind loads [J]. Journal of structural engineering. 2000：456-470.

[77] Yin Zhou，Tracy Kijewski，Ahsan Kareem.Along-Wind Load Effects on Tall Buildings：Comparative Study of Major International Codes and Standards[J].Journal of structural engineering.2002：788-796.

[78] 张相庭. 国内外风荷载规范的评估和展望 [J]. 同济大学学报（自然科学版），2002，30（05）：539-543.

[79] Xiangting Zhang.Introduction and Some Observations on 2002 Chinese Wind Load Code[C]. 11th International conference on Wind Engineering，U.S.A.2003：747-755.

[80] 瞿伟廉，梁枢果，项海帆，等. 对我国建筑结构风荷载规范修改的几点建议 [C]. 第十一届

全国结构风工程学术会议论文集 .2003.35-40.

[81] 金新阳 . 建筑结构风荷载研究进展与新一轮国家规范修订 [C]. 第十四届全国结构风工程学术会议论文集 . 2009.28-35.

[82] 洪小健 . 顺风向等效风荷载及响应—主要国家建筑风荷载规范比较 [J]. 建筑结构，2004，34（7）：39-43.

[83] 赵杨 . 中美日建筑结构抗风设计规范的比较研究 [D]. 哈尔滨工业大学硕士学位论文，2005.

[84] 黄韬颖 . 中美澳三国风荷载规范比较 [D]. 北京交通大学，2007.

[85] GB 50009-2012，建筑结构荷载规范 [S].

[86] JTG D60-2015，公路桥涵设计通用规范 [S].

[87] 谌启发 . 大跨度连续刚构柔性拱组合结构受力效应分析 [J]. 桥梁建设，2012，42（3）：19-23.

[88] 潘晓民，孙立山，宁伯伟 . 竖向荷载作用下曲线梁桥约束反力特性分析 [J]. 桥梁建设，2011（3）：26-30.

[89] 李界全，张南，高闯 . 桥墩撞击力计算及影响因素研究 [J]. 公路工程，2018，43（02）：23-29.

[90] 何水涛，陆新征，卢啸，等 . 超高车辆撞击钢桥上部结构模型试验研究 [J]. 振动与冲击，2012，31（5）：31-35.

[91] 王天 . 汽车冲击荷载对大跨度钢—混凝土组合桁梁桥力学性能的影响 [J]. 公路，2015（7）：74-76.

[92] 田力，冯振宁 . 超高车辆撞击预应力箱型梁桥上部结构的动态响应 [J]. 西南交通大学学报，2016，51（4）：632-638.

[93] 田力，冯振宁 . 预应力箱型梁桥遭受超高车辆在不同位置撞击下的动态响应 [J]. 土木工程与管理学报，2016，33（1）：18-23.

[94] 崔堃鹏，夏超逸，刘炎海，等 . 高速铁路桥墩汽车撞击力的数值模拟与特性分析 [J]. 桥梁建设，2013，43（6）：57-63.

[95] AASHTO LRFD 2012，Bridge Design Specifications [S].

[96] TB 1002.1-2005 铁路桥涵设计基本规范 [S].

[97] FEMA356 Prestandard and commentary for the seismicrehabilitation of buildings [S]. Washington D. C.: Federal Emergency Management Agency，2000.

[98] 魏勇，柯江华，韩巍，等 . 活荷载不利布置对某大跨钢结构内力的影响分析 [J]. 建筑结构，2011（s1）：882-885.

[99] 马虎迎，李全文，邓志刚，等 . 工字梁桥活荷载剪力分布系数方程的验证 [J]. 中外公路，2015，35（03）：107-111.

[100] 王赞芝，辛立凤，吴辉琴，等 . 变截面连续箱梁活荷载内力增大系数计算 [J]. 广西大学学报（自然科学版），2011，36（1）：113-120.

[101] 齐宏学，高小妮 . 斜拉—自锚式悬索组合体系桥梁结构参数变化对活荷载效应影响分析 [J]. 公路，2015（5）：44-50.

[102] 齐宏学，高小妮，贺拴海 . 斜拉 - 自锚式悬索组合体系桥梁结构参数变化对活荷载效应影响 [J]. 公路交通科技，2015，32（11）：81-87.

[103] JTG B01-2014，公路工程设计标准 [S].

[104] 李强，单美弟，黄铭枫，等. 钢桁架人行天桥的振动实测分析与舒适度评价 [J]. 深圳大学学报（理工版），2015，32（01）：89-95.

[105] 施颖，张振宇，姚君，等. 某异形拱人行桥通行舒适度及其控制研究 [J]. 浙江工业大学学报，2017，45（05）：495-500.

[106] 王超. 某大跨人行桥舒适度评估及振动控制 [J]. 钢结构，2018，33（07）：76-80.

[107] 张雪松，陈永辉，王继祥. 某异形景观桥人致振动荷载取值及舒适度分析 [J]. 重庆交通大学学报（自然科学版），2018，37（04）：1-6.

[108] Human Induced Vibration of Steel Structures. Vibration design of footbridge：EN 03[S]. Germany：Background Document，2008.

[109] Svensk Byggtjanst. Allmanna tekniska beskrivning for nybyggande och forbattring av broar：BRO 2004[S]. Sverige：Stockhlom，2004.

[110] ISO 10137. Bases for Design Structures – Serviceability of Building Against Vibration[S]. Geneva：International Standardization Organization，1992.

[111] The Code of Practice for the Structural Use of Steel[S]. The Government of the Hong Kong Special Administrative Region. First published：August 2005.

[112] European Committee For Standardization. Eurocode：EN 1990[S].Belgium：Basis of structural design-annex a2，2002.

[113] 梁师俊，朱海东. 斜拉 - 连续梁组合结构桥梁动力特性及地震响应分析 [J]. 工程抗震与加固改造，2018，40（01）：76-83.

[114] 付立彬，张敏，付娟. 南水北调工程某高墩公路斜交桥抗震分析 [J]. 施工技术，2018，47(16)：86-88.

[115] 何江，王玉振. 大跨度桥梁结构多级地震响应研究 [J]. 地震工程学报，2018，40（01）：26-31.

[116] 崔春义，孟坤，程学磊，等. 大连长山矮塔斜拉桥抗震性能三维数值分析 [J]. 防灾减灾工程学报，2017，37（03）：335-340.

[117] JT/T 722-2008. 公路桥梁钢结构表面涂层防腐技术条件 [S].

[118] GB/T 8923-2011. 涂装前钢材表面锈蚀等级和除锈等级 [S].

[119] GB/T 6463-1986. 金属和其他无机覆盖层厚度测量方法评述 [S].

[120] JTG T F50-2011. 公路桥涵施工技术规范 [S].

[121] GB 50661-2011. 钢结构焊接规范 [S].

[122] GB/T 985-1988. 气焊、手工电弧焊及气体保护焊焊缝坡口的基本形式与尺寸 [S].

[123] GB/T 986-88. 埋弧焊焊缝坡口的基本形式与尺寸 [S].

[124] GB/T 8110-2008. 气体保护电弧焊用碳钢、低合金钢焊丝 [S].

[125] GB/T 12470-2003. 埋弧焊用低合金钢焊丝和焊剂 [S].

[126] GB/T 2654-2008. 焊接接头硬度试验方法 [S].

[127] JGJ 46-2005. 施工现场用电安全技术规范 [S].

[128] 刘信，何沛祥. 基于权函数的桥梁结构有限元模型修正 [J]. 工业建筑，2018，48（02）：

95-99+68.

[129] CJJ/T 233-2015. 城市桥梁检测与评定技术规范 [S].

[130] 褚超孚，赵锋，陈天民，等．建设工程项目 CM 模式应用的案例研究 [J]. 浙江学刊，2003（01）：215-217+127.

[131] 孟宪海，次仁顿珠，赵启．EPC 总承包模式与传统模式之比较 [J]. 国际经济合作，2004（11）：49-50.

[132] 中华人民共和国住房和城乡建设部．住房城乡建设部关于进一步推进工程总承包发展的若干意见 [EB/OL]．（2016-05-20）[2019-02-15]. http://www.mohurd.gov.cn/wjfb/201606/t20160601_227671.html.

[133] 国务院办公厅．关于促进建筑业持续健康发展的意见 [EB/OL]．（2017-02-21）[2019-02-15]. http://www.gov.cn/zhengce/content/2017-02/24/content_5170625.htm.

[134] GB/T 50358-2017. 建设项目工程总承包管理规范 [S].

[135] 申敏．市政公用工程总承包成本与进度关系应用研究 [D]. 天津大学，2015.

[136] 吴宇辉．EPC 工程总承包的项目管理 [D]. 西南交通大学，2016.

[137] 胡德银．论设计、施工平行承包与 D-B/EPC 模式总承包——兼论设计、施工单位向工程公司转变的必要性和运作建议 [J]. 建筑经济，2003（9）.

[138] 周红，吴九明，王贵虎，等．论建筑工程总承包企业的管理 [J]. 建筑技术，2005（01）：66-69.

[139] 刘常进，张雪峰，苏军，等．浅析 EPC 总承包模式下业主方项目管理 [J]. 煤炭工程，2011（S2）：29-31.

[140] 李嘉．EPC 模式下总承包商的风险评估——以广西某科教信息园工程为例 [J]. 财会月刊，2016（4）：95-100.

[141] 陈志华，于海丰．EPC 总承包项目风险管理研究 [J]. 建筑经济，2006，21（S2）：538-541.

[142] 范立宝．关于 EPC 总承包项目管理的一些思考 [J]. 求实，2014（S1）：148-150.

[143] 王京燕，李泽民，康丽茹．浅谈国际 EPC 电站工程商务合同管理 [J]. 电站系统工程，2013（5）：81-82.

[144] 施静华．BIM 应用：EPC 项目管理总集成化的新途径 [J]. 国际经济合作，2014（02）：62-66.

[145] 吴云梅．基于 EPC 模式的 BIM 应用探讨 [J]. 四川建筑，2015，35（06）：94-95+98.

[146] 刘占省，赵明，徐瑞龙．BIM 技术在我国的研发及工程应用 [J]. 建筑技术，2013，44（10）：893-897.